영유아교육과정

박영신 · 박은주 · 석은조 · 신은정 · 오성숙 · 이경하

창지사

머리말

유아교육에 있어 가장 예민하고 민감한 부분이면서 가장 중요한 부분은 교육과정이라고 할 수 있다. 우리 아이들에게 지금의 사회에 잘 적응하며 또한 미래를 잘 준비할 수 있도록 하는 것이 교육이 지향해야 할 과제이기 때문이다. 이에 교육과정은 교육적 과제를 실현하기 위한 구체적인 설계도면이라고 할 수 있다. 교육과정은 교육에 대한 이상을 담는 그릇으로 그 안에 무엇을 담는지에 따라 그 의미를 다양하게 구성할 수 있을 것이다.

본서의 저자들은 그간의 강의와 연구를 통해 “어떻게 하면 영유아교육과정을 공부하는 학생들에게 교육과정의 이론과 영유아를 위한 교육계획을 쉽게 이해하고 실행할 수 있도록 도울 수 있을까?”라는 고민으로부터 작업의 뜻을 같이하게 되었다.

본서는 ‘영유아교육과정의 이론적 이해’와 ‘영유아교육과정의 실제’로 크게 나누어 집필하였다. 먼저 1부는 영유아교육과정의 이론적 이해로 총 4장으로 구성되어 있다. 제1장에는 영유아교육과정의 이해, 제2장에는 영유아교육과정의 이론적 기초, 제3장에서는 우리나라의 영유아교육과정으로 시대적 요구에 따른 변천 과정을 알기 쉽게 제시하고 있으며, 제4장은 영유아교육과정의 구성으로 표준보육과정과 누리과정의 체계 및 내용을 자세하게 살펴보는 것으로 구성되어 있다. 2부는 영유아교육과정의 실제 부분으로 제5장 영유아교육과정의 계획에서 0세부터 만 5세까지의 교육계획 전반에 대한 실제를 돕기 위해 많은 예를 다루고자 하였으며, 제6장에서는 영유아교육과정의 운영 및 평가의 내용으로 실제 이해를 돕기 위한 구체적인 사례를 많이 제시하였다.

비교적 광범위한 영유아교육과정의 주제를 우리의 시각에서 누구든지 쉽게 접근 할 수 있도록 현장에서 실제로 지도하는 교육과정 내용을 구체적으로 제시하고자 노력하였다.

이상으로 본서는 영유아교육을 전공하는 학생뿐만 아니라 영유아교육기관의 교사와 관계자 및 유아교육관련 모든 사람에게 유익한 교재가 되길 기대한다. 아직 많은 부분에서 미흡한 점이 엿보이고 지식과 정보가 매일 급격하게 변화하는 요즈음에 결코 느리지 않게 보완해 갈 것을 약속하면서 서문에 대신하고자 한다.

끝으로 이 책이 나오기까지 정성으로 함께 해주신 창지사 사장님과 직원 여러분에게 깊은 감사의 마음을 전한다.

2015년 8월

저자 일동

차 례

Part. 1

영유아교육과정의 이론적 이해

C H A P T E R 01

영유아교육과정의 이해

1. 교육과정의 개념

1) 교육과정의 정의

교육과정에 대한 개념은 1918년 보비트(John Franklin Bobbitt)가 『교육과정(The Curriculum)』이라는 단행본을 발간한 이후 지금까지 수많은 교육과정 학자들에 의해 꾸준히 논의되고 발전되어 왔다.

교육과정의 영어표기는 'curriculum'으로, curriculum의 어원은 라틴어의 'currere'에서 유래된 말이다. currere는 '달리다', '뛰다'라는 뜻으로 경마장의 경주로(a race course)와 경주하는 그 자체(the race itself)에 해당하는 것으로 활동 장소나 활동의 연속을 뜻한다. 교육에 있어서는 '달리다(race)'라는 뜻이 '공부하다(study)'로 전용된 데서부터 새로운 교육적 개념으로 대두되었다. 학생들이 공부한다는 것은 일정한 순서에 의해 배열된 코스에 따라 달리는 것을 의미하기 때문에 어떠한 영향만이 아니라 내용도 아울러 가지고 있음을 알 수 있다. 따라서 course of study란 contents of study라는 의미로 전용할 수 있다. 학교교육

(schooling)에서 curriculum이라는 어휘가 처음으로 등장한 것은 1856년 미국의 Noah Webster사에서 발간된 『미국영어사전(An American Dictionary of the English Language)』에서인데, 여기서는 다만 경주로(a race course)라고 해석되었으며, 그 후 전기한 『미국영어사전』의 1928년도 개정판에서는 교수요목이라는 의미로 해석되었다(김봉수, 1982). 종래에 curriculum은 학교에서 가르치는 기본적 교과서 또는 매일 교수하기 위하여 부과된 일정의 교수요망이나 교수요목 또는 학습 지도요령을 의미했으나 점점 학교 프로그램이나 학교의 지도하에 경험하는 학생의 경험이나 전체 생활이라고 보는 넓은 뜻으로 사용하게 되었다.

교육과정의 정의는 학자의 견해에 따라 다양하고 광범위하게 사용하고 있다. 교육과정이란 말은 좁게는 '학교에서 수업시간에 가르치는 교과내용'만으로 한정할 수도 있으며, 넓게는 '학교 안팎에서 학생이 겪는 모든 경험을 포함하는 것'으로 보고 있다. 이영덕(1989)은 교육과정의 정의를 세 가지로 나누어 설명하고 있는데, ① 교수요목으로서의 교육과정, ② 학교의 지도하에 학생이 가지는 모든 경험으로서의 교육과정, ③ 구조화된 일련의 의도된 학습결과로서의 교육과정이다. ①과 ③은 교육과정을 하나의 문서 속에 기술하고 정리한 것을 지칭하는 한편, ②는 경험이 학생 속에서 일어나는 것이기 때문에 문서에 기록된 것이 아닌 학생 속에서 일어나는 경험들을 지칭하고 있다. 학교교육을 통해 어떠한 인간을 육성하는지, 또한 학교교육의 기능이 무엇이며 어떠한 역할을 수행하기를 요구하는지에 따라 학교교육의 목적과 교육내용은 달라진다.

한편, 이성호(1984)는 교육과정의 정의를 경험으로서의 교육과정, 교과내용으로서의 교육과정, 계획으로서의 교육과정, 결과로서의 교육과정이라는 네 가지 영역으로 구분하여 설명하고 있다(박도순 외, 1987 재인용).

이들 영역별로 교육과정 정의를 구체적으로 살펴보면 다음과 같다.

(1) 학습경험으로서의 교육과정

교육의 전통적인 지적 훈련기능을 배제하지 않으면서 인간의 정의적 태도함양 기능을 수용하려는 차원에서 교육과정에 대한 새로운 정의를 처음으로 내린 사람은 캐스웰과 캠벨(Caswell & Campbell, 1935)이다. 이들은 "교육과정이란 교사의 지도 아래 학생이 갖게 되는 모든 경험으로 구성된다"고 하였다. 이후 교육과정을 이와 비슷한 입장에서 정의한 예는 많다. 학교에서는 사고와 행동의 집단 방식을 통하여 학생을 가르칠 목적으로 일련의 잠재적 경험을 사전에 설정해 놓았는데, 이러한 경험의 모음을 교육과정이라고 부른다(Smith, 1957). 교육과정은 학교의 보호 감독 아래 학습자가 지식과 이해를 획득하고, 기능을 개발하며, 태도와 감상과 가치를 바꾸게 되는 모든 형식적 · 비형식적 내용과 과정인 것이다(Doll, 1982). 이러한 정의는 학습자가 교실에서 형식적인 교과내용을 통해서만 배우게 되는 것이 아니라, 교실 내외의 총체적인 학교 환경에서 배우는 모든 학습경험을 중시해야 한다는 점을 나타낸다. 로턴(Lawton, 1987)은 교육과정을 학교에서 교과를 통하여 가르치는 것으로만 한정한 협의의 정의에서 탈피하여 이제는 '한 사회의 문화로부터의 선정'으로 보다 폭넓게 정의하여야 한다고 말했다. 즉, 로턴은 삶의 방식, 다양한 종류의 지식, 태도와 가치를 교육과정에 모두 포함시켜 해석하여야 한다고 보았다.

경험으로서의 교육과정을 생각함에 따라 정규 교과활동을 통하여 공식적으로 의도되지 않는 많은 잠재적 교육과정(hidden curriculum)에 대해 관심을 갖게 되었다. 이를테면 학생에게 독서를 가르치는 어떤 계획된 경험이 있다고 가정한다면 경우에 따라 경험의 결과로 학생들 가운데 독서를 싫어하게 되는 경우도 있을 수 있다. 따라서 학생들에게 독서를 가르치기 위한 경험과 독서를 싫어하게 하는 경험이 모두 교육과정의 부분으로 고려되어야 한다는 것이다. 이러한 점에서 경험으로서의 교육과정에서는 잠재적 교육과정을 강조하고 있음을 알 수 있다.

(2) 교과내용으로서의 교육과정

교과내용으로서의 교육과정이란 가장 일반적이고 보편적인 교육과정을 말하며, 학생이 필수적으로 배워 나가야 하는 내용(a course of study)으로 규정하는 관점이다. 즉, 교육과정을 교과서나 교과개요 또는 교사용 지침서의 내용과 같은 것으로 생각하려는 입장이다. 따라서 이러한 입장에서는 교과교육과정이란 말을 사용하기도 한다. 여기서 교과는 설명을 용이하게 하는 논리적 순서로 배열되며, 학교의 학습이나 학생의 학습경험에 선행하여 결정된다(Becher & Maclure, 1987).이러한 교육과정의 정의는 교육의 목적을 인지적 능력계발에 두고, 인지적 능력계발에 도움을 줄 수 있는 특정 교과목이 곧 교육과정의 내용이 되어야 한다는 항존주의자들의 생각에서 비롯되었다. "교육과정은 영구불변의 교과로 구성되어야 한다. 즉, 초·중등학교에서는 문법, 읽기, 수사학과 논리학 및 수학의 규칙들, 중등교육 이후에서는 서양세계의 위대한 고전들로 구성되어야 한다"고 정의를 내리고 있다.

지식이 폭증하기 시작하고 새로운 분야가 생겨나면서 어떠한 지식이 가치 있는 지식인지 결정하는 데 점점 혼란을 가져오게 되었다. 즉, 교육의 목적이 비록 지적 능력과 잠재적인 능력을 계발하는 데 있다 하더라도 교육과정이 단순히 인간의 역사를 통하여 누적되고 완성된 지식의 모음으로만 해석할 수는 없지 않겠는가라는 물음과 관련하여 이성호(1985)는 다음과 같이 두 가지 이의를 제기하였다. 첫째는 이미 일반화되고 결론 내려진 지식보다는 교육을 통하여 그러한 지식의 결론 도출이 가능했던 여러 가지 폭넓은 사고유형의 탐색이 이루어져야 한다는 것이다. 즉, 교육과정은 인간의 경험에 대해 가능한 한 사고유형의 폭넓은 범위의 교과로 구성되어야 한다는 새로운 시각이 싹트게 되었다. 두 번째 이의는 누적된 지식의 전통만으로는 인간의 종족경험(race experience)을 표현할 수 없으며, 거기에는 그 사회의 총체적 문화를 포용할 수 있는 교육과정이 구성되어 있어야 한다는 것이다. 이것은 곧 교육내용의 본체를 경험으로 규정하기에 이른다.

(3) 학습계획으로서의 교육과정

학생들은 학교교육을 통하여 자신들의 삶에 막대한 영향을 받는다. 그중에 어떤 것은 학교에서 학생들의 단순한 만남으로 발생하기 때문에 학교에 의해 계획되지 않은 경험도 하게 된다. 따라서 학습계획으로서의 교육과정은 학생들의 일반적인 경험이나 내용으로 단순하게 생각할 것이 아니라 교육과정의 사전 계획성을 강조해야 한다.

또한 여기서의 교육과정은 의도된 것이다. 자연발생적으로 우연히 존재하는 것이 아니라, 어떻게 하는 것이 인간을 올바르고 가치있게 발달시킬 수 있는지에 대한 신념을 바탕으로, 가르치기 전에 미리 준비된 계획이다. 다음의 정의들은 이러한 생각에 바탕을 두고 있다.

- 교육과정이란 수업 이전에 이루어지는 모든 계획적인 노력이다(MacDonald, 1965).
- 교육과정이란 학교를 위해 고안된 프로그램의 배열과 범위를 기술하는 기록된 계획이다(Beauchamp, 1981: 206).
- 학습자에게 교육적 성취를 의도하여 학교에서 유효할 수 있도록 지식, 사고의 양식, 경험 등 문화내용을 재구성한 모든 수준의 계획이다(곽병선, 1993).

이상의 정의에서 나타나고 있는 공통적인 특징은 교육과정이란 의도된 계획으로서, 추상적 또는 상상적으로 머릿속에 그려져 있는 계획이 아니라 문서화를 통하여 제시된 계획이라는 점이다. 그러한 계획은 숙고(deliberation)의 과정을 거쳐 여과되고, 공식적으로 협의·채택된 계획으로서의 합법성을 지닌다. 그리고 교육과정은 일종의 종합적인 계획으로 그 속에 여러 가지 부분, 요소를 통합시키거나 하나로 연계시키고 응집시키는 체제로서의 성격을 지니고 있다(이성호, 1984).

그러나 만약 실제 교실을 관찰한다면 그곳에서는 시행 중인 교육과정을 볼 수 없지 않은가. 교실이 어떠한 목표를 지향하는지, 어떠한 내용을 가르치는지, 어떠한 활동을 하는지 알 수 없다. 더구나 교육과정을 평가할 때 단지 기록을 조사하는 것으로 만족해야 하는가. 물론 시행 중인 교육과정의 평가는 문서화된 교육과정의 평가보다 복잡하고 어렵다. 교실에서 시행 중인 교육과정은 수업, 즉 교수·학습 상황의 사람들에 의해 여과된다. 그리고 이러한 상황이 교육과정과 수업의 구분을 애매하게 한다. 더구나 이것이 사실이라면 시행 중인 교육과정은 오직 잠재력만을 나타내는 문서화된 교육과정보다 훨씬 다루기 어렵다. 잠재력이 인식되는 것은 교육과정이 교실 상황에서 교육적 과정에 작용하는 요소가 될 때이다. 이런 관점에서 보면 학습계획으로서의 교육과정이라는 정의는 하나의 교육이 수업의 계획과 관련되거나, 실제 교실 상황의 환경과 활동을 지배하거나 지도 중인 교육과정과 관련될 수 있다고 본다. 결과적으로 구분이 필요할 때는 교육과정을 문서화된 교육과정, 생명력이 없는 교육과정으로 취급하고, 교실 내에서의 교육과정에 대하여 언급할 때는 시행 중인, 작용 중인, 활기 있는 교육과정으로 간주한다(Zais, 1976).

이러한 구분은 교육과정 본질의 분석 같은 많은 문제와 이론적인 의문을 제기하지만, 학생들에게 영향을 주고자 하는 교육과정 계획자와 실행자들이 취급해야 하는 교육의 중요한 부분들이 교육과정의 후원 아래에 있다는 장점도 지닌다.

(4) 학습결과로서의 교육과정

계획으로서의 교육과정은 구체적인 특정한 단위의 교육작용이 이루어지기 전에 그것을 위하여 사전에 마련한 어떤 것이며, 학습결과로서의 교육과정은 계획이 실체화되어 가는 과정을 거치는 동안 학습자의 인간적인 특성에 통합된 어떤 교육적 가치를 뜻하는 것으로 이해할 수 있다.

교육과정의 개념을 학습결과의 입장에서 보는 관점은 교육의 책무성에 대한 관심에서 비롯된다. 교육적인 노력이 계획에만 집중되거나 그 계획의 실천을 위한 과정 그 자체에만 최선을 다하면 그만이라는 생각에 머물지 않고, 그 결과에 대한 책임을 느끼고, 책임을 져야 한다는 생각에서 다시금 교육과정을 새로운 관점으로 정의하게 되었다. 즉, 계획으로서의 교육과정의 관점에 추가하여 결과로서의 측면을 강조하게 된 것이다. 교육과정의 개념을 크게 '의도된 어떤 것'과 '실현된 어떤 것'으로 나누는 관점 중 후자가 바로 결과를 중심으로 교육과정의 개념을 형성하고자 한 정의들의 공통된 속성이다. 여기에서의 '실현된'이라는 말은 '결과된'이라는 말과 상통하며, '의도된 어떤 것'은 '계획된 어떤 것'과 일치한다.

이상에서 논의된 교육과정의 개념들은 지난 70~80년 동안 제시된 많은 개념들의 일부분에 지나지 않는다. 최근의 과학적 연구는 제각기 대상마다 오직 하나의 정의를 채택하는 입장이 이론적으로 바람직하지 않다는 것을 지적하며, 교육과정을 '정책' 또는 '실행의 지침'으로 정의한다. 예를 들어, 만약 평범한 사람이 물리학자에게 빛이 무엇이냐고 물으면 그는 빛이란 파동현상일 수도 있으며(파동이론), 미립자로 구성되어 있다(미립자이론)고 말할 수도 있다. 다시 '실제로' 빛의 본질이 무엇인지 빛에 대한 올바른 정의를 묻는다면 물리학자는 아마 "그것은 유용한 질문이 아니다. 물리학자들도 그 질문은 이미 그만두었다"라고 대답할 것이다. 정의에 관심이 없어진 이유는 그것이 부적절한 것이기 때문이다. 제한된 상황에서 하나의 정의는 과학자로 하여금 모종의 현상을 설명할 수 있게 하지만, 다른 상황에서는 또 다른 정의가 보다 유용할 것이다.

교육과정의 정의에 있어서도 이와 같은 과학적 입장을 채택하는 것이 타당할 것이다. 교육과정의 평가활동에 있어서 가장 유용한 정의는 학습자가 가지는 경험을 포함하는 것이다. 한편, 교육과정의 계획단계는 경험을 포함하는 정의보다는 계획된 경험을 만들어 내는 내용과 활동을 포함하는 정의가 유용하다. 물론 계획 단계에서는 교육과정의 실행을 위한 계획으로서의 기록된 문서로 간주하는 것이 타당하다. 그러나 평가단계에서는 교육과정이 실제 교실 상황에 포함된 현상의 총체로 간주되어야만 한다.

2) 교육과정의 유형

교육과정의 의미를 이해하는 또 하나의 방법은 교육과정의 성격이나 결정수준, 존재형태, 조직중점 및 출현시기 등에 따른 유형을 살펴보는 것이다. 그런데 이러한 분류는 동일한 이름의 교육과정을 분류준거에 따라 서로 다르게 유형화한 것에 불과하다. 예컨대 교육과정의 성격에 비추어볼 때 거기에 포함되는 내용과 수업방법이 전통적 입장을 고수하는지 아니면 이를 비판하면서 새로운 대안을 제시하는지의 여부에 따라 전통적 교육과정(보수적 교육과정)과 진보적 교육과정으로 분류할 수 있다. 전통적 교육과정에는 '교과중심 교육과정'이나 '학문중심 교육과정'을 포함할 수 있으며, 진보적 교육과정에는 '경험중심 교육과정'이나 '인간중심 교육과정' 등을 포함할 수 있다.

이러한 분류체계는 다시 교육과정의 조직중점에 따라 각각 교과중심 교육과정, 경험중심 교육과정, 학문중심 교육과정, 인간중심 교육과정, 관계중심 교육과정으로 분류하기도 한다. 이처럼 동일한 이름을 가진 교육과정들은 분류준거에 따라 서로 다른 영역으로 묶을 수 있다. 아래에서는 교육과정이 결정되는 수준, 존재형태, 조직중점 및 출현시기 등에 따라 좀 더 구체적으로 살펴보겠다.

(1) 교육과정 조직수준에 따른 분류

이영덕은 교육과정이 결정되는 수준에 따라 국가 및 사회적 수준의 교육과정, 교사수준의 교육과정, 그리고 학생수준의 교육과정으로 분류하고 있다(김종서 외, 1989).

① 국가 및 사회적 수준의 교육과정

국가 및 사회가 학생에게 어떤 목적을 위하여 무엇을 가르칠 것인지에 대한 일련의 의사결정을 해놓은 문서를 말한다. 이 교육과정의 구체적인 예로 교육법에 제시된 교육목표를 비롯하여 초 · 중등학교 교육과정, 장학방침, 교과서, 교사용 지도서 등을 들 수 있다. 이처럼 이 수준의 교육과정은 문서화되어 있는 것이 특징으로, 교육과정의 의미를 좁게 보는 관점을 반영한 것이다.

② 교사수준의 교육과정

교사가 어떤 목적으로 무엇을 가르치려고 하는지 또는 가르치고 있는지를 말한다. 이 수준의 교육과정에서 강조하는 것은 교육과정의 결정자가 교사라는 점이다. 국가 및 사회적 수준의 교육과정이 아무리 좋아도 교사가 교육현장에서 그대로 가르치지 않으면 그것은 사문서화된다. 이 수준의 교육과정은 교사가 만든 문서와 수업행동을 포함한다. 예컨대 월별 · 주별 수업계획안을 비롯하여 교수 · 학습 지도안 및 교사가 실제로 가르치는 내용과 행위를 들 수 있다. 이것은 교육과정 문서를 학생경험으로 옮겨 놓는 과정에 초점을 맞추어 보려는 개념이다.

③ 학생수준의 교육과정

학생이 학교생활을 하는 동안에 가지는 경험의 총체를 말한다. 교사수준의 교육과정에서 교사가 아무리 의도적으로 가르쳐도 과연 학생이 교사가 의도한 경험을 가지게 될지는 모르기 때문에 이 수준의 교육과정은 결국 교육과정의 종착점이 된다. 이 관점의 특징은 교육과정을 경험 그 자체로 봄으로써 교육과정의 개별성을 인정하는 것이다. 같은 교과내용을 같은 교사가 지도해도 학생마다 가지는 그들의 내적 경험은 각각 다를 수 있기 때문이다. 여기서 경험의 총체라는 말에는 두 가지 뜻이 내포되어 있는데, 하나는 '학교의 의도에 의하여 나타나는 경험'이며, 다른 하나는 '학교에서 의도한 바 없는데 학생들이 학교생활을 하는 가운데 은연중에 가지게 되는 경험'이다. 전자는 표면적 교육과정을 의미하며 후자는 잠재적 교육과정을 의미한다.

이상 세 수준의 교육과정 간의 관련성은 [그림 1-1]과 같이 나타낼 수 있으며, 세 수준에 따른 각 교육과정 영역의 의미는 다음과 같다.

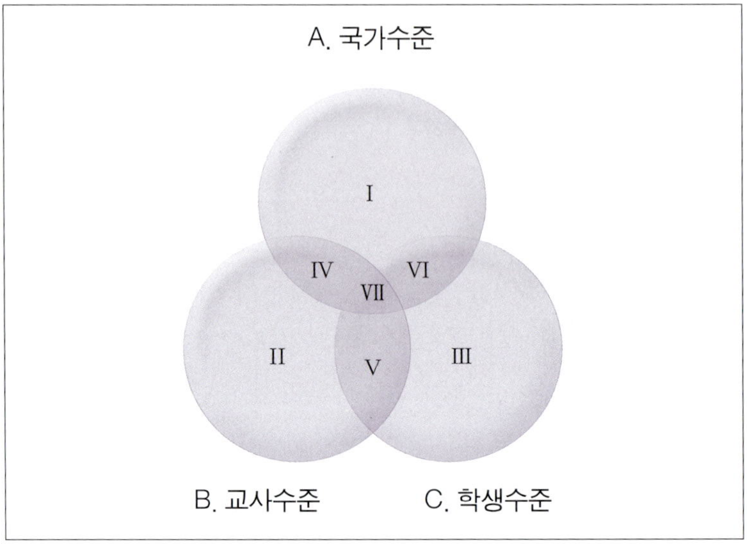

[그림 1-1] 교육과정 수준 간의 관련성

- 영역 I : 국가 및 사회적 수준에서 학생에게 가르치기 원하나 교사가 가르친 바 없고 따라서, 학생도 배우지 않은 상태이다.
- 영역 II: 국가가 가르치려고 의도한 바 없으나 사회변화 · 학문발전에 따라 교사가 독창적으로 가르쳤다. 그러나 학생은 학습하지 않은 부분을 말한다.
- 영역 III: 국가나 교사가 가르치려고 하지 않았는데 학생이 학교생활을 하는 중에 학습한 경험, 즉 잠재적 교육과정을 말한다.
- 영역 IV: 국가 및 사회적 수준에서 가르치도록 되어 있고 교사도 가르쳤지만, 학생 경험 속에는 침투하지 못한 부분을 말한다.
- 영역 V: 국가 및 사회적 수준에서는 관심이 없으나 교사는 중요하다고 가르쳤고, 학생도 학습한 것을 말한다.
- 영역 VI: 국가 및 사회적 수준에서 가르치도록 정해져 있는데도 교사수준에는 관심 밖에 있다. 그러나 학생이 교사의 가르침 없이 배운 것을 말한다.
- 영역 VII: 국가 및 사회적 수준에서 의도한 것을 교사가 가르쳤고 학생도 학습한 부분으로, 가장 이상적인 상태이다.

굿래드(Goodlad, 1966)는 교육과정 결정자 수준을 학습자와의 거리라는 관점에서 다음과 같이 세 가지로 분류하여 교육과정 개념을 정리하고 있다.

- 수업수준(instructional level): 교육과정의 결정은 특수한 학습자 집단을 지도하는 교사나 교사 팀이 행한다.
- 기관수준(institutional level): 교육과정의 결정은 행정가의 지도성 밑에서 기관의 전 교직원이 행한다.
- 사회적 수준(societal level): 교육과정의 결정은 지역 · 주 · 중앙 정부의 교육요원이나 입법가가 행한다.

위와는 다소 다른 관점에서 김호권(1977)은 교육과정이 학교현장에서 어떤 모습으로 재현되고 전개되는지에 따라 다음과 같이 세 가지로 나누고 있다.

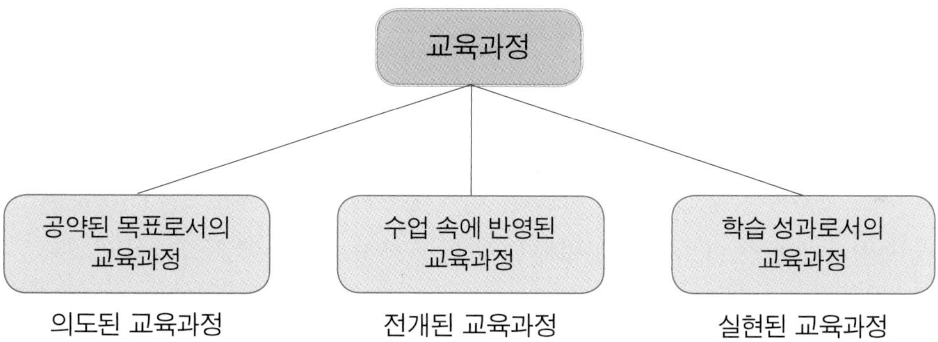

[그림 1-2] 교육과정의 개념모형

위 개념모형에 제시된 각 교육과정을 자세히 살펴보면 다음과 같다.

첫째, 공약된 목표로서의 교육과정이다. 이것은 한마디로 의도된 교육과정이라고 할 수 있다. 이 수준의 교육과정은 학교현장에서 전개되거나 실천되기 전에 아직 하나의 계획 상태에 머물러 있는 교육과정을 의미한다. 앞으로 이러저러한 내용을 가르치겠다는 하나의 공개된 약속 성격을 띠는 교육과정이다.

우리나라의 경우 이러한 성격의 교육과정을 편성하고 운영하는 주체에 따라 국가수준의 교육과정, 시 · 도 교육청 수준의 교육과정, 학교수준의 교육과정으로 구분할 수 있다. 우리나라의 유치원 교육과정은 1969년에 처음으로 제정 · 공포된 이후 1979년, 1981년, 1987년, 1992년, 1998년, 2007년에 이르기까지 여섯 차례에 걸쳐 개정이 이루어졌으며, 2011년에는 유치원과 어린이집의 공통과정인 [5세 누리과정]이 발표되고, 2012년에는 유치원과 어린이집에 3~4세 누리과정과 5세 누리과정 일부 개정을 포함하는 [3~5세 연령별 누리과정]이 고시되었다. 또한 표준보육과정은 우리나라의 보육시설에서 영유아에게 무엇을 어떻게 가르칠 것인지에 대해 기술한 국가수준의 보편적 교육과정으로, 2007년 1월에 1차 표준보육과정이 고시되고, 이후 2012년과 2013년에 개정 · 고시되었다. 이런 교육과정을 '국가교육과정'으로 부른다.

시 · 도 교육청 수준의 교육과정은 국가수준의 교육과정을 기초로 16개 시 · 도 교육청에서 지역특성에 적합하게 자체적으로 편성 · 운영하는 지침과 이에 따른 교육과정을 말한다. 제6차 교육과정 시기부터 도입된 교육과정의 지역화와 분권화 정책에 따른 것으로, 시 · 도 교육청의 교육과정 편성과 운영의 재량권이 확대된 결과이다. 학교수준의 교육과정은 국가교육과정과 지역교육과정에 따라 편성한 '학교교육과정 운영계획'을 말한다. 여기에는 교사와 학생조직을 비롯하여 연간 수업시간 편성, 교육과정 운영계획 및 각종 행사계획 등이 포함되어 있다.

둘째, 수업 속에 반영된 교육과정이란 이른바 '전개된 교육과정'을 가리킨다. 공약으로서의 또는 규범으로서의 교육과정은 어차피 교사에 의하여 재해석되고 교사의 수업행위 속에서 재현되지 않으면 안 된다. 말하자면 계획수준의 교육과정이 실제 수업이라는 실천적 행위로 구체화되는 것이다. 계획과 의도에 머무는 것이 아니라 실제 교사가 가르치고 학생이 배우는 상호작용을 거치는 교육과정을 의미한다. '실천으로서의 교육과정'으로 부르기도 한다.

셋째, 학습 성과로서의 교육과정이다. 수업을 통해 학생들에게 실제로 '실현된 교육과정'이라고 할 수 있다. 학생들의 학습능력이나 경험 및 교육적 필요에 따라 개인차가 있을 수 있다는 점을 고려할 때, 동일한 교육과정에 따라 전개된 동일한 수업조건 속에서도 매우 다양한 학습 성과를 기대해야 할 것이다. 교사의 어떤 교육적 의도나 실천적 노력에 상관없이 뜻밖의 학습이 일어날 수도 있다는 점을 중요시하는 이른바 잠재적 교육과정의 입장도 바로 이러한 학습 성과로서의 교육과정의 중요성을 시사하고 있다.

(2) 교육과정의 존재형태에 따른 분류

포스너(Posner)는 교육과정의 존재형태에 따라 다음과 같이 분류하고 있다(1992).

① 공식적 교육과정(official curriculum)

강의요목(syllabus)이나 교수요목(course of study) 및 초·중등학교 교육과정처럼 형식적인 문서에 기술된 교육과정을 말한다. 이는 교사와 학생의 상호작용을 매개하는 기본 자료가 된다.

② 실제적 교육과정(operational curriculum)

실질적인 수업활동과 검사에 구체적으로 나타나 있는 교육과정을 말한다. 교사가 수업에 포함시켜 강조하며 가르쳤던 내용, 학생이 실제로 획득한 학습결과를 의미한다. 이는 교사가 자신의 지식이나 신념 및 태도를 중심으로 내용을 해석한다는 점에서 공식적 교육과정과 다르다.

③ 잠재적 교육과정(latent curriculum)

비공식적 교육과정으로, 교사나 교직원에 의해 공개적으로 인정받지 못하지만 학생에게는 공식적 교육과정이나 실제적 교육과정보다 더 강하게 영향을 주는 규범이나 가치가 여기에 해당된다. 이 교육과정은 일반적으로 성(性)이나 계층, 인종, 권위 및 학교 지식 등과 관계가 깊다.

④ 영(零) 교육과정(null curriculum)

아이스너(Eisner)가 독특하게 사용하는 용어로, 가르칠 만한 가치가 있는 지식이나 태도 및 기능 등을 교육과정 결정과정에서 배제하거나 수업시간에 간과되는 문화를 의미한다. 이는 교사와 학생의 구체적인 상호작용과정에 포함되지 않는 문화들로 구성되며, 정규교육과정에서 배제된 상태의 내용들을 의미한다. '배제된 교육과정'으로도 불린다.

⑤ 특별활동(extra curriculum)

학교 교과목 이외의 모든 계획된 경험을 의미한다. 잠재적 교육과정과 달리 학교에서 공식적으로 인정된 것으로, 학생의 흥미나 욕구에 부응하거나 시민정신 및 잠재능력의 계발 등 목적에 따라 운영되는 것이다.

(3) 교육과정 조직의 중점에 따른 분류

교육과정 조직의 중점이 무엇인지에 따라 교육과정 유형을 분류할 수 있다.

① 교과중심 교육과정(subject-centered curriculum)

교육과정 역사상 가장 오래된 전통으로, 교육과정을 교과로 간주하고 이를 중심으로 교육과정을 조직하려는 입장이다. 이는 근본적으로 교육을 지식의 전달이나 문화유산의 전달로 보는 본질주의 교육철학과 일맥상통한다. 이와 같은 교과중심 교육과정은 단편적이고 분과적인 교과 조직이 될 가능성이 있고, 성인중심으로 교과 내용과 학습방법을 선정하기 때문에 학습자의 흥미나 필요를 고려하지 못한다는 문제점을 갖는다.

② 경험중심 교육과정(experience-centered curriculum)

학교에서 교사의 지도 아래 학생이 경험하는 것을 교육과정으로 간주하고, 이를 중심으로 교육과정을 조직 · 운영하려는 입장이다. 1920년대부터 본격적으로 대두된 진보주의 교육철학자들의 논리를 반영하고 있다. 경험중심 교육과정에서 교육내용은 성인중심의 경험이 아니라 실제 학습에 임하는 아동중심, 학습자중심의 경험이어야 하므로 교과목뿐만 아니라 일상생활에서 학습자가 해결해야 할 문제나 과제로 구성된다. 경험중심 교육과정은 '행함으로써 배운다'는 원칙에 따라 학습활동이 이루어질 수 있으며, 실제적이고 현실적인 생활 문제를 해결할 수 있다는 장점이 있다. 그러나 교과보다는 학습자의 흥미나 요구를 중시하기 때문에 학력의 질적 저하를 초래할 수도 있다는 비판을 받는다(문미옥, 2008).

③ 학문중심 교육과정(discilpine-centered curriculum)

학문(discipline), 즉 지식의 구조(structure of knowledge)를 중심으로 교육과정을 조직하고 운영하려는 입장이다. 1960년대 초에 대두된 것으로 브루너(Bruner)의 『교육의 과정(The process of Education)』에 잘 나타나 있다.

교과를 강조하는 점에서는 교과중심 교육과정과 입장을 같이하나 무엇을 어떻게 가르칠 것인가라는 점에서는 확연히 다른 논리를 펴고 있다. 단순히 교과에 담긴 내용을 가르치기보다 이를 꿰뚫고 있는 지식의 구조를 가르쳐야 하며, 학생들의 탐구능력 신장에 적합한 탐구학습 방법을 권장한다. 그러나 학문중심 교육과정은 교과중심 교육과정과 마찬가지로 학습자의 요구나 특성을 간과할 우려가 많으며 개별 학문의 구조화 · 체계화를 강조하기 때문에 지식의 조직에 있어서 통합화보다 분절화를 강조한다는 비판을 받는다.

④ 인간중심 교육과정(human-centered curriculum)

인간성의 고양이나 전인교육 등을 강조하는 입장으로 자아실현을 목표로 한다. 1970년대 초부터 인본주의 심리학을 비롯하여 실존주의 철학이나 비판이론 등으로부터 영향을 받으면서 등장하기 시작했다. 이 교육과정을 주장하는 사람들의 이론적 배경이 기초가 서로 다른 만큼 '무엇을 가르칠 것인가'에 대한 합의점이 없는 상태이다. 다만, 학교교육의 비인간화 현상을 줄이거나 제거하고, 학생 개개인의 잠재능력을 개발하며, 인격을 중시하는 차원에서 교육과정을 조직・운영하고자 하는 점에서 입장을 같이하고 있다.

그러나 인간중심 교육과정은 그 범위가 넓을 뿐만 아니라 개인의 주관 및 가치관의 차이에 따라 그에 대한 평가나 해석도 다양하기 때문에 학교현장에서 구체화하기에 어려움이 따른다. 또한 개인의 성장을 지나치게 강조하다 보면 전체 사회구조 속에서 이루어지는 교육 본질에 대한 전반적인 이해가 결여될 수 있으며 인지적・지적 발달을 소홀히 할 수도 있다는 비판이 제기되고 있다.

⑤ 관계중심 교육과정(relationship-centered curriculum)

교육과정의 개념을 '학습자가 자신과 세계에 대해 맺고 있는 구체적 관계들의 이해 및 관계 수행'으로 보는 견해이다. 인간중심 교육과정이 개인의 잠재적 가능성을 존중하고 이를 실현하는 데 중점을 두었다면, 관계중심 교육과정은 자신과의 반성적 관계, 자신과 타인과의 배려적 관계, 자신과 자연과의 질서이해적 관계를 수행하도록 하는 데(정은해, 2000) 중점을 둔다.

20세기 후반 인간 본위 현상으로 인한 자연환경의 훼손, 기술 문명의 발달로 인한 매연과 공해 및 그에 따른 기상의 변화, 정보통신 혁명과 개인중심적 사고의 역작용으로 나타난 가정해체, 물질만능, 조울증 증가 등은 개인 삶의 질적인 문제에 대해 심각하게 고려할 필요성을 제기하였다. 일찍이 생태윤리학계에서는 이러한 현대사회의 문제와 위기를 인간과 여타 사물과의 관계를 경시한 데서 비롯되었다고 보았다. 생리윤리학은 생태계가 생태계 구성원 모두의 상호의존적 관계의 덕에 의해 유지된다는 점을 강조하면서 생태계 구성원들 간의 바람직한 관계의 회복을 촉구한다(정은해, 2000).

이와 같은 맥락에서 호스(Howes, 2000)는 개인의 발달을 가져오는 중심 개념으로 '관계'를 강조하면서 개인의 자아는 고립적으로 발달하는 것이 아니라 사회문화적 환경인 생태계와 상호작용하면서 공동체적으로 발달해 간다고 하였다. 이러한 발달은 개인이 참여하는 활동, 역할, 관계들에서 언어적 · 비언어적 행동으로 표현될 때 활동의 유형으로 추론될 수 있다고 보았다. 특히, 관계라는 것은 주변의 많은 유기체와 상호작용하며 형성할 수 있고 지속적이기 때문에 이차적으로 사회적 관계를 맺기 시작하는 유아교육기관에서의 관계 형성은 매우 중요한 역할을 한다고 주장하였다.

박찬옥(2005)은 21세기 공동체 사회의 중요한 적응 기제는 관계 형성이라고 하면서 인간과 인간, 자연 간의 상호존중, 상호의존을 통한 상생의 관계 형성을 강조하였다. 관계중심 교육과정에서 '가르친다'는 것은 학생 자신을 비롯한 인간이 누구이고, 인간을 둘러싼 생태계(세계)가 무엇인지를 알아가도록 하는 것이며, 이를 위해 교사는 학생과 생태계의 관계를 매개함과 동시에 교사와 학생 간의 관계를 수행하는 역할을 한다고 할 수 있다.

이상과 같은 교육과정 조직의 중점에 따른 분류를 시대의 변천에 따른 흐름으로 정리해 보면 다음 [그림 1-3]과 같다.

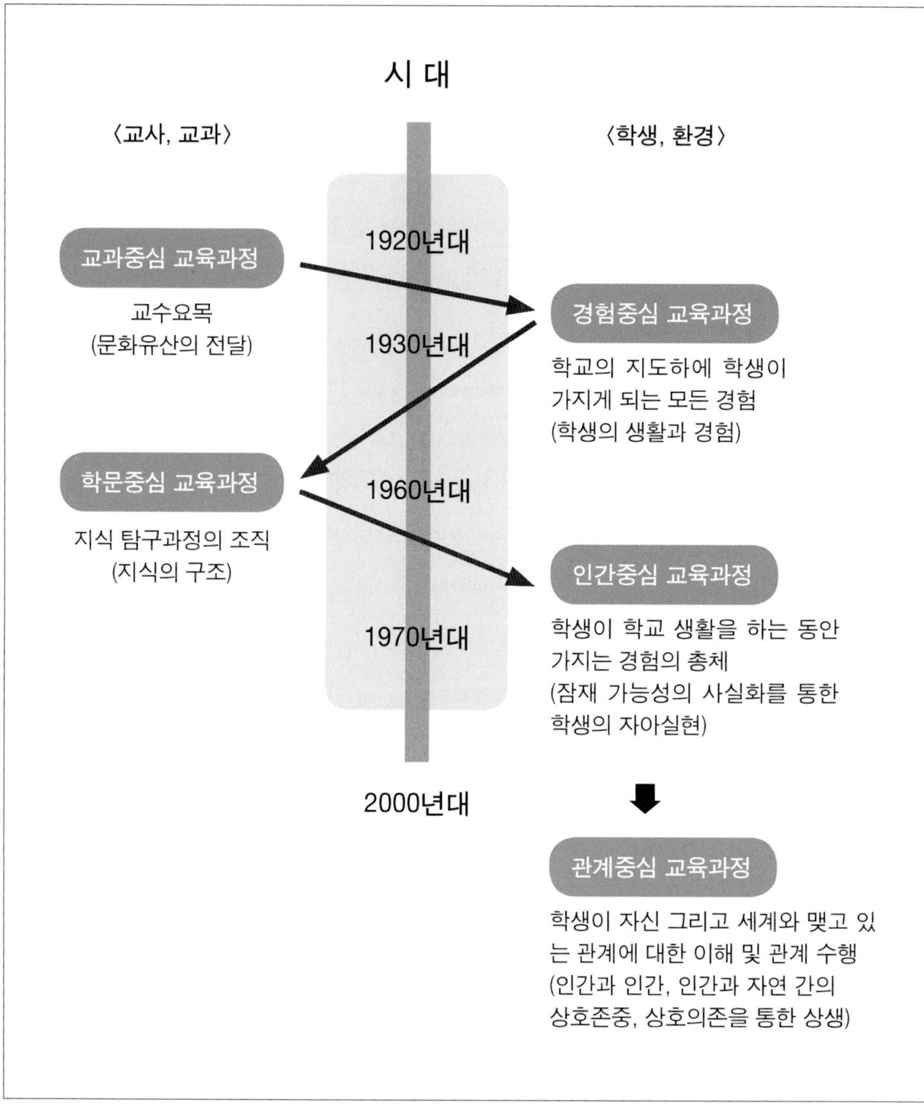

[그림 1-3] 교육의 구성요소와 교육과정 개념의 변천

출처: 방인옥 외, 2009.

2. 영유아교육과정의 개념

1) 영유아교육의 특성

유아교육은 초·중등교육에 비해 복잡한 모습을 보인다. 초·중등교육은 대상 연령, 교육기관뿐 아니라 대부분 교육과정까지도 일정한 흐름을 가지고 있고 교육부 관할 아래 모든 행정적인 결정이 진행되고 있다. 이에 반해 유아교육은 대상 연령이 모호하고 교육기관도 다양하며, 유아교육기관에 대한 관할도 두 개의 행정부처에 의해 이루어져 복잡한 양상을 띠고 있다.

현재 유아교육이 보이고 있는 특성을 양옥승, 최경애, 이혜원(2011)은 다음과 같이 보고 있다.

(1) 대상 연령의 다양성

유아교육의 대상 연령 범위는 학자마다 각기 다양한 관점으로 규정하고 있다. 어떤 학자는 초등학교에 입학하지 않은 취학 전 유아로 보는 반면, 미국유아교육협회(National Association for the Education of Young Children: NAEYC)에서는 출생에서 8세까지의 아동으로 보고 있다. 그러나 일반적으로 유아란 0세에서 6세 사이의 아동으로 보는 것이 바람직하다(이은화·양옥승, 1988 재인용). 이에 양옥승(2008)은 유아교육을 출생에서 만 6세 미만까지의 유아를 대상으로 보육시설이나 유치원에서 이루어지는 보육과 교육을 하나로 융합한 것이라고 개념화하였다. 이러한 폭넓은 연령대의 유아들을 대상으로 하여 하나의 흐름을 가지고 교육을 계획한다는 것은 상당히 어려운 일이다. 바로 이것이 유아교육이 복잡성과 다양성에서 어려움을 겪는 이유 중의 하나라고 할 수 있다.

(2) 교육과 보호의 역할

유아교육은 태교, 보육, 교육의 개념을 포괄하고 있다. 보육이나 교육의 개념 간에 본질적인 차이가 있는 것은 아니며, 궁극적으로 유아의 삶을 바람직한 방향으로 이끌고자 하는 일종의 교육적인 작업이라고 볼 수 있다(양옥승, 2003).

최근 OECD 국가들도 보호와 교육은 분리될 수 없는 개념이고 양질의 서비스는 이 두 가지를 모두 제공해야 한다는 입장에서 보육의 개념을 '환경, 재원, 운영시간, 프로그램의 내용과 상관없이 초등교육 단계 이전의 유아를 위해 제공하는 일체의 보호와 교육'으로 정의하고 있으며, '유아교육과 보호(early childhood education and care)'라는 용어를 사용하고 있다(아정 · 장영숙, 2002).

(3) 교육기관의 다양성

대상 연령이 다양하고 각 연령의 특성에 따른 교육이 요구됨에 따라 유아교육은 다양한 기관에서 이루어진다. 유아교육기관의 유형, 대상 유아의 연령, 교육대상의 특수성, 수요자의 욕구 등에 따라 유아교육은 가정, 유치원, 보육시설, 학원 등 다양한 기관에서 시행된다. 우리나라의 경우 만 3~5세 유아를 대상으로 하는 유치원과 0~6세 유아를 대상으로 하는 보육시설로 나누어지며, 이 외에도 영어, 음악, 미술, 체육 등의 학원을 중심으로 한 교육도 하나의 큰 흐름을 이룬다.

(4) 교수 · 학습방법의 차별성

유아교육의 교수방법과 교재교구 또한 초등교육에서 사용하는 것과는 차이가 있다. 초등교육에서 가장 중요한 교재는 교과서인 반면 유아교육은 일상생활 속에서 놀이중심의 통합교육으로 이루어지기 때문에 다양한 교재교구와의 상호작용과 교사와 유아, 유아와 유아, 유아와 교구 같은 다양한 상호작용이 중요한 교육내용이자 교수방법이 된다.

2) 영유아교육과정의 개념

슈바르츠와 로비슨(Schwartz & Robison, 1982)은 일반 교육과정 유형과 맥락을 같이하면서도 유아교육의 특성을 잘 반영하고 있다. 이들은 유아교육과정을 다섯 가지 유형으로 분류하고 있다.

(1) 교수요목으로서의 교육과정

가장 좁은 의미의 교육과정 정의로, 유아에게 가르칠 교육목표와 내용, 순서를 일련의 문자로 작성한 교수요목을 교육과정이라고 보는 입장이다. 이는 교육목표를 구체적으로 설정하거나 교육과정 수행과정을 잘 관찰할 수 있다는 장점이 있는 반면, 유아의 흥미와 요구를 교육활동의 순간순간에 반영하도록 안내하기 어렵다는 한계가 있다.

(2) 교수계획으로서의 교육과정

교육과정의 가장 보편적인 정의로, 유아를 위한 교육목표, 내용, 방법 및 유아가 학습해야 할 사실, 기능, 정보 등에 대한 계획을 교육과정으로 본다. 이러한 입장에서 '교수계획'은 유아의 욕구, 흥미, 활동을 예견하고 자료와 환경을 체계화하도록 도와줌으로써 경험이 풍부한 교사나 초보적 교사 모두에게 도움이 된다고 본다. 그러나 교사에 의해 미리 짜여진 교수계획은 유아의 요구나 흥미에 충분한 정도로 융통성 있게 대처하는 데 한계가 있으므로 지나치게 경직된 교수계획으로서의 교육과정의 한계를 지적하는 입장도 있다.

(3) 프로그램으로서의 교육과정

주로 유아교육 분야에서 볼 수 있는 독특한 관점이다. 프로그램이라는 용어는 매우 다양한 범위에서 사용하는 용어이다. 유아교육에서는 몬테소리 프로그램, 뱅크 스트리트 프로그램, 카미 드브리스 프로그램, 디스타 프로그램, 레지오 에밀리아 프로그램 등 유아교육과정 모형들을 개발하여 적용한 역사적 경향이 있다. 그 모형들의 이름에 '프로그램'이라는 용어를 붙여 사용함에 따라 유아교육과정이라는 용어와 프로그램을 혼용하여 사용하게 되었다.

(4) 우연히 일어난 것으로서의 교육과정

이 입장의 유아교육 개념은 학습의 내용보다는 학습하는 과정에 가치를 둔다. 또한 교사는 유아의 흥미와 요구를 기초로 자연스럽게 활동할 수 있는 분위기를 마련해 주고 세밀하게 관찰하며, 배려할 것을 강조한다. 이 교육과정은 개별화된 교육을 실천하는 데 유용하다는 장점이 있다. 그러나 교육과정의 범위가 지나치게 모호하여 탁월하게 유능한 교사가 아닌 경우 유아가 흥미를 가지고 놀이에 몰입하지 못하거나 교육적 기능을 살리지 못할 수 있다는 단점이 있다.

(5) 학교에서 갖게 되는 모든 경험으로서의 교육과정

유아가 유아교육 및 보육기관에서 하는 모든 경험을 교육과정으로 보는 입장으로, 교사가 의도한 경험뿐 아니라 의도하지 않았지만 결과적으로 영향을 주게 된 잠재적 교육과정까지 포함하는 개념이다. 따라서 교실의 분위기, 유아와 교구와의 상호작용, 일상에서의 언어적인 의사소통, 교사의 복장과 의복, 교육기관의 물리적 환경 등과 같은 모든 물적 · 인적 환경도 무의식중에 유아에게 영향을 줄 수 있다는 점을 고려할 것을 시사한다.

3) 영유아교육과정의 유형

유아교육 프로그램은 1960년대 이후 여러 가지 철학적 · 사회적 · 심리학적 배경을 바탕으로 개발되었는데, 다양한 유아교육 프로그램은 학자들에 따라 몇 가지 유형으로 구분되었다.

콜버그(Kohlberg)와 맥도널드(Mcdonald)는 프로그램 개발에 기초가 된 학습이론과 아동발달이론을 근거로 프로그램 유형을 구분하였고, 와이카트(Weikart)나 베셀(Bessel), 메이어(Mayer)는 유아교육 프로그램의 구조성, 교사 · 유아 · 교구의 역할 및 상호작용을 중심으로 프로그램 유형을 구분하였다. 이 분류는 프로그램의 형태를 분명히 구분하고 있으며, 유아교육 현장에서 많이 사용된다.

(1) 와이카트의 분류

와이카트는 교사와 유아가 학습에 참여하는 방식, 교사와 유아의 관계를 근거로 하여 프로그램 유형을 분류하였다. 학습에서의 주도권을 누가 가지는지에 따라 프로그램의 유형을 아래와 같이 구분하였다.

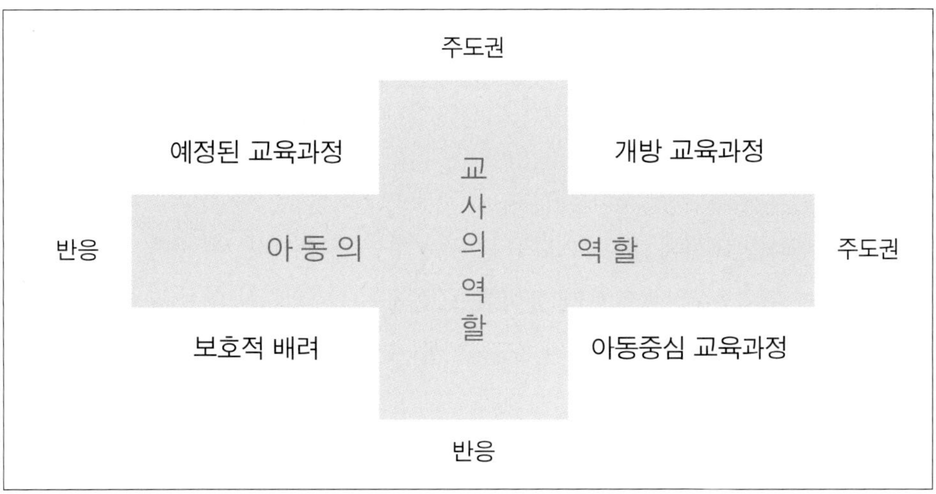

[그림 1-4] 와이카트의 유아교육과정 분류

① 개방 교육과정(open education curriculum)

개방 교육과정은 교사와 유아 모두 주도권을 가지므로 교사와 유아, 유아와 유아, 유아와 교구와의 상호작용 모두 중요하다. 주로 피아제의 인지발달이론에 기초를 두고 있으며, 유아의 사고·인지과정을 중시하고, 성인에 의한 지식의 주입이나 답습이 아닌 유아의 직접적인 활동과 경험을 통한 학습을 강조한다.

개방 교육과정은 교육현장에서 교사가 유아의 발달과 흥미, 다양한 사회문화적 맥락을 고려하여 창의적으로 활동을 계획·운영할 수 있다는 장점이 있다. 그러나 교육과정을 운영하는 데 있어 확실한 이론적 근거를 가진 교사의 능력이 요구된다. 개방교육의 모형은 'British infant school' 체제에서 25년에 걸쳐 성공적으로 시행되어 왔다. 여기에 영향을 받아 미국의 교육개발센터(EDC)에서는 유치원에서 초등학교 3학년까지 이 방법을 실시하고 있다.

② 아동중심 교육과정(child-centered curriculum)

아동중심 교육과정에서는 유아가 학습활동의 주도권을 가지며, 교사는 유아의 요구에 반응한다. 교육과정은 유아의 흥미나 개인적인 요구를 바탕으로 하지만, 사회에서 필요로 하는 가치 또한 교육과정에 반영한다. 교사는 실생활에서 유아가 직접 경험할 수 있는 흥미 있는 것으로 교육내용을 선정한다. 아동중심 교육과정에 속하는 프로그램으로는 뱅크 스트리트 프로그램을 들 수 있다.

③ 보호적 배려(custodial cafe)

보호적 배려는 교사와 유아가 모두 반응만 하는 유형이다. 이 유형에서의 활동은 신체적인 위험, 질병으로부터 유아를 보호해 주는 정도의 역할을 하므로 사회경제적인 여건이 어려운 유아에게 도움을 줄 수는 있으나 일반 유아에게는 중요한 교육적 의미를 주지 못한다.

④ 예정된 교육과정(programmed curriculum)

예정된 교육과정은 교사가 학습활동의 주도권을 가지며, 유아는 교사의 요구에 반응하는 유형이다. 이 유형은 경제적 · 문화적으로 낙후된 지역의 유아에게 효과적인데, 환경으로 인한 유아의 결손능력을 보완해 줌으로써 훗날 학교 학습에서의 실패를 어느 정도 예방할 수 있도록 해 준다. 교육목표는 읽기 능력, 언어기술, 수학적 기술을 습득시키는 것이며, 교육내용이 세분화되어 있고, 구조적인 방식으로 학습이 이루어진다. 유아의 행동을 변화시키기 위해 주로 행동수정기법이 사용된다.

(2) 베셀의 분류

베셀(1973)은 교육목적, 교수전략구조를 중심으로 교육과정을 네 가지 유형으로 분류하였다(이기숙, 1990 재인용).

① 수용적 환경모형(permissive-environment model)

수용적 환경모형은 적성중심 프로그램으로, 유아가 다양한 환경에서의 교육을 통해 전인격적인 성장발달을 이룰 수 있다고 본다. 교육과정의 목표는 인지발달, 언어발달, 감각운동능력 발달, 사회 · 정서적 성숙, 만족감의 습득 등이며, 교육과정의 구조화 정도는 낮은 편이다.

이 유형에서는 교사의 역할을 강조한다. 교사는 유아 발달에 관한 충분한 지식과 학급을 효율적으로 운영할 수 있는 기술이 있어야 하며, 유아의 현재 발달수준과 그 수준에 적합한 활동을 제시할 수 있어야 한다.

② 구조적 인지모형(structured-cognitive model)

구조적 인지모형은 유아를 전인격적 인간으로 발달시키는 것보다 아동의 학습과정과 직접적으로 관련된 태도나 성향의 발달에 더 관심이 있다. 이 모형의 주된 목적은 언어발달에 강조를 둔 학습과정의 발달이며, 그 외에 지각능력, 주의 집중력, 개념적 사고, 언어적 기술의 발달, 긍정적인 자아개념의 발달을 포함한다. 교육의 목적을 달성하기 위한 하위 행동적 목표가 사전에 결정되어 세분화되어 있고, 각 목표는 과업수행과 관련되어 있으며, 위계질서 순으로 조직되어 있다. 교사는 매일의 활동을 계획하고, 유아의 학습을 지도하며, 유아의 활동을 관찰할 수 있는 교수전략이 있어야 한다.

이러한 유형의 프로그램은 구조화된 환경 안에서 학습경험을 선택하고 조직하며, 구조화된 게임 형식을 사용한다.

③ 구조적 정보모형(structured-information model)

구조적 정보모형은 낙후된 지역이나 가난한 가정의 유아에게 학문적 성공과 관련된 지식과 기술을 가르쳐 주기 위한 것이다. 가난한 지역의 유아에게는 그들의 미래 학교생활을 성공적으로 수행해 나가는 능력이 중요하다고 보기 때문에 놀이중심인 전통적 유아교육기관의 교육을 비판하고 학교생활에 필요한 학문적 기술 습득을 중요시한다.

프로그램의 주된 목표는 인지적 발달을 위한 특별한 정보나 기술을 습득하는 것이다. 구조적 정보모형에서는 유아에게 학문적 준비에 관련된 성취 경험을 제공해 줌으로써 긍정적 자아개념을 형성할 수 있다고 보기 때문에 말하기, 셈하기, 읽기를 위한 개념과 규칙을 학습시키는 반면 음악이나 미술, 극놀이 활동 등은 프로그램에 포함시키지 않고 강조하지도 않는다. 교육목적을 달성하기 위한 교수전략은 주로 지시적 방법과 반복적 방법을 사용하며 교사가 유아의 모든 활동을 지시한다. 따라서 유아의 학습경험은 교사의 지도에 달려 있다. 교육과정의 구조화 정도는 매우 높다. 이러한 유형에 속하는 유아교육 프로그램으로는 베라이터-엥글만 프로그램을 들 수 있다.

④ 구조적 환경모형(structured-environmenet model)

구조적 환경모형은 낙후된 지역의 유아 지체현상이 그들의 환경적 결핍을 보충해 줌으로써 보완할 수 있다고 본다. 즉, 교육을 유아의 환경적 결손에 대한 대응책으로 본다. 교육과정의 구체적 목적은 각 교과의 특별한 내용을 학습하는 것보다 학습하는 방법을 배우는 것에 두므로 학습의 결과보다 과정을 중요시한다.

교육과정의 구체적 목표는 감각운동 기능, 개념, 분류기술, 주의집중의 연장에 두고 있으며 언어기술을 중시하는 프로그램도 있다. 교수전략은 유아가 자기 교수적 교구를 사용함으로써 자신의 활동을 교정해 나갈 수 있게 한다. 여기에 미리 계획한 교수목표는 없다. 반면 학습환경은 매우 체계적으로 정비되어 있다. 따라서 유아는 자신이 원하는 교구를 자유롭게 선택하여 자신의 학습속도에 맞춰 활동할 수 있다. 교사는 유아의 학습을 위한 적절한 환경과 교구를 마련하고, 유아의 활동을 관찰하며, 필요한 때에 교구와 유아 사이의 중개자 역할을 함으로써 유아의 학습을 촉진시켜 준다. 이를 위해 교사는 유아의 학습방법 및 그 과정을 알아야 하며 교육과정을 개별화시킴으로써 개별 유아의 요구에 부합시킬 수 있는 능력이 있어야 한다. 교육목적을 달성하기 위한 학습 환경은 유아가 스스로 사물을 선택하고, 물리적 · 사회적 세계를 탐구하며, 그 결과 문제해결 방식을 습득할 수 있도록 구성한다. 유아는 자신이 흥미 있는 활동에 자유롭게 참여하는데 충분한 시간을 사용할 수 있다. 따라서 유아의 활동을 중단시키거나 방해할 수 없다. 또한 유아의 활동 형태는 활동의 종류나 상황에 따라 개별적 소집단, 대집단으로 다양하게 이루어진다.

(3) 메이어의 분류

메이어는 'Head Start 운동' 이후 개발된 여러 가지 실험적 프로그램의 목적과 이론적 배경 및 교수방법 등을 설명하기 위해 학습현장에서의 교사 · 유아 · 교구와의 관계를 통해 교육과정 유형을 분류하였다. 메이어는 교육과정 유형을 구분함에 있어 단순히 교육과정의 구조성이나 교사와 유아 사이의 상호작용 같은 한 가지 차원에 의해서는 교육과정의 정확한 분석이 이루어지기 어렵다고 보고, 교사와 유아와 교구 간의 상호작용의 정도에 따라 유아교육과정을 네 가지 유형으로 분류하였다.

① 아동–발달 모형(child–development model)

아동-발달 모형은 정의적 발달이 인지적 발달을 촉진시킨다는 심리학적 신념에 기초하며, 주로 중류층의 유아를 위해 개발되었다. 교육과정은 흥미중심 활동으로 구성되어 있으며, 유아는 자신의 의견에 따라 활동을 자유롭게 선택하고 변경할 수 있다. 교사에 의한 학습보다는 유아의 직접 활동을 강조하고, 유아와 유아의 상호작용을 매우 중요시한다.

② 감각–인지적 모형(sensory–cognitive model)

감각-인지적 모형은 인지적 발달이 정의적 발달에 영향을 미친다는 심리학적 주장에 기초한다. 이 모형에서 유아는 지각적 · 개념적 발달에 유용한 재료들을 마음대로 선택할 수 있고, 자신의 역량대로 학습할 수 있다. 대부분의 자료(교구)들은 자기-교수적(self-instructing)인 것이다. 학습은 비언어적으로 유아가 직접 교구를 사용하는 실제 경험을 통해 이루어지므로 교사는 유아의 학습에 필요한 교구를 준비하고, 필요한 경우 언어보다는 실제적인 행동으로 유아를 돕는 역할을 한다. 유아-교사의 상호작용, 유아-유아의 상호작용은 적은 편이며, 유아-교구의 상호작용이 많다. 몬테소리 프로그램을 예로 들 수 있다.

③ 언어–교수적 모형(verbal–didactic model)

언어-교수적 모형에 속하는 프로그램은 교사 규정적 교육과정 모형으로, 인지적 발달은 정의적 발달을 촉진시킨다고 하는 심리학적 입장에 기초한다. 이 모형은 사회 · 경제적으로 낙후된 지역의 유아와 불우한 유아의 발달적 특징 및 요구에 대한 연구로 개발되었다. 언어-교수적 모형에서는 교사의 자극과 유아의 반응 사이의 반복적 교수를 통해 가장 효과적인 학습이 이루어진다고 보아 지시적 교수와 강화를 강조한다. 따라서 유아-교구, 유아-유아 간의 상호작용은 적으나, 교사-유아의 상호작용은 많은 편이다.

④ 언어-인지 모형(verbal-cognitive model)

언어-인지 모형에 속하는 프로그램은 인지적 발달과 정의적 발달이 상호관계성을 가지고 있다는 심리학적 입장에 기초한다. 이 모형에서의 흥미중심은 본질적으로 아동-발달 모형의 흥미중심사상과 같으나, 유아-교사, 유아-교구, 유아-유아의 상호작용이 모두 많은 편이다. 따라서 교사는 아동-발달 모형보다 유아의 학습에 직접적인 영향을 주며, 일상 활동에서도 교사가 주도권을 가진다. 또한 교구는 아동-발달 모형과 종류는 거의 같지만, 교구의 사용방법이 계열화되어 있다는 점에서 차이가 있다.

메이어의 유아교육과정 모형의 특성과 강조점을 정리하면 [그림 1-5]와 같이 나타낼 수 있다(문미옥, 2013).

	강조되는 상호작용			이론적 기초	강조점
	교사-유아 상호작용	유아-유아 상호작용	유아-교구 상호작용		
아동-모형 발달				성숙이론 정신분석이론	사회 · 정서발달
감각-인지적 모형				몬테소리이론	감각훈련 실생활습관 훈련
언어-교수적 모형				행동주의이론	반복적 교수 강화
언어-인지적 모형				피아제의 인지발달이론	사회성과 인지의 조화로운 발달

[그림 1-5] 메이어의 유아교육과정 모형 특성

4) 최근 영유아교육과정의 동향

영유아교육과정은 그 시대의 철학적, 역사적, 심리적, 사회적인 요구와 맥락을 반영하면서 변화해 왔다. 최근 영유아교육과정에서 논의되고 있는 내용들을 이기숙, 김정원, 이현숙, 전선옥(2008)은 다음의 일곱 가지로 제시하고 있다.

(1) 종일제 프로그램의 확산

최근 영유아를 둘러싼 경제적 · 사회적 · 심리적 변화, 즉 영유아기 자녀를 둔 취업모의 증가와 가족 구조의 변화, 유아교육의 중요성에 대한 새로운 인식 등으로 우리나라뿐만 아니라 세계적으로 종일제 프로그램에 대한 요구가 급격히 증가하고 있다. 이러한 시대적 요청에 의하여 많은 연구 결과와 정책이 제시되면서 유아교육기관에 종일제 프로그램이 확산되고 있다.

유치원에서 종일제 프로그램의 운영이 본격화된 것은 1993년 행정쇄신위원회에서 취업모 자녀를 위한 유치원 종일반 운영을 행정쇄신 과제로 선정하고 29개 유치원에 종일반을 시범운영하면서부터이다(교육부 유아교육정책과, 1998). 1998년에는 초 · 중등교육법 시행령 제48조에 유치원 종일반 운영에 대한 법적 근거가 마련됨으로써 유치원은 필요한 경우 반일제, 시간연장제 또는 종일제로 교육 프로그램을 운영할 수 있게 되었고, 2012년에 유아교육법 일부개정에 따라 현재는 하루 3~5시간을 운영하는 기본과정과 기존의 종일제 프로그램과 유사한 방과후 과정을 운영하고 있다. 2012년 4월 기준으로 전체 유치원의 98% 수준인 8,372개 원에서 운영하고 있는 방과후 과정에 전체 62.0%인 380,486명이 취원하고 있다(유아교육발전 5개년계획수립추진단, 2012).

(2) 다양한 연령대를 포함한 프로그램의 개발

어린 영아기 자녀를 둔 기혼 여성의 취업률 증가, 이혼 · 취업 · 경제적 여건 등으로 인한 한부모 자녀의 증가, 핵가족화 등과 같은 최근 우리 사회의 사회 · 경제적 변화로 인해 점점 어린 연령의 유아를 사회적 차원에서 양육해야 할 필요성이 증가하고 있다. 이와 함께 부모 등 성인의 보호가 제공되지 않는 상황에서 각종 안전사고, 과도한 TV 시청이나 컴퓨터 게임, 아동 유기, 성폭행 등의 위험에 노출되어 있는 초등학생이 점점 증가하고 있기 때문에 초등학생을 대상으로 하는 방과후 아동지도에 이르기까지 영유아교육에서 담당해야 할 대상 연령의 범위가 점점 확대되고 있는 추세이다. 이로 인해 만 3세부터 취학 전 유아를 대상으로 하는 좁은 의미의 유아교육 프로그램뿐만 아니라 3세 미만 영아를 대상으로 하는 영아 프로그램, 초등학교 아동을 위한 방과후 아동지도 프로그램까지 다양한 연령층의 유아를 위한 영유아 프로그램의 개발이 요구된다.

(3) 다양한 목적을 가진 프로그램의 개발

최근 특정 유아들을 대상으로 다양한 목적의 프로그램이 개발되고 있다(김명순 · 이기숙 · 이옥, 2005). 예를 들어, 유아에게 전쟁과 평화에 대한 개념을 길러주기 위한 평화교육과정(최석란 · 신은수, 1999), 자연에 대한 친밀감과 아름다움을 느낄 수 있는 감성 계발 및 자연을 보호하는 태도를 길러주기 위한 생태교육과정(김정원 · 서정숙, 2009), 인간의 다양성을 수용하고 편견을 방지하기 위한 다문화적 교육 혹은 반편견 교육과정(김영옥, 2002) 등이 있다. 또한 특수아동을 대상으로 하는 통합교육 프로그램(이소현, 2005) 등이 다양하게 개발 · 적용되고 있다.

(4) 발달에 적합한 실제에 대한 논쟁

1980년대 학문적 성취와 테스트에 대한 압력에 대응하기 위한 움직임으로 전미유아교육협회(NAEYC)에서는 『출생에서 8세까지 발달에 적합 실제』를 출간하였다(Bredekamp, 1986). 발달에 적합한 유아교육 프로그램의 실제(development appropriate practices: DAP)란 연령의 적합성(age appropriateness), 개인적 적합성(individual appropriateness), 사회·문화적 적합성(socio-cultural appropriateness)의 세 가지를 의미하며, 교사가 이 세 가지 정보에 기초한 학습 환경과 경험을 제공할 때 성취된다. 그러나 『출생에서 8세까지 발달에 적합 실제』가 발간된 이후 이에 대한 비판이 계속되고 있는데, 심리적 발달이론에만 기초하여 모든 것을 제시하려고 하는 것에 대한 비판(이기숙, 2000)과 발달에 적합한 실제에서 사용된 '적절한/부적절한'의 의미에 대한 의문이다. 한 문화권에서 적절한 실제가 다른 문화권에서는 부적절한 실제로 받아들여질 수 있기 때문이다. 따라서 발달에 적합한 실제와 발달에 적합하지 않은 실제 등의 이분법적 설명을 지양하고, 유아교육과정에서의 문화적 요소나 내용을 이전보다 더욱 강조하고 있다.

(5) 유아교육과정에 대한 재개념화와 포스트모더니즘의 현상

많은 교육과정 연구자는 인간 존재의 의미나 어떤 형태의 삶이 진정한 공동체의 목표인지와 같은 보다 근본적인 문제에 대한 해답의 추구를 교육과정 탐구의 본질로 삼는다. 이와 같은 입장에서 교육과정의 재개념론자들은 교육목표의 설정, 교육내용의 선정과 조직, 교수·학습방법, 교육평가 같은 기술적인 방법을 통한 교육과정 개발보다는 교육 경험의 본질이나 이에 대한 비판적 이해에 관심을 갖고 교육과정을 논해야 한다고 본다.

이런 맥락에서 유아교육과정 연구자들도 발달이론에 대한 지나친 의존을 비판하면서 일반 교육과정 연구 분야에서 활발히 응용하고 있는 현상학, 해석학, 비판이론, 포스트모더니즘, 페미니즘 같은 다양한 시각에서 교육과정에 대한 재개념화를 시도하고 있다. 이러한 관점에서 케슬러는 NAEYC의 발달에 적합한 실제에 대해 비판하면서 학교에서 무엇을 가르치고 배워야 하는가에 대한 철학적·역사적·정치적 차원들을 밝힘으로써 교육과정에 새로운 시각을 제공하고자 하였다(이기숙, 2000).

(6) 다중지능이론에 대한 관심 증가

다중지능(multiple intelligence)에 관한 이론은 논리-수학적 능력과 언어적 능력만으로 인간 지능을 측정하고 이를 교육현장에 적용하여 교육과정을 구성·운영하는 것의 한계를 인식하고, 『마음의 틀(Frames of Mind)』이라는 저서를 통해 다양한 지능의 존재를 부각시킨 가드너(Gardner)에 의하여 이루어졌다. 다중지능이론은 발표되자마자 곧 전 세계적인 관심을 끌게 되었고, 교육과정의 개발과 적용을 통해 그 이론의 현장 적용 가능성이 탐색되었으며, 이 과정에서 유아의 프로파일과 작업유형을 확인하여 각 영유아의 인지 능력의 강점과 흥미를 찾아 개발하고자 하는 프로젝트 스펙트럼이 개발되었다(신화식·주은희·이경선·소현아, 2001).

이러한 다중지능이론의 등장은 유아교사로 하여금 지능의 개념을 재검토할 수 있는 기회가 되었다. 이 이론에 따라 유아교사는 한두 가지 특정 영역의 능력으로 영유아의 지능을 가늠하려고 하기보다는 영유아가 다양한 영역에서 영리하다고 생각할 수 있게 함으로써 영유아를 위한 교육과정에서 다양한 형태의 학습 기회를 제공하고자 하였다.

(7) 뇌과학 연구의 발달

최근 두뇌의 화학적 기제에 대한 연구와 새로운 공학이 발달하면서 인간 두뇌에 관한 새로운 사실들이 밝혀지기 시작하였다. 특히 지난 한 세기 동안 뇌과학 연구가 폭발적으로 증가하면서 영아의 언어발달 과정을 비롯한 전반적인 발달양상과 뇌발달과의 연관성이 집중 조명되고 있고(Kuhl, 2011; Twardosz, 2012), 뇌과학이 학습과 발달에 미치는 영향과 마음, 두뇌, 교육의 연관성을 밝히려는 시도도 이루어지고 있다(Fischer, 2012).

뇌과학의 발달로 인하여 밝혀지고 있는 영유아기 두뇌발달의 특성을 고려하여 영유아교육과정에서는 유전과 환경의 상호작용의 중요성, 확고하고 안정된 영유아기 애착의 중요성, 영유아 발달의 범위와 속도, 두뇌의 현저한 가소성 예방과 질 높고 잘 계획된 영유아교육의 효율성 등을 고려해야 한다.

요약

1. 교육과정이란 말은 좁게는 '학교에서 수업시간에 가르치는 교과내용'만으로 한정할 수 있으며, 넓게는 '학교 안팎에서 학생들이 겪는 모든 경험을 포함하는 것'으로 볼 수 있다.
2. 교육과정의 유형은 교육과정 조직수준, 교육과정 존재형태, 교육과정 조직중점에 따라 다양하게 나누어진다.
3. 영유아교육과정의 개념은 교수요목으로서의 교육과정, 교수계획으로서의 교육과정, 프로그램으로서의 교육과정, 우연히 일어난 것으로서의 교육과정, 학교에서 경험하는 모든 경험으로서의 교육과정으로 정의된다.
4. 영유아교육과정은 와이카트(개방 교육과정, 아동중심 교육과정, 보호적 배려, 예정

된 교육과정), 베셀(수용적 환경모형, 구조적 인지모형, 구조적 정보모형, 구조적 환경모형), 메이어(아동-발달 모형, 감각-인지적 모형, 언어-인지 모형, 언어-교수적 모형)에 따라 각기 다른 유형으로 나누어진다.

5. 최근 영유아교육과정에서 논의되고 있는 주요 내용으로는 사회 · 경제적, 심리적 변화와 요구를 반영한 다양한 프로그램이 개발 · 적용되고 있으며, 발달에 적합한 실제와 발달이론에 기초한 유아교육과정에 대한 비판과 함께 사회문화이론에 대한 재조명과 철학적 · 정치적 · 역사적 관점에서 유아교육과정 재개념화의 시도, 뇌과학의 발달로 인하여 어린 영아에게 최적의 발달 가능성을 제공해 주기 위한 영아기 교육에 대한 관심의 증가 등을 들 수 있다.

생각해 볼 문제

1. 영유아교육과정을 구성할 때 영유아교육의 특성을 고려해야 하는 이유는 무엇인가?
2. 영유아교육과정에 영향을 미치는 현대사회의 사회적 · 정치적 · 경제적 상황은 무엇인가?
3. 뇌과학의 발달에 관한 최근의 연구결과들이 영유아교육과정에서 시사하는 점은 무엇인가?

CHAPTER 02

영유아교육과정의 이론적 기초

1. 철학적 기초

철학(philosophy)은 그리스어 'philosophia'에서 유래한다. 'philo'는 '사랑하다', '좋아하다'라는 뜻의 접두사이고 'sophia'는 '지혜'라는 뜻으로 '지혜를 사랑하는 학문'이라는 뜻을 가지고 있다. 다시 말해 삶의 여러 문제에 대해 생각하고 반성하고 검토하며 탐구하는 과정으로, 전통적으로 인간 · 우주 · 자연 · 사회 · 지식에 대한 끊임없는 탐구를 통해 지혜를 획득하고자 하는 과정으로 볼 수 있다.

동양의 교육철학의 흐름을 살펴보면 고대 동양, 특히 한국과 중국, 일본은 유교 문화가 발달하였는데 인간의 타고난 본성을 발현시키는 것이 교육의 목적이었다. 동시에 본성에 따라 무위(無爲)의 삶을 살며 자연과 조화를 이루며 사는 도교의 자연주의 교육사상이 있었고, 인도를 중심으로 인간은 부처님이 될 근본 성품을 가지고 있고, 모든 현상은 원인과 조건이 서로 날줄과 씨줄처럼 얽혀 있으니 만물은 독립적으로 존재하지 않고, 현상은 고정된 실체가 없다고 보는 불교사상이 주요한 흐름이었다. 조선 후기 들어 조선의 봉건적 사회구조가 무너지고 서양 문물이 밀려 들어오는 시기에 민중에 의해 발전된 반봉건(反封建) · 반제국(反帝國)의 경향을 갖는 동학사상이 현재의 아동관과 교육사상을 전개시켰다.

서양의 교육철학의 흐름을 살펴보면 고대의 이데아론, 이상주의, 인본주의, 실학주의, 계몽주의 사상을 토대로 20세기에 들어서면서 진보주의, 본질주의, 항존주의, 실존주의 등이 현대 교육철학의 흐름을 주도하였다. 이러한 흐름 속에서 콜버그와 메이어가 영유아교육과정을 낭만주의, 문화전달주의, 진보주의로 구분한 것이 영유아교육사상의 큰 흐름을 이루게 되었다.

영유아교육과정에서의 철학적 기초는 영유아관, 교육관, 지식에 대한 가치관 등을 포함하는 견해로 교육철학과 관련이 있으며 교육과정을 계획할 때 필요한 문제들을 명료화하고 의사결정을 하는 데 여러 관점과 체계적 절차를 제공해 준다. 영유아교육의 다양한 철학적 기초를 살펴보면 다음과 같다.

1) 한국의 영유아교육과정의 철학적 기초

우리나라의 영유아교육은 삼국시대와 통일신라시대, 후삼국시대, 고려시대를 거치면서 중국을 통해 받아들인 유교사상, 도교사상, 불교사상, 조선 후기 동학사상이 주된 철학적 기초였다.

(1) 유교

유교는 인간의 타고난 본성 및 잠재력을 발현시키는 것을 목적으로 하고 있는데, 조선시대 사람들은 천지(天地)의 이치가 인간에게도 내재해 있다고 보았으며 가르침에 따라 인간본성에 충실하게 되는 것이 삶의 목표라고 하였다. 인간의 본성을 성(性)이라고 하며, 성은 하늘이 준 것이고 스스로 그러한 것이며, 성의 스스로 그러함에 따라 행동하는 것이 인간의 길[道]이고, 인간의 길을 가는 것은 교육에 의해서 가능하다고 본다. 인간의 본성은 성실이고 성실해지는 것은 인간의 인식작용에서부터 이루어지는 것이므로 성실함에 도달하는 것이 곧 교육을 의미한다. 그러므로 유교에서 인간의 삶과 교육은 불가분의 관계이고, 인간의 본성과 교육은 상호보완적인 관계이며, 인간의 본성을 찾는 것이 교육의 목적이면서 내용이다.

인간은 엄마의 배 속에 잉태되는 순간부터 소중한 존재이기 때문에 태내기부터 하나의 인격체로 보고 존중하였고, 출생 후의 영유아는 미성숙한 존재이기 때문에 유교의 덕목을 실천하기 위해 어린 시절부터 성리학을 배우도록 하였다. 성리학을 배우기 위해서는 영유아가 성리학적 학문을 할 수 있는 계층에서 성장하고 경제적 조건이 주어질 때 가능하였고, 그렇지 않은 경우는 일하거나 인륜을 실천하는 데 노력해야 했다.

특히 영유아에게 요구한 덕목은 효제(孝悌: 부모에 대한 효도와 형제에 대한 우애)와 장유유서(長幼有序: 어른과 아이, 윗사람과 아랫사람 사이에 지켜야 할 예절)의 덕목이었다. 이러한 덕목은 조선의 가문중심 문화와 더불어 영유아 개개인의 욕구나 의지를 억제하고 영유아를 순종적인 인간, 전체에 순응하는 인간으로 육성해 나가는 데 필요했다.

유교에서의 영유아교육의 원리는 부모, 스승, 친구의 영향력을 중시하여 모방의 원리를 강조하였고, 지식과 행동이 결합되어 나타나야 하며, 윤리와 도덕 및 생활예절을 중요시하였다.

이러한 원리를 바탕으로 한 교육내용은 예절, 충, 효와 같은 바른 생활습관을 기르는 것과 글 읽기, 쓰기, 수학을 배우고, 사물의 이치와 원리를 알아나가는 것으로 보았다. 교육방법은 남녀 분별교육을 일찍이 시행하고, 성인이 모범을 보이거나 관혼상제 같은 의식을 통한 교육을 행하는 것이었다. 또한 이야기를 들려주거나 지식과 행동이 일치하게 하는 과정에서 영유아가 옳지 못한 행동을 할 때는 훈육과 함께 체벌을 하는 방법을 사용하였다.

(2) 도교

도교는 일체의 인위적인 행위를 배제하고 완전한 자연으로 돌아가 억지로 무엇인가를 하지 않고 순수하게 자연의 순리에 따르는 삶을 산다는 무위자연(無爲

自然)을 핵심으로 한 사상이다. 인간을 천지우주와 밀접한 관련이 있는 자연적 존재로 보고, 영유아를 우주 만물과 동등한 존재가치로 보며 도(道)와 자연의 상징으로 보고 있는 자연주의 사상이다. 도는 길, 방법, 사람이 살아가는 길로 만물이 움직이는 법칙을 말하며, 교육은 곧 도의 실현과정을 의미한다.

영유아는 몸과 마음이 도에 따라 움직이는 존재이며, 마음이 순수하고 자연에 가까운 도에 충실한 존재라고 보고, 자연의 원리를 가장 잘 체득한 이상적 인간으로 보았다. 도교에서는 영유아가 가지고 있는 본성과 특성에 따라 가르쳐야 하며, 어려서부터 기교와 지식으로써 가르치는 것은 영유아의 본성을 해치는 것이므로 교사는 자연의 이치에 따라 영유아를 가르쳐야 한다고 주장했다.

교육목적은 지식보다는 실천을 강조하여 자연과 조화로운 삶을 사는 것이고, 교육내용은 바른 생활을 하고 성실하고 인내심을 기르는 내용으로 구성되어 자연은 만물의 시작이며 만물을 형성하는 데 가장 중요하므로 지나친 욕망을 억제하고 자연과 조화를 이룰 수 있도록 하는 데 중점을 두었다. 또한 삶의 자세에 있어 겸손하고 어질게 생활하며, 믿음직스럽게 말하고, 사회생활의 질서를 지키고, 일할 때는 자신의 능력을 발휘하며, 행동할 때는 시간과 장소를 고려하여 행하는 것이 주요 내용이었다.

교육방법은 단전호흡, 명상 등의 신체훈련을 통해 자기 스스로 원리를 터득하도록 하였고, 영유아에게 많은 우화를 들려줌으로써 영유아 스스로 자연스럽게 상황을 살피고 삶의 지혜를 터득할 수 있도록 하였다.

(3) 불교

불교에서 인간은 깨달을 수 있는 가능성의 존재이며, 누구나 깨달음을 통해 부처가 될 수 있다고 보고, 한 개인의 성장은 유전적 · 환경적 요인뿐만 아니라 인간을 포함한 우주와 만물의 관계 속에서 상호관계의 법칙으로 인식해야 한다고 하였다. 이에 인간의 발달은 경험의 성장이나 축적 또는 사고의 성숙에 의해 새로 만들어지거나 길러지는 것이 아닌 본질적인 문제이다.

교육목적은 영유아는 성인의 축소판이 아니라 성인이 본받을 점이 있는 순수한 존재로 보고 불교의 가치관에 입각하여 영유아의 불성을 개발시켜 바람직한 인격형성을 도모하는 것이다. 영유아의 놀이나 장난은 인간형성 과정의 중요한 부분이며 미숙하고 철없는 행동이 아니라고 하였고, 어떤 일의 결과보다 과정을 중요시하였다. 또한 영유아를 가르치는 일차적 책임은 부모에게 있다고 보고 영유아를 대하는 부모의 마음가짐을 중요하게 보았으며 영유아에 대한 직접적 교육보다 태교나 부모교육을 강조하였다(안경식, 2005). 영유아를 지도하는 교사는 교사 자신이 이상적인 인간인 보살이 되어야 하며, 영유아의 세계로 들어가 영유아와 함께 수행해야 한다고 보았다.

교육내용은 생명존중의 교육, 자연친화적 교육, 절약 · 절제의 교육, 공동체를 지향하는 교육, 참선 · 정진의 교육, 주체 자각의 교육, 인간성 회복의 교육, 이타적 삶의 교육, 실체적 삶의 교육, 적기의 교육, 스승과 제자가 함께 공부하는 사제동행의 교육 등이 있다(신지영, 1999).

교육방법은 영유아에게 자연스러운 불교 경험을 제공하기 위해 불교의 경전을 읽게 하거나 암기하기, 불교의 가르침을 학습한 내용을 영유아가 스스로 즐기도록 명상하기 등 신앙과 학문이 상호보완적 관계를 유지할 수 있는 방법으로 이루어져 있다. 이것은 몸과 마음을 갈고 닦아 진리의 깨달음에 도달하고자 실천해 가는 노력으로 수행을 통하여 우주인생의 진리를 터득하고 마음의 근본을 찾아내야 한다고 보았기 때문이다.

(4) 동학

조선 말기에 국내적으로 신유학적 질서가 무너지면서 정치적 부패로 인한 관직 매매나 과거제도 문란, 경제난, 기독교 전파로 사회가 극도로 혼란해지자 수운 최제우가 이러한 위기를 극복하여 새로운 근대사회를 건설하고자 만든 사상이다. 동학은 우리 민족 특유의 민중적인 생명존중사상을 중심으로 하여 민중적인 유교 · 불교 · 도교 · 기독교의 생명원리를 창조적으로 통일한 것이다. 이후 손

병희에 의해 명칭이 천도교로 변경되었고, 이후 보성학교, 동덕여학교 등 학교를 세우는 교육 사업의 밑바탕이 되었으며, 영유아교육계에도 큰 영향을 미쳤다.

동학에서는 인내천(人乃天) 사상이 핵심이다. 인내천이라 함은 한국인의 전통 속에 내재한 경천사상(敬天思想: 종교적 신앙의 대상으로서 하늘을 숭배하는 사상)을 뿌리로 한 것으로, 사람이 곧 하늘이라는 시천주(侍天主)의 사상이 논리적으로 발전한 것이다. 인내천 사상에는 두 가지 근대정신을 발견할 수 있는데, 인본주의와 인간평등 또는 기회균등주의 사상이다. 인본주의는 하늘 마음이 곧 사람 마음이기 때문에 인간은 우주에 있어서 최고의 지위를 차지하고 있다는 것이다. 즉, 인간은 한울[天神]님을 자신의 내부에 모시고 있기 때문에 천성(天性)이 곧 인성(人性)이라고 본다. 동학은 인간을 포함한 모든 만물의 본성은 하늘로부터 유래되었지만, 인간이 가장 신령(神靈)한 존재이자 우주의 중심으로 본다. 인간평등의 개념은 인간과 인간, 인간과 사회제도와의 사이에는 어떤 특권적·불평등적 당위성을 인정하지 않는다는 것이다. 따라서 모든 인간은 행복과 자유를 어떠한 권력에 의해 침해당하지 않고, 개인의 완전한 존중과 사회의 완전한 평등을 이루어 궁극적인 지상천국 또는 인상적인 민주사회를 건설하는 것이 목표이다. 이러한 점에서 동학은 인간개조, 민족개조, 사회개조를 통해 평등한 세계를 만들어 나가는 것이 궁극적인 목적이다.

영유아는 한울이라는 생명을 모신 거룩하고 귀한 존재이며, 생명은 생활 속에서 관계를 통해 실현되므로 교육은 영유아의 내면에 생성하는 생명 실체를 인정하고 그것을 모시고 키우는 행위이다. 동학에서의 교육은 어린이는 한울이므로 죽임, 더럽힘, 굶김, 부숨, 다침의 대상이 아니라 성인, 우주자연과 더불어 조화를 이루어 협동하며 서로 존중하고 살아야 할 대상이라는 아동존중사상에 기초한다. 그리고 영유아에게 다른 사람과 우주 대자연과 조화를 이루고 협동하며 서로 존중하며 살아가는 방법을 교육하고자 한다. 동학에서 자기 안의 생명을 자각하고 모시는 방법은 스스로 깨우쳐 알 수 밖에 없기 때문에 동학에서의 교육은 자기 교육이고 스스로가 교사이다.

교육내용을 살펴보면 동학의 경전인 『동경대전(東經大全)』에서 우주만물의 근본 원리와 인간사회의 발전 법칙, 개인의 인격향상 방법, 우주의 성장과 발전 법칙, 우주의 상관관계를 밝히고 있고, 『용담유사(龍潭遺詞)』에서는 서양세력이 밀려오는 것에 대해 깊은 우려를 나타내며, 이에 맞서는 정신적 자세로서 동학을 내세우는 내용이 수록되어 있다. 특히 사인여천(事人如天)에서는 여인이나 어린이의 말도 하느님의 말로 알아야 하고, 인간은 남자와 여자, 어린아이와 노인과 관계없이 누구나 평등하므로 갓난아이도 귀중하게 대하라는 이야기가 담겨 있다.

교육방법은 무슨 일을 시작할 때와 끝낼 때를 자기 마음에 알려 스스로 마음을 다스리는 '심고법(心告法)'이 있었는데, 이는 일상생활 속에서 자신의 모든 행위를 구체화시켜서 현실적인 자아를 완성한다는 것이다. 더불어 동학 경전의 내용 중에서 평등사상에 입각하여 여자와 아이가 읽을 수 있도록 한글로 되어 있는 쉬운 내용은 반복적인 리듬에 맞춰 읽게 하여 몸과 마음을 단정하게 하였다.

동학사상에 기초한 영유아교육은 방정환과 이돈화가 어린이 존중사상을 구체화시키고 어린이 문화운동을 전개하였다. 어린이 관련 출판사업(1923), 어린이날 제정(1922), 동화 구연, 동요 보급 등 어린이 문화운동을 활발하게 전개하면서 서양의 교육이론과 함께 현대 영유아교육의 모태가 되었다.

2) 서양의 영유아교육과정의 철학적 기초

(1) 이상주의(idealism)

이상주의는 플라톤(Platon)의 이데아론에서 시작하여 데카르트(Descartes), 칸트(Kant)로 이어지며, 물질적 가치보다 정신적 가치를 최고의 가치로 보고, 실재는 인간의 마음속에 보이는 경험된 세계이며, 진리는 관념의 일치성 속에서 찾을 수 있다고 보았다. 이상주의자들은 종교적 가치를 높이 평가하여 종교적 가치가 인간의 궁극적 목적과 정신적 질서의 조화를 실천하는 데 도움을 준다고 생각하였다.

이상주의는 '관념론'이라고도 하는데 관념론에 의하면 근원적 실재는 마음 또는 정신이며, 물질적 사물은 정신적 실재의 표상에 불과하다는 것이다. 관념론에 입각한 교육은 정신적 작용이기 때문에 영유아를 윤리적 존재로 대함과 동시에 개성과 전체성이 조화가 이루어져야 한다고 보았다. 교육과정은 이상중심이 되어야 하고, 마음을 훈련하고 정신을 함양하며 이데아에 숙달되게 하는 것을 강조한다. 지식이 선험적이고 보편적인 이데아에 관한 것이라면 교육은 이데아를 학습자의 의식 속에 가져오는 지적 과정이라고 말한다.

(2) 진보주의(progressivism)

진보주의 교육은 고대에서부터 근대에 이르기까지 중심이 되어 온 교사, 교과 중심적인 교육을 비판하며 교육은 항상 발전하는 변화의 과정이며 실생활에서 진리를 찾는 것이라고 하였다. 인간은 단순히 지식을 받아들이는 존재가 아니고 지식을 활용하여 자기 문제해결 과정을 만들어 나가는 존재라고 보고 있다. 대표적인 학자는 듀이(Dewey), 피아제((Piaget), 몬테소리(Montessori), 콜버그(Kohlberg), 카미(Kamii) 등이다.

진보주의 교육은 절대적인 진리를 인정하지 않고, 진리는 인간의 경험 속에서 발견한다고 보고, 고정적인 불변의 진리를 부정하였으며, 인간이 사회 혹은 환경과의 끊임없는 상호작용을 통해 스스로 성장하고 발전하는 것을 돕는 과정이 교육이라고 보고 영유아의 인간으로서의 존엄성과 자발성을 존중하는 것을 교육목적으로 하고 있다.

교육내용은 영유아와 더불어 영유아의 생활, 경험, 요구, 관심 등 다양한 방면의 생활 내용이고, 교육방법은 영유아중심, 생활중심의 원리를 주장하면서 직접 영유아가 경험하여 지식을 획득하는 것을 강조하였다. 이에 교사는 주입식 교육을 배제하고 영유아 개개인의 개성과 흥미를 고려한 활동중심의 교육을 할 것을 주장하면서 흥미중심의 흥미영활동과 자유선택활동, 견학과 탐색같은 다양한 실천적 경험을 통해 문제해결방식을 배우도록 했다. 그 이유는 지식이란 늘 새롭게 전개되는 사태에 대비하기 위해 경험을 조정하는 도구일 뿐이고 지식이란 사색으로 얻어지는 것이 아니라 능동적인 활동을 통해 습득하고 이것이 행동으로 이어져야 한다고 보기 때문이다. 또한 교육은 현재의 생활 그 자체로 중요한 가치를 지니기 때문에 배우는 장소는 비판정신과 지성을 일깨워주는 곳이면 된다. 영유아교육기관은 영유아 간 경쟁을 부추기는 곳이 아니라 협동을 장려하고 동료의식과 공동운명체 의식을 촉구하는 곳이어야 한다.

진보주의 교육은 1930년대 미국 교육철학의 큰 흐름이었지만, 영유아의 자유와 흥미를 지나치게 강조하면서 영유아가 어려운 과제에 도전하지 않고 쉬운 과제에만 도전해서 성취하려는 부정적인 결과가 나타나기도 하였다. 또한 현실 위주여서 미래 교육에 대한 준비를 소홀하게 한 점, 이기적인 인간을 양성할 수 있다는 점, 사회적 훈련과 전통을 무시하였다는 점에서 많은 비판을 받았다. 또한 미국에서 1957년 소련의 스푸트니크 인공위성 발사 이후 진보주의가 본질적 지식을 소홀히 다루어서 학습자의 기초학력을 저하시키는 결과를 갖고 오면서 사회적 · 문화적 가치를 소홀하게 만들었다는 비판이 일기도 했다.

(3) 본질주의(essentialism)

1930년대 진보주의가 미국의 교육사상을 지배하고 있을 때 반발로 일어난 것이 본질주의이다. 본질주의는 본질은 실존하며, 직관적으로 알 수 있고, 구체적인 존재보다 우선한다는 철학적 학설이다. 대표적인 학자는 배글리(Bagley)와 혼(Horne)이다.

교육목적은 과거의 문화유산 중에서 가장 본질적인 사회적 경험을 영유아에게 전달하여 사회의 유능한 시민을 기르는 데 있다. 교육내용은 영유아의 관심사를 고려한 내용을 포함하는 것이 좋지만 그렇다고 영유아의 관심을 중심으로 구성해서는 안 된다고 보고 인류의 문화재 가운데 현재 생활에 사용될 핵심 내용만 뽑아 구성하였다. 개인적 경험보다 오랫동안 쌓여 온 서양의 정신적 · 도덕적 전통과 문화유산의 고유한 가치, 즉 민족적 경험이 교육의 중요한 내용이 된다고 강조하였다. 이에 문화유산의 본질적이고 기초적인 것을 교과로 미리 계획·조직하여 논리적으로 구성해야 한다는 교과중심의 교육과정을 강조하였다. 교육은 체계적인 학문 전달이기 때문에 시련을 겪지 않은 영유아의 경험보다 민족사회의 경험과 유산을 중시해야 하며, 따라서 영유아를 조정하여 이것에 접하도록 해야 한다고 하였다.

교육방법을 살펴보면 문화유산의 본질을 익히기 위해서는 기초교육이 중요하므로 강한 학문적 훈련방식을 사용하여 말하기·읽기·쓰기에 대한 철저한 훈련과 국어·수학·과학·역사·외국어 등의 기초적인 교과를 모든 학생에게 예외없이 가르쳐야 한다고 하였다. 사회는 놀이하는 곳이 아니라 고난이 필요한 곳으로 여러 난관을 극복하기 위해서는 엄격한 훈련을 통해서만 자신이 하고자 하는 일의 목표를 이룰 수 있다고 보았다.

그리고 교사의 적극적 역할을 강조하여 교사는 문화유산에 대한 지식을 많이 가지고 전문적인 자격을 갖추어 영유아의 교육을 통제하고 주도해야 한다고 보았다. 그 이유는 영유아는 지적으로 미숙하고 그 흥미가 수시로 변하며, 영유아가 경험하고 인식하는 세계가 협소하기 때문에 교사가 판단해 주어야 한다는 것이다. 그래서 교육에서 중요한 것은 영유아의 일시적이고 변덕스러운 흥미가 아닌, 엄격한 훈련과정에서 나오는 지속적인 흥미여야 하며 흥미보다 노력의 중요성을 강조하였다.

반면 본질주의는 체계적인 지식 전달과 교권을 강조한 나머지 영유아의 흥미와 욕구를 고려하지 않는다는 비판을 받았다. 또한 문화적 보수성을 띠고, 인간의 지적 진보성이나 창의성이 저해될 수 있으며, 독립심이나 비판적 사고 신장에 장애가 된다는 점과 협동정신이 미약하고 미래 전망과 사회 혁신의 자세가 미흡하다는 점에서 비판을 받고 있다(남궁용권·임채식·정찬주·권건일·김의석·김남근·김노연, 2012).

(4) 항존주의(perennialism)

항존주의의 'perennial'이라는 말은 원래 다년생 식물을 의미하는 것으로, 매년 일정한 시기에 꽃을 피우는 식물처럼 진리도 영원하다는 것을 상징하고 있다. 항존주의는 종교적 세계관 위에서 반과학주의, 탈세속주의, 지성주의를 강조하며 1930년경 진보주의와 본질주의를 비판하면서 등장하였다. 항존이란 불변이라는 뜻으로 항존주의에 있어서 교육은 인간의 본성과 같이 항구적이라는 교육에 대한 고전적인 정의에 바탕을 두고 있다. 대표적인 학자는 허친스(Hutchins), 아들러(Adler), 마리탱(Maritain), 커닝햄(Cunningham) 등이 있다.

인간의 고유한 특징은 생각하는 능력으로, 교육을 통해 영원한 진리를 가르쳐 합리적 사유능력을 개발하는 것이라고 보고 있다. 이에 교육목적은 절대보편성을 지녀야 한다고 하였는데, 이것은 지역에 상관없이 인간은 근본적으로 동일한 존재이므로 모든 사람에게 적용하기 위해 교육은 보편적이면서 동일해야 한다는 보편적 진리를 강조하고 있는 것이다. 항존주의자의 대표적인 학자인 허친스는 교육의 목적은 모든 시대와 모든 사회에 동일한 것이어야 한다고 주장하며 그 이유는 '인간을 인간답게 형성시키려는 것이기 때문'이라고 말하였다.

교육내용은 학습하기 어려운 교과목을 주로 다루고 있고, 고전이나 다른 어려운 자료를 읽을 수 있는 능력은 모든 영유아가 갖추어야 할 필수요건이다. 감정이나 정서에 대한 교육, 그리고 신체운동에 대한 교육은 기억과 사고를 증진시키는 교육과 결코 같은 부류로 취급될 수 없다고 보고 오랜 세월 동안 축적된 문학, 철학, 역사, 과학 분야 등의 고전을 가르쳐야 한다고 하였다.

교육방법은 항존주의에서의 교육은 인간의 삶을 위한 준비이기 때문에 영유아는 구조화된 고도의 철저한 훈련, 연습과 행동 통제를 통하여 이 세상의 영원한 진리를 배워야 한다고 보았다. 교육목표가 절대적이어서 교육과정도 이에 따라 고정되어 있고 교사는 설명하고 말해 주는 사람이고 영유아는 수동적으로 받아들이는 사람이다.

(5) 실존주의(existentialism)

실존주의는 19세기 유럽에서 형성된 철학사조로 키르케고르(Kierkegaard), 사르트르(Sartre), 야스퍼스(Jaspers), 니체(Nietzsch) 등이 "인간은 어떤 본질을 가지고 태어나는 것이 아니라 무(無)의 상태로 세상에 태어나기 때문에 스스로 본질을 선택하고 결정하는 자유로운 존재일 필요가 있다"는 인간 존재 자체에 대한 철학이다. 따라서 선 · 진리 · 실재란 모두 각 개인에 따라 달리 규정할 수 있다. 실재는 현존의 세계이며, 진리는 주관적으로 선택되는 것이고, 선은 자유에 대한 문제이다.

교육내용은 고정적이며 미리 정해져 있는 교육과정은 최소화한다. 교육방법은 영유아가 교실을 돌아다니며 대화를 나누고, 함께 작업하고, 서로 도움을 주고받을 수 있는 자유를 제공하는 것이다. 이렇게 영유아가 자신의 활동을 결정하고 자신의 교육목표를 세워서 책임감을 개발할 수 있는 기회를 제공하여 영유아에 대한 신뢰와 수용, 다양성을 존중해 주며, 교사와 영유아, 영유아와 영유아 간의 개방적인 관계가 유지되도록 힘쓴다.

실존적 교육에서는 '무엇(what)'을 배우는지보다 '어떻게(how)' 배우는지에, 지식교육보다 도덕교육에 중심을 두고 학습자의 인격과 도덕성 함양을 위해 어느 교육철학보다 교사의 인성과 역할을 강조하였다. 실존주의 철학을 교육에 적용하려는 교사는 전통적 의미의 교사와는 달리 영유아에게 답을 가르쳐 주는 것이 아니라 영유아가 답을 할 수 있도록 도와주고 영유아의 독특한 개성에 관심을 가진다. 영유아와 교사는 동등한 가치를 가지는 개인으로서 개방적이고 서로의 성장을 촉진하는 관계이다. 교사는 영유아가 자신을 이해하고 자신의 자유의지로 선택할 수 있도록 도와야 하며 영유아 개개인의 존재가치에 중요성을 부여해야 한다.

반면 실존주의에서 인간의 개성 존중과 인간성 회복에 초점을 둔 것은 교육과정에 큰 공헌점으로 보고 있으나 객관적으로 인간을 이해하려는 점이 부족하다는 비판을 받고 있다.

(6) 낭만주의

낭만주의는 루소(Rousseau)에서 시작하여 페스탈로치(Pestalozzi), 프뢰벨(Froebel) 같은 19세기 사상가들이 발전시켰고, 프로이트(Freud), 게젤(Gesell) 등은 이러한 철학적 사상과 더불어 심리학적 이해와 발달적 접근방식을 택했다. 낭만주의는 하나의 일관된 철학 체계라기보다 인간·사회·우주·자연에 대한 태도와 접근방식으로 볼 수 있다.

낭만주의는 인간의 냉철한 이성을 모든 삶의 기준으로 삼고 이성의 우월성을 강조한 계몽주의에 대한 비판으로 나타났으며 인간의 감성적이고 정서적인 측면을 강조하였다. 이에 영유아의 타고난 능력과 본성에 따라 학습이 이루어진다고 보고 영유아의 자유, 인격, 독창성, 자발성 등을 중요시하였다. 낭만주의는 이러한 인간의 타고난 자유로운 본성을 중시하였기 때문에 이를 억제하는 주입식 교육을 반대하고 건전한 정서, 사회성 발달에 교육목표를 두었다. 이에 식물의 성장에 물과 공기와 영양이 필요하듯이 영유아의 신체적·정신적 건강을 위해 신체적 자유로움과 지적인 호기심을 발휘할 수 있는 영유아중심적이고 영유아의 흥미와 욕구를 고려한 교육기회가 제공되어야 한다고 하였다. 전통적인 아동중심 프로그램이 이 교육철학에 속한다.

(7) 문화전달주의

문화전달주의는 그 사회의 문화가 후대에 계승되어 문화를 유지해야 한다는 교육철학이다. 로크(Locke)의 경험론적 관점에 근거하여 인간은 외부 환경에 영향을 받아 성장하면서 경험과 관찰에 의해 지식을 습득하기 때문에, 인간의 유전적인 요인을 부인하고 과학적 토대로 '환경과 교육이 인간을 만든다'라고 하였다.

이러한 철학의 원리를 파블로프(Pavlov), 왓슨(Watson), 스키너(Skinner), 반두라(Bandura) 같은 행동주의 학자들이 계승하고 있다. 문화전달주의에서 영유아의 발달은 후천적 · 환경적 경험에 의해 결정된다고 보고, 교육이란 이전 세대의 축전된 지식이나 문화의 가치, 신념, 정보 등이 후대에 전달되는 과정이라고 본다.

문화전달주의는 교사의 역할에 비중을 두고 영유아를 수동적인 존재로 보고 객관적으로 관찰할 수 있으며, 예상 가능한 행위로부터 추론할 수 있는 지식을 강조하여 학습목표를 달성하고자 하였다. 이에 계획적인 강화를 위해 구체적인 학습 원리를 활용하였고, 행동 학습이론에 근거를 두어 반복 · 강화 · 모방 · 직접적인 가르침 등과 같은 직접적인 교수법을 사용하였다.

2. 사회적 기초

교육과정은 사회와 문화의 산물이며 교육과정의 운영성과는 교육 수준의 질적 향상을 위해 매우 중요하다.

1) 영유아기 인성교육의 강조

우리 사회는 급격한 산업화와 현대화 과정을 거치면서 핵가족화에 따른 생활방식의 변화가 일어났다. 핵가족화는 부모의 권위를 약화시켰고, 이는 가정교육 기회의 감소로 이어져 가족이기주의가 생기면서 타인과 생활하는 법을 학습할 기회가 적어졌다. 더불어 개인주의 · 물질만능주의 현상이 교육현장까지 스며들어 영유아기부터 치열한 경쟁 속에서 학문적 성취만을 강요받고 자율성을 획득하고 발휘할 수 있는 기회가 부족해졌다. 이러한 결과로 자기중심적이고 타인에 대한 공감 능력이 미숙하며 자기조절능력이 발달하지 못한 상태로 성장하여 부정적인 문제로 이어질 경우 비행, 폭력, 집단따돌림 등 사회적 문제를 일으키는 경우가 점차 증가하고 있다. 이렇게 사회적 불안과 도덕적 위기가 심각한 사회문제로 대두되면서 인간성 회복에 대한 사회적 공감대와 필요성을 강조하게 되었다. 이에 사람과의 관계를 가치 있게 여기는 인성적 덕목을 갖춘 사람을 필요로 하게 되면서 '인성교육'에 대한 관심이 높아지고 있다.

인성(人性)은 마음의 바탕이나 사람의 됨됨이를 나타내는 것으로, 인성교육은 급변하고 있는 현대사회에서 가치 있고 행복한 개인의 삶과 안정적인 사회의 발전을 위해 필요하다. 인성교육이란 도덕성 · 사회성 · 정서를 포함한 바람직한 인간으로서의 성품을 기르는 교육이며, 인간으로 하여금 건강한 전인적인 민주시민으로 성장하고 생태적인 본성을 실현함으로써 보다 풍부하고 자유로운 삶을 살 수 있도록 교육적 경험을 제공해 주는 것이다.

특히 영유아기는 인성발달의 기초가 되는 시기로 다양한 사회환경와의 상호작용을 통해 인성을 형성하고 어린 시절의 경험에 따라 개인의 삶의 방향과 도덕적 행동수준이 결정될 수 있다. 영유아기에 인성교육을 강화하는 것은 국가경쟁력의 중요한 요소가 될 수 있고, 사회구조의 변화로 영유아의 양육은 '가족 양육'의 개념에서 벗어나 '사회적 양육'을 더 많이 요구하고 있다(은광주, 2012). 이에 교육과학기술부(2009)는 인성함양은 바람직한 교육의 차원을 넘어 미래사회에서 개인과 국가의 생존과 직결되는 문제임을 밝히며 국가수준의 영유아교육과정에서 인성교육의 중요성을 반영하고 실천방안을 강구하기 시작하였다.

인성교육의 내용은 사람과 사람의 관계, 사람과 자연의 관계를 존중하고 사랑함에 중점을 두며 이를 위해 타인 인정 및 수용, 존중, 배려, 협력, 공생을 길러야 할 덕목으로 제시하고, 자신을 존중하고 다른 사람과 더불어 생활하는 능력과 태도를 기르는 것이 목표가 된다.

이러한 인성교육의 목표를 달성하기 위해서는 도덕적 문제에 대해 영유아들이 서로 의견을 나누고 의견들 사이의 유사점과 차이점을 찾아보며 궁극적으로는 자율적으로 문제를 해결하는 토의를 할 수 있는 경험이 많이 제공되어야 한다. 또한 협동학습을 통해 집단구성원들과 공동의 목표 달성을 위해 주어진 과제를 수행할 때 맡은 역할을 끝까지 책임감 있게 완성하려는 노력을 해야 한다. 집단구성원들과 다양한 의견을 절충하는 가운데 타인의 권리와 요구를 존중하면서 자신의 의견과 요구, 느낌 등을 적절히 표현하는 자기주장 능력을 증진시킬 수 있다.

그리고 역할놀이를 통해 영유아가 특정 역할과 상황을 구체적으로 경험해봄으로써 바람직한 인간관계와 가치의 문제를 보다 깊이 있게 이해하고 도덕적 사고력과 판단능력을 향상시킬 수 있다. 특히 도덕적 행동 성향을 증진시키는 방법, 도덕적 딜레마의 상황, 사회적 질서, 예절을 지키지 않음으로써 생긴 상황의 역할놀이는 영유아의 흥미를 끌고 주의를 집중시킬 수 있는 인성교육의 좋은 방법이다. 더불어 영유아에게 친숙한 교육매체인 동화를 활용한 활동을 통해 영유아의 간접경험을 풍부하게 하고, 다른 사람의 생활과 경험, 느낌을 공감하고 도덕적 판단 기준을 갖게 하여 인성 덕목에 관한 영유아의 이해와 사고력을 심화시키고 감동을 통해 영유아의 실천 의욕을 증진시킬 수 있다.

2) 창의적 인재 육성

21세기는 지식기반 사회로 다양한 문제에 직면했을 때 기존의 지식을 바탕으로 독특한 사고를 하고, 이미 타인이 구성해 놓은 지식을 습득하기보다는 정보를 수집 · 분석 · 종합하여 새로운 정보를 산출하는 창의성을 요구한다. 창의성이란 정보에 대한 새로운 통찰과 연합을 통하여 기존과 다른 아이디어를 산출해 내는 모든 사람이 보편적으로 지니고 있는 속성이다. 개인적인 삶의 측면에서 개인이 가진 잠재력을 최대한 발휘하여 삶의 질을 향상시킴과 동시에 국가 · 사회적인 측면에서 국가 간의 치열한 경쟁에서 살아남기 위해 창의성은 인간이 추구하는 가장 높은 수준의 능력이며, 교육이 추구해야 할 최상위의 목적이라고 할 수 있다(조연순, 2009). 또한 문제를 해결하기 위해 새로운 의견을 생각해 내는 능력 또는 그것을 기초화하는 인격적 특성이다(전경원, 2006).

토런스(Torrance, 1963)는 창의성은 4세부터 4세 반 사이에 절정을 이루다가 학교교육이 시작되면서 퇴보한다고 했다. 이렇게 영유아기는 창의적 사고의 바탕이 되는 직관적 사고의 시기여서 정보를 민감하게 받아들이고 지식을 통합적으로 받아들이기 때문에 창의성 교육의 적기이다. 창의적 사고능력을 기르기 위해서는 발달의 전 영역에 걸쳐 길러진 기초 능력을 토대로 영유아 각자가 독창적이고 독특한 능력을 발휘할 수 있는 여건이 마련되어야 한다.

창의성 교육의 필요성에 대한 사회적 공감대와 영유아의 창의적 능력이 중요시됨에 따라 창의성 교육을 활성화할 수 있는 다양한 노력이 이루어졌다. 이에 효과적인 창의성 교육은 창의성을 인지적 · 정의적 · 환경적인 요인들이 서로 상호작용하여 발현되는 것으로 이해하고 어떤 특정한 내용을 한정하기보다는 영유아의 흥미를 고려하여 지식과 기술을 축적해 나갈 수 있도록 교육에 적용되어야 한다. 이를 위해서는 창의성의 정의적 측면을 개발하고 영유아가 일상적으로 경험하는 교과내용을 중심으로 교육과정을 진행할 필요가 있다.

3) 자연친화적 태도 함양

산업화 · 기계화로 인간의 생활은 물질적으로 풍요로워졌지만 동시에 환경파괴라는 숙제를 안으며 인간 생존의 위협을 초래하였다. 미래사회의 최대 과제는 인간이 자연과 인공을 어떻게 조화롭게 개발하여 활용하는지에 있다고 할 수 있다. 인간은 자연 속에서 생명체들이 함께 숨 쉬고 생존해 가는 모습을 인식하는 체험을 통해 안정감을 느끼게 되고, 정서적 만족감을 경험하게 된다(박성혜, 2008). 그러나 오늘날 영유아는 자연체험을 할 수 있는 공간 속에서 살지 못하고, 놀이를 통해 지식을 배우기보다 인지교육 중심으로 학습을 하는 경우가 많아 자연의 소중함에 대한 인식이 부족한 경우가 많다. 그러므로 인간의 생존을 위해 자연을 보호하고, 자연과 조화로운 삶을 살기 위해 영유아기부터 자연친화적 태도를 함양할 필요가 있다.

자연친화교육이란 영유아가 자연을 공존의 대상으로 받아들이도록 자연과의 접촉 기회를 가능한 한 많이 제공하는 교육이며, 영유아가 본래 가지고 있는 힘과 능력을 스스로 발휘하고 깨우칠 수 있도록 기다리며 도와주는 교육이다(정혜란, 2001). 영유아가 자연의 소중함을 깨닫고 자연과 인간은 생명공동체임을 인식하는 것이 필요하다. 자연친화교육에서의 자연은 그 자체로 심미감과 감각적 즐거움을 주며 영유아는 자연을 경험할 때 더 이상의 인위적인 통제를 받지 않는다. 그러므로 자연 속에서 영유아는 본성과 본질적 가치를 인식하게 된다. 또한 자연 속에서 영유아는 자신이 좋아하는 것에 집중하고 접근하며 자발적 행위를 즐기면서 자유로움을 얻는다. 결국 영유아는 물리적 환경으로서의 자연을 체험하는 기회를 얻음으로써 자연물을 경험하고 이해하며 '자연'이라는 말이 갖는 본성, 순수, 모성, 자발성과 자유 등의 개념에 친화되고, 이를 심상화할 수 있게 된다(최귀영, 2008).

자연친화교육 프로그램은 영유아가 왜 인간은 환경을 보호하고 사랑해야 하는지를 깨닫게 하는 계기를 마련해 주고, 자연물 자체가 갖는 생명으로서의 가치와 더불어 인간과 자연이 주고받을 수 있는 관계를 맺고 있음을 인식하게 함으로써 함께 살아가야 한다는 공존적 인식과 생명의 소중함을 깨닫게 한다. 이러한 인식은 다시 인간과의 관계로 전이되어 관심, 감정이입, 동정심, 감사, 안정감, 배려심, 상생, 돕기 등과 같은 친사회적 행동으로 내면화되어 영유아기에 더불어 살아가는 능력을 습득하게 하여 모든 관계 속에서 어울림과 조화의 방식을 엮어가게 할 수 있는 관계교육의 기회를 제공하게 된다(박성혜, 2008).

4) 가족 유형의 다양화

우리나라는 급격한 산업화 · 도시화 · 세계화 과정을 거치면서 대가족에서 핵가족 형태로 변하게 되었고, 가족부양 가치관의 변화를 경험하게 되었다. 최근에는 부부가 사별 · 이혼 · 개인사정으로 결혼하지 않는 등 다양한 원인으로 인해 한 쪽 부모가 자녀를 기르는 한부모 가족, 부모의 재혼으로 인한 재혼 가족, 배우

자나 미혼자녀가 다른 지역에 살고 있는 분산 가족, 친부모의 사정으로 65세 이상의 조부모와 만 18세 이하의 손자녀로 구성된 조손 가족, 부모 한쪽이 외국인인 다문화 가족 등 가족 유형이 매우 다양해졌다. 이러한 가족 유형의 변화로 인해 교육과정의 내용구성에 있어서도 다양한 가족에 대한 올바른 인식을 심어줄 수 있는 내용으로 구성되어야 한다. 영유아교육은 특히 영유아교육기관과 가정 간의 긴밀한 연계가 필요하므로 다양한 가족유형을 고려해야 한다.

다양한 가족유형 중 정치, 경제, 문화 등 사회의 여러 분야에서 국가 간 교류가 증대하여 개인과 사회집단이 갈수록 하나의 세계 안에서 삶을 영위해 가는 세계화의 흐름 속에서 국제결혼에 대한 사회적 인식이 긍정적으로 바뀌면서 국제결혼이 늘어났지만 다문화 가족에 대한 이해와 사회적 편견 해소라는 과제를 안게 되었다. 이에 국가에서는 다문화 가족에 대한 이해를 위해 다양한 프로그램을 만들어 영유아교육기관에 보급하고 있고, 다문화 역량 개발을 위한 교사교육을 실시하고 있다. 다문화가정을 위한 다문화 교육과정은 다른 인종, 성, 사회계층, 언어 및 문화적 배경의 사람들을 이해하고 존중함으로써 다양한 문화에서 영유아가 생활하고 학습하며 의사소통하고 활동할 수 있도록 준비하는 교육과정이다 (Morrison, 1998).

이외에 한부모 가족, 재혼 가족, 조손 가족을 알기 위해 가족의 특성과 이들이 겪는 심리적 · 사회적 어려움에 대해 이해할 수 있는 교육과정을 운영할 필요가 있다. 현재 각종 사회적 대책이 강구되고 있으나, 핵가족의 발전 추세와 더불어 당연시되었던 전통적인 가정의 보호가 어렵게 된 실정에서는 사회보장적 대책이 더욱 강력히 요구되고 있다.

이렇듯 가족유형의 다양화는 우리가 피할 수 없는 현상이며 다양한 가족유형의 증가는 우리 사회에서 가족의 의미를 'the family'라는 획일적인 형태로 규정짓고 제한하기보다는 가족들(families)라는 확대된 개념으로 바라보도록 요구하고 있다(김은경, 2009). 가족유형의 다양화가 이루어지면서 영유아교육과정은 이러한 가족이 영유아교육의 역할을 함께해 나갈 수 있도록 구성하고 공동체적 관계 맺기를 통해 가족을 지원하고, 부모와 영유아의 관계를 회복하며, 나아가 사회의 교육공동체적 책무를 연결시켜 나가는 중요한 매개체로서 영유아교육과정을 고려할 필요가 있다(권미량, 2009).

5) 여성의 사회참여 증가와 저출산 문제에 따른 교육복지 요구 증가

1960년대 이후 전 세계적으로 여성의 사회진출이 두드러지게 증가하였는데 이는 고등교육을 받은 여성의 수 증가, 여성의 자아실현 욕구 증대, 가사일을 도와주는 여러 가지 도구와 기계의 발달 등을 그 원인으로 들 수 있다. 여기에 직업군이 새로워지고 다양해지고 세분화되면서 여성의 사회참여가 가속화되면서 기혼여성의 경제활동 참가율 증가에 따른 맞벌이가정이 가파른 속도로 증가했다.

이렇게 여성의 사회참여가 확대되는 반면 우리나라는 여전히 자녀 양육에 있어 여성에게 큰 부담을 주고 있는 것이 사실이다. 여성의 사회진출을 보장하기 위해서는 자녀양육 및 교육문제 해결이 필수이다. 취업모의 경우 육아에 대한 심리적 부담과 가정 경제의 책임까지 더해지게 되면서 자녀를 믿고 맡길 수 있는 질 높은 프로그램을 갖춘 영유아교육시설의 확충이 강력하게 요구되고 있다. 또한 자녀가 없는 젊은 기혼여성이 출산을 기피하거나 연기하는 현상이 두드러지면서 우리 사회의 저출산 문제가 심각하게 대두되고 있어 이러한 시점에서 자녀양육은 더 이상 개별 가정의 책임이 아니라 사회 공동의 책임이라는 인식을 확대할 필요가 있다.

맞벌이부부가 일과 가정을 양립하기 위해 지속적으로 질 좋은 보육, 교육 서비스를 요구하면서 유치원과 보육시설의 운영 형태가 다양화되고, 육아휴직, 아이돌보미 지원 사업 등 정부에서 맞벌이부부의 요구를 충족시키기 위해 다양한 방법을 모색하고 있다. 특히 취업모에게 심리적인 안정감을 주고, 기업 입장에서는 생산성 증가와 근로자의 삶의 질 향상을 위해 직장어린이집이 빠르게 보급되면서 보육에 대한 취업모의 갈증을 해소하기 위해 노력하고 있다.

3. 심리적 기초

인간이 출생하면서 어떤 성장과정을 거치며 연령의 증가에 따라 발달수준과 과업이 어떻게 달라지는지 이해함으로써 영유아의 발달과 학습에 대한 기본 개념을 정립하는 과정을 '심리적 기초'라고 한다.

1) 성숙주의

성숙주의이론은 영유아의 발달이 생물학적 · 유전적 요인으로 인해 이루어지고 내재화된 발달 프로그램에 의한 것이라는 주장을 전제로, 인간조직의 변화는 내부적 기제가 체계적인 방법으로 발달을 유도할 때 일어난다고 본다. 다시 말해 성숙이론은 훈련이나 경험 등 환경의 영향보다는 유전에 따른 생득적 특성 등을 강조하면서 환경과는 무관하게 유전적 특성에 의해 인간의 발달이 이루어진다고 보고 인간의 발달에 영향을 미치는 환경적 요소의 영향을 최소로 보는 관점이다.

대표적인 학자 루소의 "발달은 정해진 과정을 따라서 이루어진다"라는 자연주의 교육철학에 근거하여 다윈(Darwin), 홀(Hall), 게젤(Gesell), 프뢰벨(Froebel) 등을 중심으로 전개되었다. 성숙주의자들은 영유아의 유전적 성향을 존중하여 자연의 원리에 따르는 교육이 필요하다고 주장한다. 성숙이론에 따르면 발달을 이끄는 주된 힘과 성장의 기본적인 방향과 속도는 영유아 내부에서 나오며 특정한 시기의 보편적인 발달의 모습은 모든 영유아에게서 일반적으로 나타나는 고정적인 전개과정이다. 이를 근거로 게젤학파는 미리 정해 놓은 틀에 영유아를 맞추려고 강요해서는 안 되며, 영유아의 발달에 지나친 기대를 하면서 영유아의 발달을 넘어서는 성취를 강요하지 말 것을 역설했다.

성숙주의에 전제한 영유아교육과정에서는 영유아가 성장의 기본적인 힘을 표현할 때 영유아가 학습할 준비가 되어 있는지를 나타내는 '준비도'가 영유아의 발달과 학습을 이해하는 중요한 개념이다. 가장 효과적인 교육을 위해서는 영유아의 평균연령 및 그 시기의 보편화된 행동과 발달이 이루어지는 정도를 고려하여 학습영역에 따라 개별화된 방법과 내용을 적용하여 계획하며 이를 바탕으로 준비된 환경을 제공해야 한다. 영유아는 자신의 발달수준과 흥미에 맞는 준비된 환경 내에서 상호작용을 하며 스스로 자신의 학습 수준을 발견할 수 있다. 그러므로 성숙주의에서 영유아는 학문적 능력 향상이나 특별한 기술습득을 목표로 하지 않고 영유아의 내적 가능성을 발달시키는 것에 목적이 있다.

성숙주의에 기초한 교육과정을 이상적으로 실현하기 위해서는 교사의 역할이 중요한데, 영유아의 개인 간 · 개인 내 차이를 고려하여야 한다. 학습과정에서 학습의 주체는 영유아이며 교사의 계획에 따라 학습이 진행되는 것이 아닌 영유아의 준비도에 맞춰 계획을 융통성 있게 변화시킬 필요가 있다. 또한 영유아의 잘못된 행동을 지적하고 변화시키기보다 영유아의 요구를 들어주고 그에 따르는 수용자 · 안내자 · 촉진자가 바람직한 교사의 역할이다. 그 이유는 성숙주의자에게 영유아의 부적응 행동이나 학습의 실패는 교육과정이 영유아 자신의 내적 요구와 발달 정도에 따라 이루어지지 않았다고 판단하기 때문이다.

2) 정신분석이론

정신분석이론은 1930년대 프로이트에 의해 시작되었으며, 1950년대에 에릭슨에 의해 더욱 발전하였다.

(1) 프로이트의 심리성적이론

정신분석이론은 프로이트가 창시한 이론으로 인간의 정서 · 동기 · 인성 등 정신적인 과정을 이해함으로써 개인의 사고 · 감정 · 행동이 심리적 원인에 의해 결정된다고 보는 결정론과 개인이 겪은 갈등은 내부에 존재하는 무의식의 영향이라는 두 개념에 기초하여 인간의 행동을 분석하였다. 따라서 원인이 제거되지 않는 한 심리적 문제는 결코 해결되지 않는다고 보았고, 정신적 원인의 실체를 규명하고자 하는 것이 정신분석이 추구하는 궁극적 목표이다. 특히 인간의 행동에 영향을 미치는 중요한 것은 성적에너지인 리비도이며 생애 초기 경험과 발달을 중요하게 생각하였다.

프로이트의 정신분석이론의 주요 개념은 의식의 수준과 성격의 구성요소로 나눌 수 있다. 먼저 의식의 수준은 무의식 · 전의식 · 의식으로 나눌 수 있는데, 무의식은 인간정신의 가장 깊고 중요한 부분이며 개인의 행동을 이해하는 단서가 된다. 무의식의 저장고에 있어야 할 고통스러운 기억이 마음의 방어력이 약해진 틈을 타고 의식상태로 올라오려고 하는 과정에서 심리적 증상이 드러난다고 보았다. 전의식은 잠재의식이고 이용 가능한 기억인데, 현재는 의식하고 있지 않지만 조금만 노력하면 의식 속으로 떠올릴 수 있는 생각이나 감정을 포함하고 전의식이 의식과 무의식을 연결해 주는 가교 역할을 한다고 보았다. 의식은 자신이 주의를 기울이면 곧 의식할 수 있는 감각, 지각, 경험, 기억 등을 말한다.

영유아의 행동과 사고는 의식적이고 합리적이기보다는 오히려 무의식적이고 비합리적이기 때문에 프로이트는 영유아를 '무의식적인 존재'로 보았다. 또한 영유아의 행동을 통제하는 리비도의 작용에 의해 나타나는 충동은 사회적 제재를 받아 억압되기 때문에 영유아는 갈등적인 존재라고 보았다.

다른 주요 개념인 인간의 성격은 원초아 · 자아 · 초자아로 구성되어 있다고 보았는데, 이 세 가지 성격은 한정되어 있는 에너지를 서로 사용하려고 계속 경쟁하기 때문에 한 성격이 에너지를 확보하게 되면 다른 두 성격은 희생하거나 조화를 이루어 나간다고 하였다. 원초아는 본능적 욕구로 인간이 가지고 태어나는 가장 기본적인 충동을 의미하는 것으로, 정신에너지의 원초적 저장고이며 여기서 자아와 초자아가 분화된다고 하였다. 원초아는 기본적인 생물학적 반사 및 본능적인 욕구를 관장하는 곳이다. 욕구가 충족되면 영유아에게 쾌감을 주고 불충족하면 고통으로 느껴진다. 그러므로 원초아의 목표는 쾌감을 최대로 하고 고통을 최소로 줄이는 쾌락원리에 따라 움직인다.

원초아는 특성상 외부세계와의 교류가 불가능해서 현실을 고려한 능동적인 욕구 충족이 이루어지기 힘들다. 이 때문에 원초아의 욕구 충족을 위해서는 현실과의 상호작용을 통한 타협이 필요한데, 이러한 상호작용의 역할을 하는 것이 자아이다. 자아는 원초아의 욕구와 인간이 처한 현실세계의 여건에서 발생하는 갈등 사이에서 만족스러운 결론에 도달할 수 있도록 조절하는 역할을 한다. 초자아는 사회규범과 행동기준이 내면화된 형태로 나타나며, 현실보다는 이상, 쾌락보다는 완벽을 추구한다. 또한 사회가 용인하지 않는 원초아의 특성을 억제하며, 현실적 목표를 도덕적 목표로 바꾸도록 자아를 변화시킨다.

프로이트는 인간에게 도덕성이 결여되어 있다고 보고 선악의 감정은 보상과 처벌을 통해 형성된다고 보았다. 이에 부모와 주위 사람들이 영유아에게 사회의 가치와 도덕을 교육시켜 내적 가치들을 내면화하여 도덕적 가치에 적절하게 행동하면 선의 감정을 느끼게 되고 적절하지 못한 행동을 했을 때 악의 감정을 가지게 된다고 보았다. 이러한 내재적 가치를 '초자아'라고 한다. 초자아는 양심과 자아이상으로 구성되는데, 양심은 '해서는 안 된다'를 대표하며 자아이상은 '해야만 한다'를 대표한다.

이에 따르면 우리의 행동은 직접적인 욕구 충족을 말하는 원초아, 원초아의 욕구 충족이 아무런 처벌 없이 만족을 얻는 조건을 고려하는 자아, 부모나 주위 사람들로부터 전달받은 도덕가치에 따라 생활하게끔 하는 초자아라는 세 가지 근원에서 타협된 결과이다. 한편 성숙하고 강한 자아는 본능적 욕구의 성질, 환경의 힘, 초자아의 명령을 그대로 인정한다. 미성숙한 자아는 비현실적인 방법으로 원초아와 초자아의 갈등을 해결하려고 한다.

프로이트는 성인의 행동은 아동 초기의 발달 경험에서 찾을 수 있다고 보고 초기 발달에 대한 부모-영유아 관계의 영향력을 강조한 첫 이론이다.

(2) 에릭슨의 심리사회적 이론

에릭슨은 아동기까지의 발달을 제시한 프로이트의 이론을 확장시켜 전 생애 발달단계를 제시하고, 발달에 있어서 사회 · 문화적 요인을 강조하는 심리사회적 이론을 만들었다. 프로이트는 원초아의 기능과 역할을 중요하게 생각하였는 데 반해 에릭슨은 영유아를 생물학적 충동에 의존하는 수동적 존재가 아니라 환경에 적응하고자 하는 능동적인 존재로 보고 성공적인 발달을 위해서 사회적 현실에 대처하는 역할을 하는 자아의 발달이 중요하다고 하였다. 이에 영유아가 어떻게 자아정체감을 발달시키고 사회화되는지에 관심을 가지고 개인의 성격은 자아가 서로 관련된 일련의 단계들을 통하여 점진적으로 형성된다는 가정을 하게 된다.

에릭슨은 인간 행동과 발달에 영향을 미치는 사회적 요인을 강조하였는데, 영유아의 성격발달이 가족과 학교 같은 사회적 맥락에 의해서 결정지어진다고 보고 문화적 다양성의 영향을 인정하였다.

인간은 일생 동안 발달하면서 각 발달단계에 성취해야 할 발달과업이 있는 동시에 각 발달단계에서 사회적 환경으로부터의 요청에 의해 적응하고자 하는 심리학적 노력인 심리사회적 위기도 있다고 하였다. 이 위기를 제대로 극복하지 못하면 부정적인 인성을 갖게 된다고 하였다. 그렇지만, 전단계에서 실패했더라도 다음 단계에서 적절한 조건이 주어지면 건전한 인간으로 성장할 수 있다고 보았다.

또한 양육자와 영아의 관계 형성을 중요하게 생각하였는데, 영아기의 안정된 애착 발달과 신뢰감을 형성하는 다양한 경험은 건강한 자아를 발달시키는 데 기초가 되며, 부모뿐만 아니라 가족 · 친구 · 사회 · 문화적 배경이 영유아의 발달에 중요하게 작용한다고 보았다.

3) 행동주의

행동주의는 인간의 유전적 특질보다 인간의 외현적 행동, 즉 직접 관찰하고 측정할 수 있는 행동을 연구하는 것을 더 중요시하며, 환경과 경험을 통한 행동습득을 핵심으로 본다. 그러므로 인간의 인지나 정서, 성격, 본능은 관찰할 수 없기 때문에 연구대상으로 보지 않았다.

행동주의자는 동물을 대상으로 실험한 자극과 반응과의 관계를 인간의 행동에 적용하여 적절한 보상과 벌을 통해 인간의 행동에 변화를 가져올 수 있다고 주장하였다. 즉, 인간의 발달이 본능, 욕구 또는 생물학적 성숙 같은 내적 요인보다는 강화인 또는 처벌인이라는 외부자극에 달려 있다고 보았기 때문에 인간의 모든 행동이 학습과 경험에 의한 것으로 학습에 의해 새로운 행동을 할 수도 있고, 해 왔던 행동을 하지 않도록 할 수도 있게 한다고 하였다. 대표적인 학자는 왓슨(Watson), 파블로프(Pavlov), 손다이크(Thorndike), 홀(Hall), 반두라(Bandura), 스키너(Skinner) 등이다.

행동주의에 기초한 교육과정에서는 환경의 영향이 어떻게 개별 영유아의 독특한 행동을 형성하게 하는지에 관심을 갖고 강화의 원리와 행동수정기법을 바탕으로 조직적이고 단계적인 외적인 경험을 제공함으로써 영유아의 바람직한 행동은 강화하고 바람직하지 않은 행동은 감소 또는 소멸시키는 것을 목적으로 한다. 다시 말해 영유아 발달에 있어서 영유아의 자아개념 형성이나 내적 사고과정에 대한 영향력, 동기 등의 영향력은 고려하지 않고 바람직한 행동에 대한 칭찬이나 보상을 통해 행동을 습관화하는 과정과 함께 부정적 행동의 수정을 위한 소거과정을 제시함으로써 문제행동의 지도를 위한 구체적이고 실제적 지침을 제공할 수 있다는 점을 강조하고 있다.

이러한 주장을 전제로 행동주의에서 학습과 발달은 영유아를 둘러싼 환경 내에서 영유아와 자극 간의 상호작용의 결과를 통해 이루어진다고 했다. 그러므로 영유아 발달에 변화를 도모하기 위해서는 환경을 재구성함으로써 새로운 학습경험을 제공하여 만족스럽거나 불만족스러운 행동의 결과가 시간을 두고 영유아의 행동에 변화를 가져오는 방법에 초점을 맞춘다. 이에 교사는 주요 개념이나 기능 및 태도 등의 세부적인 행동목표를 설정하여 단계적으로 자극을 제시하여 학습을 시키거나 반복적인 교육과 직접적인 교수를 통해 가르쳐야 한다.

한편 반두라는 학습이 직접적인 행동 경험에 의해서만 이루어지는 것이 아니라 사회적 상황에서 타인의 행동을 관찰하면서도 이루어진다고 주장하였다. 다른 행동주의자에 비해 영유아를 학습에 있어서 훨씬 능동적인 존재로 보고 자신의 행동과 행동결과에 대해 생각할 수 있는 인지적 존재임을 강조하였다.

행동주의는 학습을 전체적 · 통합적으로 보려는 것이 아니라 학습의 요소별 분석을 중요시하고 학습 주체의 목적이나 심리적 필요에 의해 이루어지는 것이 아닌 생리적인 충동이나 외부의 통제에 의해 이루어진다고 본다. 이러한 관점은 영유아의 행동을 이해하는 데 많은 도움을 주지만 영유아의 행동발달을 단계별로 구분하여 그 특성을 이야기하는 것은 무의미하다고 보고 행동발달단계를 제시하지 않아 영유아의 발달을 총체적으로 파악하기는 힘들다는 단점이 있다.

4) 구성주의

구성주의는 인간의 발달이 성숙(유전)과 외부자극(환경)의 상호작용을 통해 이루어진다는 이론이다. 구성주의에서의 지식은 인식의 주체인 학습자의 내면세계에서 자주적으로 구성된다는 점을 강조하면서 개인의 능동적인 역할은 더 나은 학습과 발달을 조절하도록 돕는다고 보고 있다. 구성주의에서 영유아는 단순히 자극을 받아들이고 반응하는 존재가 아니라 주변 환경과의 상호작용을 통해 발달하는 능동적인 학습자로 본다. 이에 영유아가 환경을 탐색하고 사고활동을 하는 것의 의미와 환경과의 상호작용을 통해 영유아가 어떻게 발달하는지 설명하였다. 다양한 구성주의적 접근은 크게 피아제의 발달이론에 기초하는 인지적 구성주의와 비고츠키(Vygotsky)의 발달이론에 기초하는 사회문화적 구성주의로 대별된다. 개인의 인지적 발달에 영향을 미치는 사회적 상호작용의 비중 정도에 따라 인지적 구성주의와 사회문화적 구성주의로 구분할 수 있다.

(1) 인지적 구성주의

피아제는 인지발달이 유전적 요인과 환경적 요인의 상호작용의 결과물이고, 인지구조의 계속적인 질적 변화는 일정한 순서에 따라 보편적으로 진행된다고 보고 있다. 또한 영유아는 성인과는 다른 인지구조를 가지고 있고, 영유아 스스로 활동을 선택하고 제안하며 인지개념을 구성해 간다고 보고 자신이 속한 세계를 능동적으로 탐색하고 적극적으로 지식을 구성하는 존재로 보았다.

피아제의 인지발달이론에 의하면 지식이란 생물학적으로 이미 결정된 발달과정의 틀 안에서 끊임없이 변화하는 환경에 따라 인간이 자신을 변화시켜 나가기 위해 자신이 가지고 있는 인지구조인 도식을 사용하여 동화와 조절이라는 인지적 과정을 거쳐 형성되는 것이라고 하였다. 영유아는 새로운 환경에 적응하기 위해 자신의 도식을 변화시켜 나가는데 동화는 새로운 환경자극에 반응함으로써 기존의 도식에 새로운 정보를 받아들이는 것이고, 조절은 새로운 정보에 맞추어 자신의 도식을 변경하는 것이다. 최종적으로 평형은 동화와 조절의 균형을 의미한다.

피아제는 개개인의 인지적 구조변화와 활동에 관심을 갖고 상대적으로 사회·문화적 요인은 크게 고려하지 않았다. 구성주의에서의 학습은 다른 사람이나 사물과의 사회적 상호작용에 참여하면서 인지적 갈등을 겪고, 인지적 평형상태가 깨지면 이를 복구하기 위해 인지적 혼란상태에 있는 학습자로 하여금 학습할 영역의 전문적 지식과 기술을 지닌 사람의 인지적 구조를 모방하여 인지적 평형상태로 회복할 수 있는 환경을 만들기 위해 노력하게 한다.

(2) 사회·문화적 구성주의

피아제와 달리 비고츠키는 영유아의 인지발달에 있어 문화적 영향과 사회적 상호작용을 강조하면서 모든 영유아가 똑같은 인지발달단계를 거치지 않는다고 하면서 문화적 특수성에 대해 주장하였다. 인간의 기억, 사고, 인지 등과 같은 고차원적 정신기능은 언어를 포함한 여러 가지 기호체계 같은 사회적 상호작용에 의해 시작된다고 하였다.

또한 영유아의 발달을 지원하고 격려하기 위한 교사 역할의 중요성을 강조하고, 영유아가 준비될 때까지 기다리는 소극적 형태의 교육이 아닌 적극적 형태의 교육을 주장하였다. 사회적 · 문화적 구성주의자는 사회적 상호관계를 개인의 인지적 발달뿐만 아니라 지식을 구성하는 가장 중요한 요소라고 본다. 즉, 학습자와 교사와의 관계에서 일어나는 상호작용이 지식구성의 중요한 핵심이다.

비고츠키에 의하면 교사는 학습자의 문제 해결과 지식구성에 있어서 비계 또는 발판을 제공하는 역할을 하며, 안내자 혹은 협력자 역할을 한다. 비계(scaffolding)란 건물을 짓는 초기단계에서 건물이 무너지지 않도록 지탱하는 구조물로, 영유아가 스스로의 힘으로 문제를 해결할 수 있도록 성인이나 유능한 또래가 도움을 제공하는 것을 말한다.

비계는 근접발달 영역(zone of proximal development)을 적절하게 사용하는 학습방법이다. '근접발달 영역'은 사회 · 문화적 구성주의 발달이론의 핵심 개념으로 지식은 사회적 상호작용을 통해 구성된다는 원칙을 분명하게 해 준다. 근접발달 영역이란 '영유아가 혼자서 도달할 수 있는 실제적 발달수준과 좀 더 지적 수준이 높은 성인이나 또래의 도움을 받아서 도달할 수 있는 잠재적 발달수준 간의 차이'를 의미한다. 이때 유능한 타인은 부모 또는 교사, 또래가 될 수도 있으며 이들에 의한 학습적 도움은 기존의 지식이나 기술의 전달방식처럼 일방적 · 직접적으로 지식을 전달하는 형태와는 달리 '안내자 · 조언자'의 형태를 띤다. 따라서 사회 · 문화적 구성주의에서는 능숙한 성인 및 또래와의 의사소통뿐만 아니라 교실내에서 교사와 영유아 간의 상호작용과 협동을 중시한다.

5) 생태학적 체계이론

생태학적 체계이론은 브론펜브레너(Bronfenbrenner)가 영유아의 발달에 미치는 환경을 보다 체계적이고 조직적으로 구조화하고, 이들 환경체계와 개인 간의 관계를 밝힌 이론이다. 그는 영유아가 접하고 있는 생태환경을 영유아가 살고 있는 가장 직접적인 미시체계부터 중간체계 · 외체계 · 거시체계 · 미시체계로 구분하였다.

미시체계는 영유아와 가장 밀접한 관계를 맺고 있는 체계로 가족과 친구, 교사 같은 인적 환경은 물론 영유아의 가정, 유치원, 운동장, 놀이시설 등과 같은 물리적 환경도 포함한다. 브론펜브레너는 미시체계가 영유아의 근접환경인만큼 영유아의 삶을 이해하는 데 있어서 미시체계에 대한 이해가 반드시 필요함을 강조하고 있다.

중간체계는 미시체계들 간의 상호관계를 의미한다. 예를 들어 가정에서 부모와 자녀 간의 상호작용이 원활하게 이루어질 경우 보육시설 및 유치원의 교사와 영유아 간의 상호작용이 잘 이루어질 가능성이 높다. 따라서 영유아의 행동은 단순히 한 장소에서만 보이는 특성을 근거로 이해하는 것이 아니라 다른 환경에서 유아가 경험하는 것이 영향을 미치고 있는지 고려할 필요가 있다는 것이다.

외체계는 영유아가 주도적으로 활동하지는 않지만 직접적인 관련이 있는 사회적 환경에서의 경험이다. 이 환경에는 정부기관, 사회복지기관, 대중매체, 부모의 직장 등이 포함된다. 예를 들어 정부기관에서 영유아가 살고 있는 지역의 문화시설을 어떻게 설치하는지에 따라 영유아의 경험의 폭이 달라질 수 있다. 외체계는 부모의 친구들, 조언을 제공하는 확대가족 구성원들과 같이 비형식적일 수도 있는데 외체계의 단절로 인한 가족의 고립은 가족 간의 갈등이 발생할 가능성이 높다고 하였다(Coulton, Crampton, Irwin, Spilsbery and Korbin, 2007).

거시체계는 각 개인이 살고 있는 문화를 포함하는 환경이다. 대부분 비형식적인 것으로 관습과 일상생활습관, 법률 등이 포함되고 이러한 사회문화는 영유아의 삶에 직접적인 영향을 미치는 것은 아니지만 행동양식, 신념, 전통을 통해 영유아에게 영향을 미친다. 예를 들어 영유아를 둘러싼 사회문화적 배경에 따라 부모의 양육태도와 가치관이 달라지며 이는 영유아의 발달에 영향을 미치게 된다.

시간체계는 시간의 흐름에 따라 영유아가 자신이 처한 환경 속에서 경험들을 선택하고 수용하면서 발달한다고 보는 것이다. 예를 들어 부모의 이혼 이후 시간의 흐름에 따라 자녀에게서 나타나는 변화, 가족 간의 상호작용 양상의 변화를 관찰한 것들이 시간체계가 인간에게 미치는 영향력으로 볼 수 있다.

요약

1. 우리나라의 영유아교육과정을 이해하기 위한 철학적 기초를 동양과 서양으로 나누어 보면 동양의 철학적 기초는 유교 · 불교 · 도교 · 동학이 큰 흐름을 차지하고 서양의 철학적 기초는 이상주의 · 본질주의 · 진보주의 · 항존주의 · 실존주의 · 낭만주의 · 문화전달주의가 큰 흐름을 차지하고 있다.
2. 우리나라의 영유아교육과정을 이해하기 위한 사회적 현상은 영유아기 인성교육의 강조, 창의적 인재육성, 자연친화적 태도 함양, 가족유형의 다양화, 여성의 사회참여 증가와 저출산 문제에 따른 교육복지에 대한 요구도 증가를 특징으로 들 수 있다.
3. 유아교육 프로그램을 구성하는 데 있어서 성숙주의 · 정신분석이론 · 행동주의 · 구성주의 · 생태학적 체계이론이 큰 영향을 주었다.

생각해 볼 문제

1. 영유아교육과정을 이해하기 위해 현재 우리 영유아교육 현장에서 이슈가 되고 있는 교육문제를 한 가지 정해 토의해 보자.
2. 심리적 기초 이론 중 한 가지를 선택해 이를 근거로 하는 영유아교육 프로그램에 대해 알아보고, 이러한 영유아교육 프로그램이 현재 영유아교육 현장에 미치는 영향에 대해 토의해 보자.

CHAPTER 03

우리나라의 영유아교육과정

1. 유치원 교육과정

1) 유치원 교육과정 제정 이전

(1) 해방 전(1897~1945)

우리나라의 유아교육은 1897년 일본인이 부산에 '부산유치원'을 세우면서 시작되었다. 1897년에 세워진 부산유치원은 일본인 자녀를 위한 것으로, 유치원 교육 이념은 프뢰벨 사상이었다. 그러나 이때의 프뢰벨 교육론과 방법은 25년간 일본에서 사회·문화적인 영향을 받은 뒤였으므로 순수한 프뢰벨 교육원리나 방법이 우리나라에 그대로 전수되었다고 보기는 어렵다(서울특별시 교육위원회, 1981). 다시 말해, 프뢰벨의 이론 중 자발활동의 원리와 같은 아동의 자유보다는 통제적·규제적·집단적 생활을 강조하는 일본화된 프뢰벨 교육이 도입되었다고 볼 수 있다.

그 후 우리나라 어린이를 위한 유치원으로 1909년 함경북도 경성군 나남읍에 나남유치원과 1913년 경성사립유치원이 설립되었으나, 교사가 일본인이었고 당시 일본에 협조하는 특수한 계층의 자녀를 대상으로 조기교육을 통하여 일본인으로 동화시키는 것이 주된 교육목적이었다.

1914년 미국인 선교사 브라운리(Brownlee)가 이화학당 내 정동이화유치원(현재 이화여자대학교 부속유치원)을 설립하면서 미국의 선교 목적에 영향을 받은 기독교적 정신에 입각한 유아교육이 도입되었다. 1916년에는 창원정신(創圓精神)과 장래의 조선을 위하여 일 잘하고 잘 싸울 용사를 길러 국민의 앞길을 열어줌을 목적으로 한 중앙유치원이 설립되었다. 중앙유치원은 재미있는 방법, 쉬운 교육과정, 부드러운 사랑으로 원아들을 가르치며 규칙적인 유치원 생활을 통해 원아들을 건실한 사회인으로 양성하는 것을 교육목표로 하였고 교육내용으로는 노래, 유희, 담화, 그림, 수공 등을 가르쳤다. 중앙유치원은 순수한 한국인에 의해 설립·운영된 최초의 한국 유치원이라고 할 수 있다(이기숙·김정원·이현숙·전선옥, 2013).

1922년 2월 4일에 우리나라 최초로 유치원 관련 규정이 포함된 '소학교령'이 공포되었고, 이 법령은 해방 후 우리나라 교육법이 제정되기 전까지 유치원의 유일한 법적 근거가 되었다. 이 규정이 포함된 보육 항목인 유희, 창가, 담화 및 수기 등의 교육내용은 일본의 '유치원 보육 및 설비 규정'의 보육 항목과 일치하는 것이었다(김옥련, 1995; 이상금, 1987). 비록 일본인이 제정한 법이지만 우리나라 유치원에 관한 규정이기 때문에 우리나라 유치원 발달에 있어 중요한 사실이라고 할 수 있다. 유아교육과정과 유치원 규정(대정 11년 2월 총령 제11호)을 발췌한 내용은 다음과 같다(조선총독부, 1926).

제1조: 유치원은 연령 3세부터 7세까지 유아의 보육을 목적으로 한다.
제5조: 유아를 보육하는 데에는 그 심신을 건전하게 발달시켜 선량한 습관을 얻게 하고, 가정교육을 보충할 것을 요한다. 유아의 보육은 그 심신 발달의 정도에 적응토록 하고 습득하기 곤란한 사항을 주거나 혹은 과업의 일을

하게 하거나 강요해서 시켜서는 안 된다. 항상 유아의 심정 및 행위에 주의하여 올바르게 이를 고쳐 주어야 하며, 선량한 사례를 제시하여 모방할 수 있도록 힘써야 한다.

제6조: 유아보육의 항목은 유희, 창가, 담화 및 수기로 한다.

제8조: 보모 1인이 보육하는 유아 수는 약 40인 이하로 한다.

이 법령은 해방 후 우리나라의 교육법이 제정되기 전까지 유치원의 유일한 법적 근거가 되었다.

1932년 브라운리가 번역해서 사용한 패티 스미스 힐의 '활동에 기초한 아동교육법'은 오랫동안 우리나라 유치원 교육에 영향을 주었다. 자유선택시간, 간식, 휴식, 바깥놀이, 현장견학 등 생활 주변을 돌아보며 아동의 흥미를 먼저 일으키게 한 후 비형식적 교육을 이끌어 갔으며, 자발적 활동과 비자발적 행동이 유치원 및 1학년 교육의 운영원칙이 되어야 한다고 한 점은 최근까지도 실시되고 있는 생활중심, 경험중심 교육과정과 유사하다(서울특별시 교육위원회, 1981).

08:45~10:00 도착, 신 바꾸어 신음, 작업(자유선택시간)
10:00~10:30 회화, 창가, 율동
10:30~11:00 음식 준비와 변소에 가는 것
11:00~11:10 쉬는(잠자는) 시간
11:10~11:30 동화, 바깥놀이
11:30~12:00 여러 가지 일, 유희, 악대, 산보
12:00 귀가

이 시기의 교육내용은 유치원 규정에 있는 바와 같이 유희 · 창가 · 담화와 수기 과목이었다. 유희는 주로 곡에 맞춰 하였으며, 심정을 쾌활하게 하고 신체를 건전하게 함이 목적이고, 창가는 쉬운 곡을 부르게 하여 발성기 · 호흡기 · 청기

를 운동시켜 그 발육을 돕고 덕성을 함양함이 목적이다. 담화는 흥미 있는 사실이나 우화 등에 대해 이야기를 나누어 덕성을 함양하고 관찰력을 기르고 발음을 정확하게 함이 목적이다. 수기는 유치원의 은물을 사용하여 손과 눈의 활동을 연습시켜 발달하게 함이 목적이다(손영희, 1973).

요컨대, 해방 전까지 우리나라 초기 유아교육은 일본인에 의한 프뢰벨 사상에 근거한 교육이론을 중심으로 이루어 오다가 미국인 선교사들의 선교 목적에 의한 기독교 사상이 주가 되어 힐의 활동에 기초한 아동교육법에 영향을 받아 아동중심, 생활중심, 경험중심 교육이 소개되어 아동의 흥미, 자발적 활동을 중요시한 교육과정이 운영되었다.

(2) 대한민국 수립 후(1945~1968)

해방 후 대한민국정부가 수립되고 민주국가로의 교육발전을 위해 그 기본이 되는 교육법이 1949년 12월 31일에 법률 제86호로 제정 · 공포됨에 따라 유아교육에 관한 법적 근거가 명문화되었다. 이러한 교육법 중 유치원과 관련된 조항은 제146조, 제147조, 제148조로 그 내용을 구체적으로 소개하면 다음과 같다.

[제146조] 유치원은 유아를 보육하고 적당한 환경을 주어 심신의 발육을 조장하는 것을 목적으로 한다.

[제147조] 유치원 교육은 전 조의 목적을 실현하기 위하여, 다음 각 호의 목표를 달성하도록 노력하여야 한다.

① 건전하고 즐거운 생활을 하기에 필요한 일상의 습관을 기르고 신체의 모든 조화적 발달을 도모한다.

② 집단생활을 경험시켜 즐겨 이에 참가하는 태도를 기르며, 협동 자주와 자율의 정신을 싹트게 한다.

③ 신변의 사회생활과 환경에 대한 바른 이해와 태도를 싹트게 한다.

④ 말을 바르게 쓰도록 인도하고 동화, 그림책 등에 대한 흥미를 기른다.

⑤ 음악, 유희, 회화, 수기, 기타 방법에 의하여 창작적 표현에 대한 흥미를 기른다.

[제148조] 유치원에 입학할 수 있는 자는 만 4세부터 초등학교 취학 시기에 달하기까지의 유아로 한다.

그러나 이 교육법은 1950년의 한국전쟁으로 그 기능을 제대로 발휘하기 어려웠다. 전쟁 이후에는 전쟁으로 인해 부모를 잃은 고아들이 늘어남에 따라 개인이나 교회, 사회복지 차원에서 아동들을 보호해 주는 기관이 급속하게 늘어났다. 하지만 이 당시 유치원에 대한 정부 차원에서의 행정적 지도나 감독이 없었으며 교육 활동을 장학 지도할 수 있는 체제도 없었기 때문에 대부분의 유치원은 구호적 성격의 전시효과만을 위한 교육활동에 주력했다고 할 수 있다. 즉, 1945년 이후부터 1968년까지 몇몇 유치원을 제외하고는 대체로 체계적인 교육과정 없이 오락 활동이나 초등학교 입학 준비와 유아의 보호 기능이 중심이 되어 유치원의 교육적 기능을 충분히 발휘하지 못하였다(김영옥 외, 1995). 1949년 제정된 교육법의 유치원 교육목표와는 무관하게 춤추고, 노래하고, 그림 그리기나 하는 곳이 유치원이라는 생각이 사회 전반에 자리 잡았으며 의자 몇 개, 피아노, 그네, 미끄럼틀만 있으면 누구나 어린이를 지도할 수 있다고 생각되었다(이기숙, 2000).

2) 유치원 교육과정 제정 이후

(1) 제1차 유치원 교육과정(1969.2.19. 문교부령 제207호)

우리나라의 유치원 교육과정은 1879년 최초의 유치원이 세워진 후 70여 년이 지난 1969년에 처음으로 제정되었다. 1960년대 들어 양적으로 급격히 증가하는 유치원을 정비하기 위해 1962년에 공포된 '유치원 시설 기준령'은 유치원 교육환경을 개선하는 법적 근거가 되었다. 이러한 법령을 기초로 유치원 교육의 외적 정비가 이루어지기 시작하였고, 1969년에는 문교부령 '유치원 교육과정령'이 제정·공포되어 교육의 내적 정비도 시작되었다. 당시의 유치원은 오랜 기간 동안 법적으로 규정된 교육과정이 없었기 때문에 특별한 기준 없이 운영되었으며, 이 국가수준의 교육과정은 당시의 유치원 실정에 구체적인 유치원 교육의 목표와 영역, 수업일수 등의 기준을 제시하였다.

제1차 유치원 교육과정 제정의 목적은 바람직한 인격 형성을 위하여 어린이의 심신 발달에 알맞은 조건을 주고, 어린이의 흥미와 욕구에 맞는 환경을 주어 즐거움을 주고자 하는 것으로 유치원 교육의 필요성을 강조하였다. 목표는 건강한 신체와 건전한 정신으로 행복하게 생활할 수 있는 유능한 한국 국민이 될 기초를 닦는 것으로, 건강·사회·자연·언어·예능의 5개 생활영역으로 구성되었다. 제1차 유치원 교육과정은 1920년 이후부터 1950년대까지 미국 교육의 주류를 이룬 아동연구 운동과 듀이의 진보주의 개념에 의해 형성된 개혁 유치원 교육과정처럼 생활중심, 경험중심, 아동의 흥미중심으로 구성되었고, 손유희와 노래, 동화, 미술작업 등이 주요 교육내용이였다.

(2) 제2차 유치원 교육과정(1979.3.1. 문교부 고시 제424호)

제1차 유치원 교육과정이 제정되고 10년 후, 1979년에 문교부 고시로 제2차 유치원 교육과정이 개정·공포되었다. 교육과정의 기본 방침은 국민교육헌장의 이념 아래 국민적 자질의 함양, 인간교육의 강화, 지식·기술교육의 쇄신이며, 목표는 자아실현, 국가의식 고양, 민주적 가치 강조로 구성되었다.

제2차 유치원 교육과정은 세계 속의 한국인으로 성장하기 위하여 도시화·산업화를 우선할 것을 강조하였으며, 구성은 사회·정서발달영역, 인지발달영역, 언어발달영역, 신체발달 및 건강영양으로 1차 유치원 교육과정에서의 생활영역이 발달영역으로 변경되었다. 제2차 교육과정의 두드러진 특징은 1970년대부터 인지발달을 강조하는 세계적 추세에 맞춰 인지발달과 정서발달을 강조한 것이었다. 이는 당시 1960년경부터 미국에서 나타나기 시작한 학문중심 교육과정의 영향을 받은 것으로 대표적 학자인 브루너나 피아제 등의 이론이 우리나라의 교육과정 전반에도 많은 영향을 미쳤다. 구체적으로 유치원 교육과정의 총론 부분에서도 학문중심 교육과정의 특성을 명시하고 있고, 특히 피아제의 인지발달이론이 새롭게 영향을 미쳐 이전의 교육과정에는 포함되지 않았던 논리 · 수학적 개념 형성, 표상능력 등의 인지적 개념들이 첨가되었다(이기숙, 1992). 이때부터는 실제 유아교육 현장에서 교육과정을 실천하는 데 보다 많은 도움이 될 수 있도록 하기 위해 문교부는 1977년 8월 20일에 제정된 '교과용 도서에 관한 규정'에 의거하여 제2차 유치원 교육과정부터 유치원 교사용 지도서를 개발 · 보급하기 시작하였다.

(3) 제3차 유치원 교육과정(1981.12.31. 문교부 고시 제442호)

제3차 유치원 교육과정은 제2차 유치원 교육과정 개정 2년 후인 1981년 다시 개정되었다. 제1, 2차 유치원 교육과정은 유치원에 한하여 이루어졌으나 제3차부터는 문교부에서 유치원, 초등학교, 중학교, 고등학교의 교육과정을 함께 연구 · 개정하였다. 즉, 제3차 유치원 교육과정은 이전과 같이 유치원만이 각급 학교와 분리되어 별도로 개정이 이루어진 것이 아니라 처음으로 초 · 중등학교 교육과정의 개정과 함께 상호연계성 속에서 이루어졌다.

한국교육개발원이 주축이 된 제3차 유치원 교육과정의 개정은 유아교육전문가, 심리학자, 문교부 관계 담당관, 현장교사 등이 팀을 이루어 교육과정 개발에 참여했으며 수차례의 심의를 거쳐 제2차 교육과정을 수정 · 보완한다는 입장에서 심의가 이루어졌다.

1970년대부터 전개된 인간중심 교육과정을 기초로 한 제3차 유치원 교육과정의 궁극적인 목적은 민주 · 복지 · 정의사회의 건설에 적극적으로 이바지할 수 있는 자주적이고 창의적인 국민을 길러 내는 것이었고, 유치원 교육의 목적으로는 유아에게 알맞은 교육환경을 마련해 주어 전인적으로 성장하도록 돕는 것이었다.

제2차 유치원 교육과정의 사회 · 정서발달 영역이 제3차 개정에서는 사회성발달영역과 정서발달영역으로 분리되어 신체발달 · 정서발달 · 언어발달 · 인지발달 · 사회성발달의 5개 영역으로 구성하였다. 교육일수도 연간 200일에서 180일로, 하루 교육시간은 3~4시간을 기준으로 하였고, 시간 배정은 각 영역별로 균형을 유지하며 관련 영역끼리 통합하여 지도하도록 제시하였다. 제3차 유치원 교육과정은 타급 학교와 보조를 맞춘 개정이 이루어짐에 따라 상급학교와의 연계성을 고려하였고, 지역사회의 특성이나 유아의 발달수준과 흥미, 기후, 계절 및 과제의 특성 등 현장의 실정에 따라 융통성 있게 운영될 수 있게 조정하였다. 또한 개정된 교육과정을 해설하기 위한 『유치원 새교육과정 개요』의 발간도 이루어졌다(김성원 · 석은조 · 신성숙 · 신은정 · 이춘옥, 2014).

(4) 제4차 유치원 교육과정(1987.6.30. 문교부 고시 제87-9호)

시대적 · 사회적 변화에 따른 요구와 주기적 교육과정 개정의 필요성에 따라 1986년에 제4차 유치원 교육과정이 개정 · 고시되었다. 이 개정에서는 제3차 교육과정의 문제점을 수정 · 보완하여 교육과정의 적정화, 내실화, 지역화를 방침으로 이루어졌다. 제4차 유치원 교육과정의 구성 방향은 교육목표의 재구성 및 조정, 교육내용 설정 및 구성의 융통성 확대, 교육 자료의 풍부화 및 다양화, 평가활동의 정상화이다. 특히, 제3차 유치원 교육과정의 내용 중 현장에서 교과영역으로 잘못 해석할 소지가 있어 논란이 되었던 발달영역별 목표와 구체적 세부목표의 내용수준 진술 및 각 발달영역의 내용 등을 시정하였다.

교육목적은 인격을 완성하고 자주적 생활능력과 민주시민으로서 자질을 갖추어 민주국가 발전에 봉사하며, 인류 공영의 이상 실현에 기여하게 하도록 하는 것이었고, 이러한 목적을 위하여 건강한 사람, 자주적인 사람, 창조적인 사람, 도덕적인 사람을 기르는 데 역점을 두어 교육과정을 구성하였다.

연간 교육일수는 180일 이상, 하루 교육시간은 3시간을 기준으로 하고 유아, 지역사회, 유치원 특성에 따라 조정하여 운영하도록 하였다. 구체적인 교육과정

계획, 지도, 평가 등의 운영지침 내용은 제3차와 유사하였으며, 각 영역별 목표에서 제3차에 제시되어 있던 내용부분이 없어지고 지도상의 유의점이 신설되었다. 지도상의 유의점을 통하여 각 영역의 통합적 운영, 유아의 흥미중심, 놀이중심 교육의 중요성을 거듭 강조하였다.

(5) 제5차 유치원 교육과정(1992.9.30. 교육부 고시 제1992-15호)

제5차 유치원 교육과정은 1992년 개정되었으며, 처음으로 한국유아교육학회가 교육부의 위촉을 받아 전문 연구진을 구성하고 제4차 유치원 교육과정의 문제점과 개정방향을 연구하여 새롭게 개정 · 고시하였다는 점에서 그 의의를 찾아볼 수 있다. 제5차 유치원 교육과정의 구성방침은 사회문제에 대처하고 인류의 가치실현을 구현하는 인간중심 교육과정이 기초가 되어 기본생활 교육 강조, 유아의 요구와 흥미, 개별성을 존중하며, 놀이중심의 교육, 유아의 전인적 성장 · 발달을 돕는 것이다.

제5차 교육과정의 특징을 구체적으로 살펴보면, 우선 1991년에 교육법이 개정되어 유치원 취원 연령이 기존의 만 4, 5세에서 만 3, 4, 5세로 하향조정됨으로써 1992년 3월부터 만 3세의 유치원 입학이 합법화되어 취원이 가능해졌고, 유아의 발달수준에 따른 교육과정의 내용이 1수준과 2수준으로 구분되어 제시되었다.

따라서 제4차 교육과정에서 발달영역으로 구분되었을 때는 내용수준을 제시하지 못하고 목표수준만 제시한 통합적 운영을 권유하였으나, 제5차 유치원 교육과정에서는 교육과정 영역을 건강생활영역, 사회생활영역, 표현생활영역, 언어생활영역, 탐구생활영역으로 구성하였다. 또한 영역별 내용도 공통수준과 1, 2수준으로 구분 · 제시하여 3~5세까지의 발달수준을 고려한 개별화 교육이 가능하도록 하였다.

또한 취업모의 증가와 가족 구조의 변화에 따른 육아문제가 사회적으로 부각됨에 따라 맞벌이부부를 위한 종일반 운영에 관심을 갖기 시작하였고, 유아의 발달 특징에 맞는 읽기 · 쓰기 교육에 관한 지침을 구체적으로 제시하여 학부모의 요구 또한 교육과정에 반영하고자 노력하였다. 교육현장의 요구를 수용하기 위하여 교육과정의 모든 영역에서 다른 사람과 더불어 사는 지식, 기술, 태도를 익힐 수 있는 사회적 관계와 기본생활습관을 강조하였다.

제5차 교육과정의 영역은 제2 · 3 · 4차 교육과정이 발달영역별로 구성되었던 것과 달리 건강생활 · 사회생활 · 표현생활 · 언어생활 · 탐구생활의 5개 생활영역으로 구성하였다. 연간 교육일수는 기존과 같이 180일 기준이며, 하루 교육시간도 180분을 기준으로 하되, 유치원의 사정에 따라 융통성 있게 조정하여 운영할 수 있도록 하였다. 또한 유치원의 교수 · 학습방법에 대한 지침으로 교육활동의 통합적 운영, 민주적이고 수용적인 활동 분위기의 조성, 균형 있는 일과활동, 실물을 통한 직접경험, 부모와의 연계 등을 강조하였고, 구체적인 평가의 내용과 방법, 유의점 등에 대해서도 제시하였다.

(6) 제6차 유치원 교육과정(1998.6.30. 교육부 고시 제1998-10호)

'21세기의 세계화 · 정보화 시대를 주도할 자율적이고 창의적인 한국인 육성'을 목적으로 제5차 유치원 교육과정을 수정 · 보완하였다. 개정의 중점사항으로 기본생활습관 및 협동적인 생활태도, 감성계발교육, 창의성 함양교육, 세계화에 대비한 전통문화교육이 제시되었고, 유아를 교육하고 유아에게 알맞은 교육환경을 제공하여 심신의 조화로운 발달을 조장하는 것을 교육목적으로 하였다. 영역은 건강생활영역 · 사회생활영역 · 표현생활영역 · 언어생활영역 · 탐구생활영역의 5개 생활영역으로 구성하였고, 적절한 수준별 내용과 다양한 교육운영시간을 구성하여 유아의 전인적 성장을 위한 기초교육으로 일상생활에 필요한 능력과 태도를 기르는 데 중점을 두었다.

교육일수는 연간 180일 이상, 하루 교육시간은 180분을 기준으로 하되 유아의 연령과 발달수준, 기후, 계절, 학부모의 요구 등을 고려하여 실정에 맞게 조정하도록 하였다. 특히 교육시간에 있어 반일제(1일 3시간 이상 5시간 미만), 시간연장제(5시간 이상 8시간 미만), 종일제(8시간 이상) 프로그램으로 구분 · 운영하여 부모들이 선택하도록 하였다. 교육과정의 편성과 운영지침에는 시 · 도교육청에서 '유치원 교육과정 편성 · 운영지침'을 작성하고, 지역교육청에서는 이를 기초로 하여 '유치원 교육과정 편성 · 운영에 관한 실천중심의 장학자료'를 작성하여 유치원에 제시하고, 각 유치원은 이를 바탕으로 유치원의 실정에 알맞은 교육과정을 편성하도록 규정하였다.

(7) 2007년 개정 유치원 교육과정(2007.12.19. 개정, 교육부 고시 제2007-153호)

21세기 시대적 요구의 반영 및 유아교육법 제정에 따른 유치원 교육의 사회적 상황 변화, 초 · 중등학교 교육과정과의 연계 강화, 제6차 유치원 교육과정의 문제점 개선 등을 배경으로 2007년에 유치원 교육과정이 개정되었다.

개정의 기본방향으로는 제6차 교육과정의 기본 철학과 체계 유지, 초 · 중등학교 교육과정과의 연계성 강화와 단위 유치원의 자율성을 강화하는 것이었고, 사람-자연 존중의 가치관 강조, 다양한 교육시간 운영 강화, 교육과정 문서의 실효성 강화, 수준별 교육내용의 적정화, 문자 기초 교육의 강화, 유치원 교육과정과 초등학교 교육과정의 연계성 강화가 중점내용이었다.

교육과정 구성방침은 21세기 지식정보화 시대를 주도할 '사람과 자연을 존중하고 사랑하는 한국인 육성'이 기본방향이었고, 구체적 구성방침은 다음과 같다.

- 사람과 자연을 존중하고 사랑하는 세계관을 바탕으로 구성한다.
- 유아의 기본생활습관과 전통문화, 창의성을 강조하여 구성한다.
- 지역과 유치원의 자율성을 확대하도록 구성한다.
- 유치원 교육의 정체성을 살리며, 초 · 중등학교와 연계하여 구성한다.
- 유아의 발달 특성을 고려하여 수준별 교육과정을 구성한다.
- 교육과정 평가체제를 통하여 교육에 대한 질 관리를 강화하도록 구성한다.

국가수준의 유치원 교육과정의 제정과 개정의 내용을 정리하면 다음과 같다.

〈표 3-1〉 제1차~제4차 유치원 교육과정 비교

구분	제1차 유치원 교육과정	제2차 유치원 교육과정	제3차 유치원 교육과정	제4차 유치원 교육과정
공포시기	1969년 2월 19일	1979년 3월 1일	1981년 12월 31일	1987년 6월 30일
추구하는 인간상		1. 국민적 자질의 함양 2. 인간교육의 강화 3. 지식 · 기술 교육의 쇄신	1. 건전한 심신의 육성 2. 지력과 기술의 배양 3. 도덕적 인격의 형성 4. 민족 공동체 의식의 고양	1. 건강한 사람 2. 자주적인 사람 3. 창조적인 사람 4. 도덕적인 사람
교육과정 구성 방침		1. 유치원은 가정의 양육, 학교 교육과의 중간인 독자성을 고려함 2. 발달과업을 충실히 수행함 3. 독립된 교과로 반영함을 지양하고, 전 교육과정을 통하여 통합적으로 달성될 수 있도록 함 4. 흥미롭고 다양한 환경을 제공함 5. 산업화로 인한 환경적 이질성 극복, 공동체 의식을 높임	1. 적합한 교육내용을 선정함 2. 초기에는 통합적인 교육경험이 이루어지도록 하고, 점차 이를 확대 · 심화할 수 있도록 조직함	1. 고도의 산업화 · 정보화 시대에 능동적으로 대처함 2. 국제관계의 다양한 변화에 주체적으로 대응함 3. 자유 민주주의의 굳건한 바탕 위에 조국의 평화적 통일을 현명하게 주도함 4. 모든 국민이 쾌적한 환경 속에서 행복한 삶을 누릴 수 있는 터전을 마련함
교육목적	건강한 신체와 건전한 정신으로 행복하게 생활할 수 있는 유능한 한국 국민이 될 기초를 닦음	1. 자아실현 2. 국가발전을 위한 주체의식 확립 및 사명감 인식 3. 민주적 가치의 강조	유치원 교육은 유치원 아동에게 알맞은 교육환경 속에서 즐겁고 다양한 활동을 통하여 전인적으로 성장할 수 있도록 도와줌	유아의 전인적 발달 도모

구분	제1차 유치원 교육과정	제2차 유치원 교육과정	제3차 유치원 교육과정	제4차 유치원 교육과정
교육 목표	1. 건강 및 안전교육 철저, 튼튼한 심신 육성 2. 기초적인 생활습관 기능 육성, 사회적응을 위한 사회적 태도와 도덕성 기르기 3. 자연과 사회의 제 현상에 대하여 관심을 가지며, 과학적이고 민주적인 사고력 싹 틔우기 4. 바르게 듣고 말하기, 고운말 쓰기 5. 심미적인 태도, 창조적인 표현능력 기르기	1. 사회화에 필요한 경험 습득하기 2. 사회와 자연현상에 대한 흥미 갖고 표현하기 3. 새로운 현상과 사태에 대해 탐구력과 적응력 기르기 4. 타인의 말 듣기와 자신의 생각을 표현하는 언어 습관 및 태도 기르기 5. 신체 건강 및 안전에 대한 습관 및 태도 기르기	1. 감각운동 기능 기르기 및 신체발달 도모하기 2. 긍정적 자아개념 형성과 창의적으로 표현하기 3. 언어적 기초기능 습득하기 4. 자연 및 사회현상에 대한 기초적 이해와 문제해결 능력 습득하기 5. 가족과 이웃을 사랑하는 태도 습득 및 일상생활에 필요한 기본적 예절과 규범 습득하기	1. 건강한 안전생활에 대한 올바른 습관과 기본적인 감각·운동 기능을 기르고 신체의 조화로운 발달을 이루게 함 2. 다른 사람의 말을 이해하고, 자신의 생각을 말로 표현할 수 있는 기능을 가지게 함 3. 자기 주변의 여러 가지 현상에 대하여 관심을 가지며, 이를 알아보려는 태도를 가지게 함 4. 자신의 일에 자부심을 가지며, 생활 주변에서의 느낌과 생각을 자기 나름대로 표현하게 함 5. 일상생활에 필요한 기본적인 생활습관을 기르고, 가족과 이웃을 사랑하는 마음씨를 가지게 함
교육 과정 영역	1. 건강 2. 사회 3. 자연 4. 언어 5. 예능	1. 사회·정서 발달영역 2. 인지발달영역 3. 언어발달영역 4. 신체 발달 및 건강 영역	1. 신체발달영역 2. 정서발달영역 3. 언어발달영역 4. 인지발달영역 5. 사회성발달영역	1. 신체발달영역 2. 언어발달영역 3. 인지발달영역 4. 정서발달영역 5. 사회성발달영역
교육 일수 및 하루 시간	1. 연간 200일 이상 2. 하루 3시간 기준	1. 연간 200일 이상 2. 하루 3~4시간 기준	1. 연간 180일 이상 2. 하루 3~4시간 기준	1. 연간 180일 이상 2. 하루 3시간 기준

구분	제1차 유치원 교육과정	제2차 유치원 교육과정	제3차 유치원 교육과정	제4차 유치원 교육과정
지도상의 유의점 및 운영지침	1. 통합교육 운영 2. 흥미, 욕구 고려 3. 일과활동의 다양성 4. 긴장과 이완을 고려한 일과 계획 5. 가정과 긴밀한 연락 6. 시설설비 교재 교구 고루 마련 7. 자율적 유치원 생활 8. 안정된 분위기 조성 9. 스스로 생각하고 행하게 함 10. 바른 생활습관을 위한 교사의 모범 11. 충분한 시간과 자료를 통해 상상력과 창조성을 싹트게 함 12. 가정과 지역사회의 협조 13. 우리나라 자랑, 반공통일학습 14. 자발적 참여 15. 지도 과정과 결과에 대해 부단히 반성·평가하여 개선하고 발전에 힘써야 함	1. 활동중심 2. 놀이중심 3. 적합한 발문 4. 낮은 과제에서 높은 과제로 5. 흥미·욕구·관심고려 6. 과정중심 7. 개인차 고려 8. 스스로 선택 9. 스스로 경험 10. 생활 전반을 통한 언어발달 중시 11. 생활에서 쉽게 구할 수 있는 물건을 교구로 사용 12. 연간·월간·주간 계획 유기적 수립 13. 일회 지도가 아닌 순환적 반복 지도 14. 안정된 학습 분위기 조성 15. 가정과의 연대 16. 세심한 관찰과 개별적 특별지도	1. 통합 2. 개인차 고려, 개별적 지도 3. 놀이 4. 쉬운 것에서 어려운 것으로, 구체적인 것에서 추상적인 것으로 5. 생활 주변의 여러 자료 활용 6. 아동·교사·교구간 상호작용 7. 가정과의 긴밀한 유대관계와 학부모들을 보조자로 도움받음	1. 통합교육 2. 다양한 활동 3. 흥미 관심 요구, 스스로 선택 4. 구체적이고 직접적인 경험과 놀이 5. 문자 쓰기 지도 지양
평가	지역성을 반영하여 교육적 필요를 충족시키는 평가를 할 것을 명시하고 있으나 구체적인 내용은 명시하지 않음	1. 시험, 성적표 등으로 심리적 부담을 주지 않아야 함을 강조 2. 유아의 발달을 확인·이해하는 데 도움이 될 가정통신문 필요 명시	1. 유아의 발달 특성을 이해하고, 도와주는 긍정적인 목표 지향적 평가의 강조 2. 가정통신문과 면담을 통한 유아의 이해	1. 유아의 발달상황을 이해하고 돕기 위한 교육과정상의 평가 2. 평가의 대상과 내용에 따른 다양한 방법 사용과 유아 행동의 관찰기록부 보관 및 학부모와의 연계 3. 정기적인 교육과정의 운영

〈표 3-2〉 제5차~2007년 개정 유치원 교육과정 비교

구분	제5차 유치원 교육과정	제6차 유치원 교육과정	2007 개정 유치원 교육과정
공포시기	1992년 9월 30일	1998년 6월 30일	2007년 12월 19일
추구하는 인간상	1. 건강한 사람 2. 자주적인 사람 3. 창의적인 사람 4. 도덕적인 사람	1. 전인적 성장의 기반 위에 개성을 추구하는 사람 2. 기초능력을 토대로 창의적인 능력을 발휘하는 사람 3. 폭넓은 교양을 바탕으로 진로를 개척하는 사람 4. 우리 문화에 대한 이해의 토대 위에 새로운 가치를 창조하는 사람 5. 민주시민의식을 기초로 공동체의 발전에 공헌하는 사람	1. 전인적 성장의 기반 위에 개성을 추구하는 사람 2. 기초능력을 토대로 창의적인 능력을 발휘하는 사람 3. 폭넓은 교양을 바탕으로 진로를 개척하는 사람 4. 우리 문화에 대한 이해의 토대 위에 새로운 가치를 창조하는 사람 5. 민주시민의식을 기초로 공동체의 발전에 공헌하는 사람
교육과정 구성방침	1. 도덕성과 공동체 의식이 투철한 민주시민을 육성함 2. 사회의 변화에 대응할 수 있는 능력을 개발함 3. 유아의 발달 특성을 고려하여 교육 내용과 방법을 다양화함 4. 교육과정 편성 · 운영체제를 개선하여 교육의 질 관리를 강화함	1. 사회적 변화의 흐름을 주도할 수 있는 기본 능력을 길러줄 수 있도록 교육과정을 구성함 2. 교육내용의 양과 수준을 적정화하고, 유아발달에 적합한 수준별 교육과정을 구성함 3. 유아 발달 특성을 고려하여 교육 내용과 방법을 다양화함 4. 교육과정 편성 · 운영에 있어서 현장의 자율성을 확대함 5. 교육과정 평가체제를 확립하여 교육에 대한 질 관리를 강화함	1. 사람과 자연을 존중하고 사랑하는 세계관을 바탕으로 구성한다. 2. 유아의 기본생활습관과 전통문화, 창의성을 강조하여 구성한다. 3. 지역과 유치원의 자율성을 확대하도록 구성한다. 4. 유치원 교육의 정체성을 살리며, 초 · 중등학교와 연계하여 구성한다. 5. 유아의 발달 특성을 고려하여 수준별 교육과정을 구성한다. 6. 교육과정 평가제체를 통하여 교육에 대한 질 관리를 강화하도록 구성한다.
교육목적	유아를 교육하고, 적당한 환경을 주어 심신의 발육을 조장하는 것을 목적으로 함	유치원의 교육목적(교육법 제146 · 147조)을 달성하는 것	유아에게 알맞은 교육환경을 제공하여 유아를 교육하고, 심신의 조화로운 발달을 돕는 것

구분	제5차 유치원 교육과정	제6차 유치원 교육과정	2007 개정 유치원 교육과정
교육목표	1. 기본적인 감각 운동 기능, 신체조절 능력, 안전한 생활습관 기르기 2. 기본생활습관, 자기 조절 능력, 사회적 지식과 태도 습득으로 타인 존중, 협동하기 3. 풍부한 감성과 상상력을 기르고, 창의적으로 표현하기 4. 기초적인 언어능력의 신장 5. 탐구, 기초적 사고능력과 창의적 문제해결력	1. 몸과 마음이 건강하게 자랄 수 있는 경험을 가짐 2. 기본생활습관을 기르고, 다른 사람과 더불어 생활하는 태도를 가짐 3. 생각과 느낌을 창의적으로 표현하는 경험을 가짐 4. 언어를 바르게 사용하는 경험을 가짐 5. 일상생활의 문제에 대하여 스스로 궁리하는 태도를 가짐	1. 몸과 마음을 건강하게 하며 기본생활습관을 기른다. 2. 더불어 사는 태도와 우리 전통문화를 사랑하는 마음을 가진다. 3. 자신의 생각과 느낌을 자유롭고 창의적으로 표현하는 경험을 가진다. 4. 의사소통을 위한 언어능력을 기르며, 바른 언어 사용 습관을 기른다. 5. 호기심을 가지고 주변 세계를 탐구하며 자연을 존중하는 태도를 가진다.
교육과정 영역	1. 건강 생활 2. 사회 생활 3. 표현 생활 4. 언어 생활 5. 탐구 생활	1. 건강 생활 2. 사회 생활 3. 표현 생활 4. 언어 생활 5. 탐구 생활	1. 건강 생활 2. 사회 생활 3. 표현 생활 4. 언어 생활 5. 탐구 생활
교육일수 및 하루시간	1. 연간 180일 이상 2. 하루 180분 기준	1. 연간 180일 이상 2. 하루 180분 기준	1. 연간 180일 이상 2. 하루 180분 기준
지도상의 유의점 및 운영지침	1. 통합 2. 다양한 활동으로 여러 번 3. 민주적 · 수용적 분위기 4. 일과 활동의 다양성 5. 흥미영역 6. 구체적 · 직접적 경험을 주는 실물자료 활용: 학습지, 문제지는 사용하지 않음 7. 유아 의견 수용, 개방식 질문 8. 대화, 토의, 발견, 극놀이, 관찰, 실험 등 다양한 방법 9. 특수 대상은 전문가의 도움을 받도록 함	1. 통합 2. 1, 2 수준을 적절한 방법으로 운영 3. 다양한 활동을 여러 번 다룰 수 있음 4. 발표, 토의, 관찰 등 다양한 수업 방법 활용 5. 놀이중심, 흥미영역 6. 일과 활동의 다양성 7. 아동, 교사, 교구 간 상호작용 8. 종일반: 오전활동의 반복이 아니라 균형 있게 이루어짐 9. 구체적 · 직접적 실물 자료 사용 10. 교사의 긍정적 · 지지적 언어와 태도	1. 놀이중심의 통합적인 교육활동 2. 하루의 교육활동 운영은 균형 있게 이루어짐 3. 또래와 교사 및 주변 환경과 다양한 상호작용 4. 긍정적 · 수용적이며 사랑과 정성이 담긴 교사의 언어와 태도 5. 다양한 질문을 통한 창의적 사고 유도 6. 유아의 잠재력이 발현할 수 있도록 관찰하고 적절한 지원 7. 다양한 자료와 자연물을 활용하여 직접적으로 주체적 경험을 할 수 있도록 함

구분	제5차 유치원 교육과정	제6차 유치원 교육과정	2007 개정 유치원 교육과정
지도상의 유의점 및 운영지침		11. 확산적 질문 12. 특수교육대상 전문가의 도움을 받음	8. 흥미영역은 계절, 주제, 행사 및 유아의 요구에 의해 작성 9. 시간연장제, 종일제는 오전활동의 반복이 아닌 유아의 특성을 고려한 놀이 중심의 활동으로 구성
평가	1. 각 영역별 목표에 준하여 실시하되 통합적인 운영인지에 초점 2. 교육내용의 계획 및 진행과정의 분석, 관찰, 일화기록, 작품분석, 자기평가 활용 명시 3. 평가결과를 문장으로 서술할 것	1. 영역별 목표와 내용을 준거로 유아의 성취 정도 평가 2. 관찰, 일화기록, 면담 등 다양한 방법을 사용하고 결과는 문장으로 기술 및 활용을 명시	1. 교육과정 목표와 내용을 준거로 유아의 특성과 변화 정도를 평가 2. 유아의 태도, 지식, 기능 등을 종합적으로 평가 3. 일과 생활과 교육활동 등 포괄적으로 평가 4. 관찰, 활동 결과물 분석, 면담 등 다양한 방법을 사용하여 결과를 기록 5. 평가결과는 유아에 대한 이해와 유아지원에 대한 기초자료로 활용

2. 표준보육과정

1) 표준보육과정 고시 이전

(1) 아동복리법 제정 이전 시기: 탁아소(1921~1960)

우리나라 보육의 역사는 1921년 태화기독교사회관에서 빈민아동의 구제를 위하여 시작된 탁아 프로그램이 그 시초였다. 이후 1926년 부산공생탁아소와 대구탁아소의 시설이 배치된 것을 계기로 1939년에는 전국에 관립 1개소, 공립 2개소 등 11개소의 공 · 사립 보육시설에서 435명의 어린이가 보육을 받은 것으로 기록되어 있다(김영숙, 2005). 광복 후 한국전쟁을 거치며, 우리나라는 전후 혼란기로 정부가 보육사업에 대한 뚜렷한 방침을 세우지 못한 시기였고, 전쟁 고아나 기 · 미아 등 요보호아동에 대한 탁아소 등의 각종 수용보호시설이 여러 곳에 설치되었다. 주로 외국인 원조에 의하여 운영된 임시적 구호 성격의 보육사업은 제 기능을 하지 못한 상태로 1961년 아동복리법이 제정되기까지 지속되었다.

(2) 아동복리법 제정 시기: 어린이집(1961~1981)

그동안 방임상태에서 무질서하게 설치 · 운영되었던 보육사업은 1961년 '아동복리법'이 제정되면서 일대 전환기를 맞이하였다. '아동복리법'에서는 탁아소를 법정 아동복지시설로 인정하고 보육시설의 설치기준, 종사자 배치기준, 보육시간, 보호내용 등을 구체적으로 규정하였으며, 이 법이 제정 · 시행됨에 따라 보육사업은 종래의 구빈사업적인 성격에서 벗어나 아동복리를 증진시키고 보장하기 위한 시설로서 그 성격이 변화되었다. 1968년에는 급속하게 증가하는 보육 수요의 문제를 해결하고자 정부는 '미인가탁아시설임시조치령'을 공포하고 기존의 '탁아소'라는 명칭도 '어린이집'으로 변경하였다.

(3) 유아교육진흥법 제정 시기: 새마을유아원(1982~1990)

1980년대에 접어들면서 유아교육에 대한 관심이 증대되어 그동안의 방임적 다원화 체계를 혁신적으로 정비함으로써 '새마을유아원'으로 보육의 일원화 체계를 확립하고자 하였다. 즉, 1982년 '유아교육진흥 종합계획'이 수립되어 기존에 보건사회부 산하 어린이집, 농촌진흥청 산하 농번기 탁아소, 내무부 산하 새마을협동유아원 및 민간유아원 등 유치원을 제외한 모든 유아교육시설을 '새마을유아원'으로 명칭을 변경하고 내무부가 관장하도록 일원화하였다.

그러나 새롭게 출범한 새마을유아원은 계속적인 양적 확대에도 불구하고 늘어나는 보육수요를 충족시키기에는 시설이 크게 부족하였다. 또한 설치 목적이 맞벌이부부의 자녀를 보호하고 저소득층 자녀를 교육하는 역할도 병행하도록 되어 있었으나, 많은 경우가 실제 운영에 있어서 종일제가 아닌 반일제로 편성되어 있었으며 그 내용에서도 기존의 유치원과 유사하여 저소득층 맞벌이부부의 보육부담을 덜어 주는 데에는 한계가 있었다(김영숙, 2005). 이에 보건복지부에서는 새마을유아원의 한계를 극복할 수 있는 새로운 대안을 모색할 필요성이 제기됨에 따라 1989년 '아동복지법 시행령'을 개정하여 본격적으로 아동복지법에 의한 보육사업을 추진하고자 하였다. 그러나 영유아보육에 관한 사업이 여러 정부부처에서 독자적으로 관리 · 운영됨에 따라 보다 체계적이고 효율적인 보육을 실시한 필요가 절실하게 되었다.

또한 노동부는 영세가정 맞벌이부부의 자녀양육 문제를 해결하기 위하여 1987년 '남녀고용평등법'을 제정 · 공포하면서 공단지역을 중심으로 직장탁아소를 설치하여 공단근로자의 자녀를 우선적으로 보육하도록 하였으며, 1990년에는 33곳의 저소득층 밀집지역에 '88탁아소'를 설치 · 운영하였다.

(4) 영유아보육법 제정 이후 시기: 어린이집(1991~)

유아교육진흥법에 의거하여 운영되던 새마을유아원이 날로 급증하는 보육수요 및 보육욕구를 충족시킬 수 없는 한계에 직면하자 1991년 1월 보건복지부가 주축이 되어 보다 효율적이고 체계적인 보육사업을 추진하기 위해 독립법체제로 영유아의 보육문제를 해결하고 가정의 복지를 증진한다는 취지를 가지고 '영유아보육법'을 제정하였다. 보육시설에서의 구체적인 보육내용에 관해서는 영유아보육법 제18조에 "보육시설에서의 보육은 영유아의 신체적, 지적, 정서적 및 사회적 발달 등을 도모하는 내용을 포함해야 하며, 구체적인 보육내용은 보건사회령 부령으로 정한다"고 제시되어 있었다. 뒤이어 영유아보육법 시행령(대통령령 13444호, 1991.8.1.)과 영유아보육법 시행규칙(보건사회부령 876호, 1991.8.8.) 등이 제정되면서 보육사업은 점차 체계를 잡아갔다.

영유아보육법을 바탕으로 10여 년간 다양한 변화가 있었는데, 정부가 어린이집 확충 3개년 계획을 강력히 추진하면서 어린이집의 양적 증가가 가속화되었다(박찬옥 · 서동미 · 곽현주 · 박성희 · 한남주 · 홍찬의, 2015). 1997년 보건복지부가 발표한 영유아보육 프로그램에서 영아보육 프로그램을 이유기(6~14개월), 걸음마기(15~23개월), 자립기(24~35개월)로 구분하여 월별 보육내용을 제시하고 있으며, 내용에는 초기적응지도, 기본생활습관지도, 놀이활동, 영양관리, 건강관리, 안전관리, 부모교육 및 지역사회교류 등 모든 영역을 포함하고 있다.

2) 표준보육과정 고시 이후

(1) **제1차 표준보육과정**(2007.1.3. 여성가족부 고시 제2007-1호)

1991년 제정된 영유아보육법이 2004년 1월에 개정되었다. 제29조 제2항과 제3항에 "여성부장관은 표준보육과정을 개발 · 보급해야 하고, 보육시설은 표준보육과정에 따라 영유아를 보육하도록 노력해야 한다"는 조항에 따라 보육관련 전문가 등 관계자들이 모여 표준보육과정의 구체적인 내용과 교사지침을 2007년 11월에 개발 · 고시하였다.

표준보육과정의 목적은 영유아의 전인적인 성장과 발달을 돕고 민주시민으로서의 자질을 길러 영유아가 심신이 건강하고 조화로운 사회구성원으로 자랄 수 있도록 하는 것이다. 추구하는 인간상은 스스로 노력하는 자율적인 사람, 새로운 것을 생각해 내는 창의적인 사람, 조화와 협력 · 열린 사고를 바탕으로 다양성을 인정하는 사람, 사회에 기여하는 민주적인 사람, 우리 문화를 사랑하는 사람을 양성하고자 하였다.

구성 체계는 기본생활, 신체운동, 사회관계, 의사소통, 자연탐구, 예술경험의 여섯 영역으로 구성되었고, 각 영역은 영유아가 건강하고 안정하며 바르게 생활하는 데 필요한 내용과 신체, 사회, 언어, 인지, 정서 등 전인적 발달을 위해 영유아가 갖춰야 할 지식 · 기술 · 태도를 포함하고 있다.

영역별로 연령집단은 만 2세 미만, 만 2세, 만 3~5세 영유아로 구분하였으며, 연령별 목표와 내용을 기술하고, 이 연령집단의 보육목표와 내용을 계열성 있게 경험하도록 제시하였으며, 보육내용은 만 2세 미만은 1 · 2 · 3수준, 만 2세는 1 · 2수준, 만 3~5세는 1 · 2 · 3수준으로 나누어 제시하였다.

(2) 제2차 표준교육과정(2012.2.29. 보건복지부 고시 제2012-28호)

제1차 표준보육과정에 고시한 표준보육과정의 내용과 교사지침의 내용이 너무 간략하고 중복 서술된 부분도 많아 일선 교사들의 이해도가 낮고 적용에 있어 혼란을 야기하기도 하였다. 그리고 표준보육과정이 책자로 보급되지 않아 보육현장에서 제대로 실시하지 못하는 문제가 발생하였다(박찬옥 외, 2015). 또한, 2012년부터 만 5세 유아는 유치원과 어린이집 통합교육의 일환으로 「5세 누리과정」을 적용하게 되었기 때문에 제2차 표준보육과정은 만 0~4세를 대상으로 개정되었다.

제2차 표준보육과정의 연령집단은 만 2세 미만, 만 2세, 만 3~4세로 구분하고 영유아의 발달을 고려하여 보육목표와 내용을 제시하였고, 만 3~4세 보육과정은 5세 누리과정과 연계되도록 하였다. 연령별 보육내용의 수준은 만 2세 미만은 1 · 2 · 3수준과 만 2세는 1 · 2수준으로 제1차 표준보육과정과 동일하게 이루어졌으나, 만 3~4세는 5세 누리과정 시행으로 만 5세가 제외되었기 때문에 1차에서의 1 · 2 · 3수준에서 1 · 2수준으로 제시되었다.

기존의 표준보육과정에 총론이 추가되어 방향성을 제시하였고, 추구하는 인간상에 '자연을 사랑하는 사람'을 추가하여 생태교육에 대한 시대적 변화를 반영하였다. 또한 해설서를 보강하고 각 영역별 구성 체계와 서술방법을 좀 더 상세하게 기술하였다.

(3) 제3차 어린이집 표준보육과정(2012.1.21. 보건복지부 고시 제2013-8호)

제3차 어린이집 표준보육과정은 2013년부터 확대·도입되는「3~5세 연령별 누리과정」에 맞추어 제2차 표준보육과정을 개편한 것이다. 2013년부터 어린이집의 0~2세 영아는 보건복지부의「제3차 어린이집 표준보육과정」에 제시된 내용에 근거하여 보육과정을 운영하고, 3~5세 유아의 경우 교육부와 보건복지부의「3~5세 연령별 누리과정」에 따라 운영하게 되었다.

주요 내용은 심신이 건강하고 행복한 사람, 자율적이고 창의적인 사람, 자신과 타인을 존중하고 배려하는 사람, 자연과 우리 문화를 사랑하는 사람, 다양성을 인정하고 민주적인 사람을 추구하는 인간상으로 하여 기본 전제 및 구성 방향과 체계가 수립되었다.

표준보육과정의 구체적인 개정 과정을 정리하면 다음과 같다.

〈표 3-3〉 표준보육과정의 개정 과정

표준보육과정의 개정 과정	내용
영유아보육법 전문 개정 (2004.1.)	표준보육과정 개발의 근거 마련 (영유아보육법 제29조 제2항, 제4항, 시행규칙 제30조)
표준보육과정 고시 (2007.1.)	표준보육과정의 구체적 보육내용 및 교사지침 고시 (여성가족부 고시 제2007-1호)
표준보육과정 보육프로그램 (2008.7.)	표준보육과정 보육프로그램 총론(1권), 0~5세용 어린이집 프로그램(총 6권), 장애아용 프로그램(1권) 개발 및 보급
표준보육과정 재고시 (2010.9.)	여성가족부의 보육업무가 보건복지부로 이전되면서 2007.1.의 표준보육과정 고시가 보건복지부 고시 제2010-71호로 재고시
5세 누리과정 고시 (2011.9.)	보건복지부, 교육과학기술부에서 어린이집과 유치원 5세를 위한 공통과정으로서 5세 누리과정을 제정 고시
5세 누리과정에 기초한 어린이집 프로그램(2012.2.)	5세 누리과정에 기초하여 5세 어린이집 프로그램(4권)과 DVD(4개), 연령연계 프로그램(1권)을 개발하여 보급
제2차 표준보육과정 고시(2012.2.)	5세 누리과정 제정과 더불어 0~4세를 포함하여 제2차 표준보육과정을 고시(보건복지부 고시 제2012-28호)
3~4세 누리과정 고시 및 5세 누리과정 개정 고시(2012.7.)	보건복지부와 교육과학기술부가 함께 5세 누리과정 개정과 더불어 3~4세 누리과정을 고시

표준보육과정의 개정 과정	내용
제3차 어린이집 표준보육과정 고시(2013.1.)	0~1세 보육과정, 2세 보육과정, 3~5세 보육과정(누리과정)을 포함하여 전체적으로 고시(보건복지부 고시 제2013-8호)
3 · 4세 누리과정에 기초한 어린이집 프로그램(2013.2.)	3세 누리과정에 기초한 어린이집 프로그램(7권)과 DVD(6개), 4세 누리과정에 기초한 어린이집 프로그램(8권)과 DVD(7개)를 개발하여 보급
어린이집 표준보육과정에 기초한 영아보육 프로그램(2013.3.)	제3차 어린이집 표준보육과정에 기초하여 총론(1권), 0~2세용 영아보육 프로그램(총 7권)과 DVD(1개) 개발

3) 3차 어린이집 표준보육과정의 영역과 내용(제3차 어린이집 표준보육과정, 2012.1.21. 보건복지부 고시 제2013-8호)

어린이집 표준보육과정(이하 '표준보육과정'이라 함)은 어린이집의 만 0~5세 영 · 유아에게 국가수준에서 제공하는 보편적이고 공통적인 보육의 목표와 내용을 제시한 것이다. 어린이집 표준보육과정은 0~1세 보육과정, 2세 보육과정, 3~5세 보육과정(누리과정 포함)으로 구성한다. 국가수준의 어린이집 표준보육과정을 시행함으로써 영유아의 전인적 발달과 우리 문화에 적합한 내용을 일관성 있고 연계적으로 실천하며, 궁극적으로 사회에서 추구하는 인간상을 구현하고 전국 어린이집의 질적 수준을 높이는 데 기여하고자 한다.

(1) 표준보육과정의 기초

① 추구하는 인간상

- 심신이 건강하고 행복한 사람
- 자율적이고 창의적인 사람
- 자신과 타인을 존중하고 배려하는 사람
- 자연과 우리 문화를 사랑하는 사람
- 다양성을 인정하는 민주적인 사람

② 표준보육과정의 기본 전제

- 영유아는 개별적인 특성을 지닌 고유한 존재이다.
- 영유아는 연령에 따라 발달적 특성이 질적으로 다르다.
- 영유아는 그 자체로서 존중받아야 하는 존재이다.
- 영유아는 직접적으로 경험할 때 의미 있는 지식, 기술 및 바람직한 태도를 형성해 간다.
- 영유아는 일상생활이 편안하고 학습과 경험이 놀이중심으로 이루어질 때, 최대의 능력이 발휘된다.
- 영유아는 민감하고 반응적인 성인과 신뢰하는 관계 속에서 최적의 발달을 이룬다.
- 영유아가 속한 가정, 지역사회가 함께 협력할 때 영유아에게 가장 긍정적인 영향을 미친다.

③ 구성 방향 및 체계

가. 구성 방향

- 영유아의 발달 특성과 개인차를 고려하여 연령 및 수준별로 구성한다.
- 어린이집에서 편안하고 행복한 일상생활이 되도록 중점을 두어 구성한다.
- 질서, 배려, 협력 등 기본생활습관과 바른 인성을 기르는 데 중점을 두고 구성한다.
- 자율성과 창의성을 기르는 데 중점을 두고, 전인발달을 이루도록 구성한다.
- 사람과 자연을 존중하고, 우리 문화를 이해하는 데 중점을 두어 구성한다.

나. 구성 체계

- 어린이집 표준보육과정은 0~1세 보육과정, 2세 보육과정, 3~5세 보육과정으로 구성한다.

- 어린이집 표준보육과정은 영역, 내용범주, 내용, 세부내용으로 구분하고, 내용 간에 연계가 이루어지도록 구성한다.
- 세부내용이라 함은 0~1세 보육과정, 2세 보육과정에서는 수준별 세부내용을 의미하고 3~5세 보육과정에서는 연령별 세부내용을 의미한다.
- 0~1세 보육과정은 기본생활, 신체운동, 의사소통, 사회관계, 예술경험, 자연탐구의 6개 영역을 중심으로 구성한다.
- 2세 보육과정은 기본생활, 신체운동, 의사소통, 사회관계, 예술경험, 자연탐구의 6개 영역을 중심으로 구성한다.
- 3~5세 보육과정은 신체운동·건강, 의사소통, 사회관계, 예술경험, 자연탐구의 5개 영역을 중심으로 구성한다.
- 3~5세 보육과정은 초등학교 교육과정과의 연계성을 고려하여 구성한다.

(2) 목적과 목표

① 목적

영유아의 심신 건강과 전인적 발달을 도와 행복을 도모하며 민주시민의 기초를 형성하는 것을 목적으로 한다.

② 목표

가. 0~1세 보육과정

- 건강하고 안전한 일상생활을 경험한다.
- 감각 및 기본 신체운동능력을 기른다.
- 말소리를 구분하고 의사소통의 기초를 마련한다.
- 친숙한 사람과 관계를 형성한다.
- 아름다움에 관심을 가진다.
- 보고, 듣고, 만지면서 주변 환경에 관심을 가진다.

나. 2세 보육과정

- 건강하고 안전한 생활습관의 기초를 마련한다.
- 감각, 신체조절 및 기본운동능력을 기른다.
- 의사소통능력의 기초를 기른다.
- 나를 인식하고 다른 사람과 더불어 생활하는 경험을 한다.
- 아름다움에 관심을 가지고 예술경험을 즐긴다.
- 주변 환경에 호기심을 갖고 탐색하기를 즐긴다.

다. 3~5세 보육과정

- 기본운동능력과 건강하고 안전한 생활습관을 기른다.
- 일상생활에 필요한 의사소통능력과 바른 언어 사용 습관을 기른다.
- 자신을 존중하고 다른 사람과 더불어 생활하는 능력과 태도를 기른다.
- 아름다움에 관심을 가지고 예술경험을 즐기며, 창의적 표현능력을 기른다.
- 호기심을 가지고 주변 세계를 탐구하며, 일상생활에서 수학적 · 과학적으로 생각하는 능력과 태도를 기른다.

(3) 편성과 운영

① 편성

- 어린이집의 운영시간에 맞춰 편성한다.
- 표준보육과정에 제시된 각 영역의 내용을 균형 있게 통합적으로 편성한다.
- 영유아의 발달 특성 및 개인차, 경험을 고려하여 놀이중심으로 편성한다.
- 영유아의 일과 중 일상생활을 포함하여 편성한다.
- 어린이집과 보육실의 특성에 따라 융통성 있게 편성한다.
- 성별, 종교, 신체적 특성, 가족 및 민족 배경 등으로 인한 편견이 없도록 편성한다.

② 운영

- 보육계획(연간, 월간, 주간, 일일 계획 등)에 의거하여 운영한다.
- 실내 · 외 환경을 다양한 흥미영역으로 구성하여 운영한다.
- 영 · 유아의 능력과 장애 정도에 따라 조정하여 운영한다.
- 부모와 각 기관의 실정에 따라 부모교육을 실시한다.
- 가정과 지역사회와의 협력과 참여에 기반하여 운영한다.
- 교사는 재교육을 통해 어린이집 표준보육과정 운영을 개선해 나간다.

③ 교수 · 학습방법

- 주도적인 놀이를 중심으로 교수 · 학습활동이 이루어지도록 한다.
- 흥미를 중심으로 활동을 선택하고 지속할 수 있도록 한다.
- 생활 속 경험을 소재로 하여 지식 · 기술 · 바람직한 태도를 기르도록 한다.
- 교사와 신뢰감을 형성하고 개별적인 활동이 이루어지도록 한다.
- 교사 · 환경 · 또래와 능동적인 상호작용이 이루어지도록 한다.
- 주제를 중심으로 여러 활동이 통합적으로 이루어지도록 한다.
- 만 0~1세아, 만 2세아는 일상생활 및 개별 활동, 휴식 등이 균형 있게 이루어지도록 한다.
- 만 3~5세아는 실내 · 실외활동, 정적 · 동적활동, 대 · 소집단 활동 및 개별 활동, 일상생활 및 휴식 등이 균형 있게 이루어지도록 한다.

④ 평가

가. 운영평가

- 어린이집 표준보육과정의 목표와 내용에 근거하여 보육내용이 적절히 편성 · 운영되는지 평가한다.
- 어린이집 표준보육과정의 운영 내용 및 활동이 영유아의 발달수준과 흥미, 요구에 적합한지 평가한다.

- 영유아의 발달수준, 흥미, 요구에 적합한 경험 및 학습을 촉진할 수 있는 다양한 활동과 교수 · 학습방법이 계획되고 통합적으로 운영되는지 평가한다.
- 일과 운영 및 보육활동 구성 시 놀이 활동과 일상생활 활동의 양과 내용이 영유아 각 연령의 발달에 적합하게 계획 · 운영되는지 평가한다.
- 만 0~1세아, 만 2세아는 집단활동보다 개별적인 상호작용과 교수법을 중심으로 상호작용이 진행되는지 평가한다.
- 어린이집 표준보육과정 운영평가 결과를 수시로 반영하여 보육과정 운영계획을 수정 · 보완하거나 다음 연도의 계획 수립 및 운영에 반영하는지 평가한다.

나. 영유아평가

- 어린이집 표준보육과정의 목표와 내용에 근거하여 영유아의 특성과 변화 정도를 평가한다.
- 지식, 기술, 태도 등을 평가한다.
- 일상생활과 보육과정 활동 전반에 걸쳐 평가한다.
- 관찰, 활동 결과물 분석, 부모면담 등 다양한 방법을 사용하여 종합적으로 평가하고, 그 결과를 기록한다.
- 평가 결과는 영유아에 대한 이해와 어린이집 표준보육과정운영 개선 및 부모 면담 자료를 활용한다.

(2) 0~1세 보육과정의 영역별 목표

① 기본생활

건강하고 안전한 일상생활을 경험한다.

- 건강하고 편안한 일상생활을 경험한다.
- 안전한 생활을 경험한다.

② 신체운동

감각 및 기본 신체운동능력을 기른다.

- 감각기능을 발달시키고 자신의 신체를 탐색한다.
- 대 · 소근육을 조절하고 걷기 등의 능력을 기른다.
- 규칙적으로 신체활동에 참여한다.

③ 의사소통

말소리를 구분하고 의사소통의 기초를 마련한다.

- 주변의 소리와 말소리 듣기에 관심을 보인다.
- 표정, 소리, 몸짓으로 자신의 생각과 느낌을 표현한다.
- 짧은 그림책이나 친숙한 환경 인쇄물에 관심을 가진다.
- 끼적이기에 관심을 가진다.

④ 사회관계

친숙한 사람과 관계를 형성한다.

- 자신과 다른 사람을 구별된 존재로 인식한다.
- 기본 정서를 표현하고 다른 사람의 감정에 주의를 기울인다.
- 안정적인 애착을 형성하고 또래나 교사와 함께 지낸다.

⑤ 예술경험

아름다움에 관심을 가진다.

- 자신의 신체와 주변의 감각 자극에 호기심을 가지고 반응한다.
- 소리와 움직임으로 반응하고, 단순한 미술을 경험하며 모방 행동을 즐긴다.
- 친근한 소리나 노래를 즐겨 듣고, 자연물, 사물, 주변 환경에 관심을 가진다.

⑥ 자연탐구

보고, 듣고, 만지면서 주변 환경에 관심을 가진다.

- 주변 사물에 대한 탐색을 시도한다.
- 주변에서 일어나는 수학적 상황을 지각한다.
- 감각과 조작을 통하여 주변 사물과 자연환경에 대해 지각한다.

(3) 0~1세 보육과정의 영역별 내용

① 기본생활

가. 내용체계

<table>
<tr><th>내용범주</th><th>내용</th></tr>
<tr><td rowspan="3">건강하게 생활하기</td><td>몸을 깨끗이 하기</td></tr>
<tr><td>즐겁게 먹기</td></tr>
<tr><td>건강한 일상생활하기</td></tr>
<tr><td rowspan="2">안전하게 생활하기</td><td>안전하게 지내기</td></tr>
<tr><td>위험한 상황에 반응하기</td></tr>
</table>

나. 세부내용

<table>
<tr><th>내용범주</th><th>내용</th><th>1수준</th><th>2수준</th><th>3수준</th><th>4수준</th></tr>
<tr><td rowspan="6">건강하게 생활하기</td><td rowspan="3">몸을 깨끗이 하기</td><td colspan="4">몸이 깨끗해졌을 때 기분이 좋음을 안다.</td></tr>
<tr><td colspan="4">도움을 받아 손을 씻는다.</td></tr>
<tr><td></td><td colspan="3">도움을 받아 이를 닦는다.</td></tr>
<tr><td rowspan="3">즐겁게 먹기</td><td>편안하게 안겨 우유(모유)를 먹는다.</td><td>이유식에 적응한다.</td><td>고형식에 적응한다.</td><td>다양한 음식을 먹어 본다.</td></tr>
<tr><td colspan="2"></td><td colspan="2">도구로 음식을 먹어 본다.</td></tr>
<tr><td colspan="4">즐겁게 먹는다.</td></tr>
</table>

<table>
<tr><th>내용범주</th><th>내용</th><th>1수준</th><th>2수준</th><th>3수준</th><th>4수준</th></tr>
<tr><td rowspan="4">건강하게 생활하기</td><td rowspan="4">건강한 일상생활하기</td><td colspan="4">수면을 충분히 취한다.</td></tr>
<tr><td colspan="4">편안하게 쉰다.</td></tr>
<tr><td colspan="4">일과에 편안하게 참여한다.</td></tr>
<tr><td colspan="2"></td><td colspan="2">배변 의사를 표현한다.</td></tr>
<tr><td rowspan="4">안전하게 생활하기</td><td rowspan="3">안전하게 지내기</td><td colspan="3">안전한 상황에서 놀이한다.</td><td>놀잇감을 안전하게 사용한다.</td></tr>
<tr><td colspan="4">안전한 장소에서 놀이한다.</td></tr>
<tr><td colspan="4">차량 승하차 시 안전 장구를 착용한다.</td></tr>
<tr><td>위험한 상황에 반응하기</td><td></td><td>위험하다는 말에 반응을 보인다.</td><td colspan="2">위험하다고 알려 주면 주의한다.</td></tr>
</table>

② 신체운동

가. 내용체계

<table>
<tr><th>내용범주</th><th>내용</th></tr>
<tr><td rowspan="3">감각과 신체 인식하기</td><td>감각적 자극에 반응하기</td></tr>
<tr><td>감각기관으로 탐색하기</td></tr>
<tr><td>신체 탐색하기</td></tr>
<tr><td rowspan="4">신체조절과 기본운동하기</td><td>신체 균형 잡기</td></tr>
<tr><td>대근육 조절하기</td></tr>
<tr><td>소근육 조절하기</td></tr>
<tr><td>기본운동하기</td></tr>
<tr><td rowspan="3">신체활동에 참여하기</td><td>몸 움직임 즐기기</td></tr>
<tr><td>바깥에서 신체 움직이기</td></tr>
<tr><td>기구를 이용하여 신체활동 시도하기</td></tr>
</table>

나. 세부내용

<table>
<tr><th>내용범주</th><th>내용</th><th>1수준</th><th>2수준</th><th>3수준</th><th>4수준</th></tr>
<tr><td rowspan="4">감각과 신체 인식하기</td><td rowspan="2">감각적 자극에 반응하기</td><td colspan="4">시각 · 청각 · 촉각 · 후각 · 미각으로 자극을 느낀다.</td></tr>
<tr><td colspan="4">시각 · 청각 · 촉각 · 후각 · 미각으로 자극에 반응한다.</td></tr>
<tr><td>감각기관으로 탐색하기</td><td colspan="4">감각기관으로 주변 환경을 탐색한다.</td></tr>
<tr><td>신체 탐색하기</td><td>손과 발 등을 바라보며 탐색한다.</td><td colspan="3">주요 신체 부분의 움직임을 탐색한다.</td></tr>
<tr><td rowspan="5">신체조절과 기본운동하기</td><td>신체 균형 잡기</td><td>몸의 균형을 잡기 위한 자세를 시도한다.</td><td>붙잡고 서 있기 등의 자세를 취한다.</td><td colspan="2">안정되게 서 있기 등의 자세를 시도한다.</td></tr>
<tr><td>대근육 조절하기</td><td>뒤집기 등 몸을 조절하여 위치를 바꾼다.</td><td colspan="3">누웠다 앉기 등 몸의 움직임을 조절한다.</td></tr>
<tr><td>소근육 조절하기</td><td>보이는 물체에 손을 뻗는다.</td><td colspan="3">눈과 손을 협응하여 소근육을 활용해 본다.</td></tr>
<tr><td rowspan="2">기본운동하기</td><td>배밀이 등 이동운동을 시도한다.</td><td>기기, 걷기 등 이동운동을 시도한다.</td><td colspan="2">걷기 등 이동운동을 시도한다.</td></tr>
<tr><td colspan="2">팔다리 뻗기, 흔들기 등 제자리운동을 시도한다.</td><td colspan="2">서 있기, 앉기 등 제자리운동을 시도한다.</td></tr>
<tr><td rowspan="3">신체활동에 참여하기</td><td>몸 움직임 즐기기</td><td colspan="2">몸을 활발히 움직인다.</td><td colspan="2">몸의 움직임을 다양하게 시도한다.</td></tr>
<tr><td>바깥에서 신체 움직이기</td><td colspan="2">규칙적으로 바깥환경을 경험한다.</td><td colspan="2">규칙적으로 바깥에서 신체활동을 한다.</td></tr>
<tr><td>기구를 이용하여 신체활동 시도하기</td><td></td><td colspan="3">간단한 기구를 이용하여 신체활동을 시도한다.</td></tr>
</table>

③ 의사소통

가. 내용체계

<table>
<tr><th>내용범주</th><th>내용</th></tr>
<tr><td rowspan="4">듣기</td><td>주변의 소리와 말소리 구분하여 듣기</td></tr>
<tr><td>경험과 관련된 말 듣고 알기</td></tr>
<tr><td>운율이 있는 말 듣기</td></tr>
<tr><td>말하는 사람 보기</td></tr>
<tr><td rowspan="3">말하기</td><td>발성과 발음으로 소리내기</td></tr>
<tr><td>표정, 몸짓, 말소리로 말하기</td></tr>
<tr><td>말할 순서 구별하기</td></tr>
<tr><td>읽기</td><td>그림책과 환경 인쇄물에 관심 가지기</td></tr>
<tr><td>쓰기</td><td>끼적이기</td></tr>
</table>

나. 세부내용

<table>
<tr><th>내용범주</th><th>내용</th><th>1수준</th><th>2수준</th><th>3수준</th><th>4수준</th></tr>
<tr><td rowspan="7">듣기</td><td rowspan="3">주변의 소리와 말소리 구분하여 듣기</td><td colspan="3">여러 가지 소리와 말소리 듣기에 흥미를 보인다.</td><td>친숙한 낱말의 발음에 흥미를 보인다.</td></tr>
<tr><td colspan="4">익숙한 목소리를 듣고 그것에 반응한다.</td></tr>
<tr><td colspan="2"></td><td colspan="2">높낮이와 세기 등 말소리의 차이에 반응한다.</td></tr>
<tr><td rowspan="2">경험과 관련된 말 듣고 알기</td><td colspan="4">눈앞에 보이는 경험과 관련된 말에 반응한다.</td></tr>
<tr><td></td><td colspan="3">자신의 이름이 불리면 듣고 반응한다.</td></tr>
<tr><td>운율이 있는 말 듣기</td><td colspan="4">운율이 있는 짧은 말소리를 관심 있게 듣는다.</td></tr>
<tr><td>말하는 사람 보기</td><td colspan="2">말하는 사람의 눈을 마주 바라본다.</td><td colspan="2">말하는 사람의 표정, 몸짓을 관심 있게 본다.</td></tr>
</table>

<table>
<tr><th>내용범주</th><th>내용</th><th>1수준</th><th>2수준</th><th>3수준</th><th>4수준</th></tr>
<tr><td rowspan="5">말하기</td><td rowspan="3">발성과 발음으로 소리내기</td><td colspan="2" rowspan="2">여러 가지 소리를 내고 옹알이를 한다.</td><td colspan="2">여러 말소리를 즐겁게 내 본다.</td></tr>
<tr><td colspan="2">의미 있는 음절을 내 본다.</td></tr>
<tr><td colspan="2">옹알이와 말소리에 대해 말로 반응해 주면 모방하여 소리 낸다.</td><td colspan="2">교사의 말을 모방하여 발음한다.</td></tr>
<tr><td>표정, 몸짓, 말소리로 말하기</td><td>표정과 소리로 의사표현을 한다.</td><td>표정, 몸짓, 소리로 의사표현을 한다.</td><td colspan="2">표정, 몸짓, 말소리로 의사표현을 한다.</td></tr>
<tr><td>말할 순서 구별하기</td><td colspan="4">말할 순서에 따리 표정, 몸짓, 말소리로 반응한다.</td></tr>
<tr><td rowspan="3">읽기</td><td rowspan="3">그림책과 환경 인쇄물에 관심 가지기</td><td colspan="4">다양한 감각 책을 탐색해 본다.</td></tr>
<tr><td colspan="2"></td><td colspan="2">사물과 주변의 친숙한 환경 인쇄물에 관심을 가진다.</td></tr>
<tr><td colspan="4">읽어 주는 짧은 그림책에 관심을 가진다.</td></tr>
<tr><td>쓰기</td><td>끼적이기</td><td></td><td colspan="3">끼적이기에 관심을 가진다.</td></tr>
</table>

④ 사회관계

가. 내용체계

<table>
<tr><th>내용범주</th><th>내용</th></tr>
<tr><td rowspan="2">나를 알고 존중하기</td><td>나를 구별하기</td></tr>
<tr><td>나의 것 인식하기</td></tr>
<tr><td rowspan="2">나와 다른 사람의 감정 알기</td><td>나의 감정을 나타내기</td></tr>
<tr><td>다른 사람에게 주의 기울이기</td></tr>
<tr><td rowspan="4">더불어 생활하기</td><td>안정적인 애착 형성하기</td></tr>
<tr><td>또래에 관심 갖기</td></tr>
<tr><td>자신이 속한 집단 알기</td></tr>
<tr><td>사회적 가치를 알기</td></tr>
</table>

나. 세부내용

<table>
<tr><th>내용범주</th><th>내용</th><th>1수준</th><th>2수준</th><th>3수준</th><th>4수준</th></tr>
<tr><td rowspan="3">나를 알고 존중하기</td><td>나를 구별하기</td><td colspan="2">거울 속의 나에게 관심을 가진다.</td><td colspan="2">거울 속의 나를 알아본다.</td></tr>
<tr><td rowspan="2">나의 것 인식하기</td><td colspan="4">자기 이름을 부르는 소리에 반응한다.</td></tr>
<tr><td colspan="2"></td><td colspan="2">친숙한 자기 물건을 안다.</td></tr>
<tr><td rowspan="2">나와 다른 사람의 감정 알기</td><td>나의 감정을 나타내기</td><td colspan="4">나의 욕구와 감정을 나타낸다.</td></tr>
<tr><td>다른 사람에게 주의 기울이기</td><td colspan="2">다른 사람의 말과 표정, 몸짓에 주의를 기울인다.</td><td colspan="2">다른 사람이 나타내는 여러 가지 감정에 주의를 기울인다.</td></tr>
<tr><td rowspan="6">더불어 생활하기</td><td rowspan="2">안정적인 애착 형성하기</td><td>양육자와 시선을 맞춘다.</td><td colspan="3">양육자에게 적극적으로 관심과 욕구를 표현한다.</td></tr>
<tr><td colspan="2">주변의 친숙한 사람의 얼굴와 목소리를 인식한다.</td><td colspan="2">주변의 친숙한 사람에게 애정을 표현한다.</td></tr>
<tr><td>또래에 관심 갖기</td><td colspan="4">다른 영아와 함께 지내는 것을 경험한다.</td></tr>
<tr><td>자신이 속한 집단 알기</td><td colspan="2">담임교사를 구별한다.</td><td colspan="2">자기 반에서 지내며 안정감을 가진다.</td></tr>
<tr><td rowspan="2">사회적 가치를 알기</td><td colspan="2"></td><td colspan="2">친숙한 물건의 자리를 안다.</td></tr>
<tr><td colspan="4">만나고 헤어지는 인사를 해 본다.</td></tr>
</table>

⑤ 예술경험

가. 내용체계

내용범주	내용
아름다움 찾아보기	예술적 요소에 호기심 가지기
예술적 표현하기	리듬 있는 소리로 반응하기
	움직임으로 반응하기
	단순한 미술 경험하기
	모방행동 즐기기
예술 감상하기	아름다움 경험하기

나. 세부내용

<table>
<tr><th>내용범주</th><th>내용</th><th>1수준</th><th>2수준</th><th>3수준</th><th>4수준</th></tr>
<tr><td rowspan="2">아름다움 찾아보기</td><td rowspan="2">예술적 요소에 호기심 가지기</td><td colspan="4">주변의 소리와 움직임에 호기심을 가진다.</td></tr>
<tr><td colspan="4">주변 환경에서 색, 모양에 호기심을 가진다.</td></tr>
<tr><td rowspan="7">예술적 표현하기</td><td rowspan="2">리듬 있는 소리로 반응하기</td><td colspan="2">리듬 있는 소리에 관심을 가진다.</td><td colspan="2">노래를 부분적으로 따라 부른다.</td></tr>
<tr><td colspan="2">리듬과 노래 소리에 반응한다.</td><td colspan="2">리듬과 음높이에 맞추어 소리를 낸다.</td></tr>
<tr><td rowspan="2">움직임으로 반응하기</td><td colspan="4">손발 흔들기와 몸 움직임으로 반응한다.</td></tr>
<tr><td colspan="2"></td><td colspan="2">간단한 도구를 활용하여 움직인다.</td></tr>
<tr><td>단순한 미술 경험하기</td><td colspan="2"></td><td colspan="2">감각적으로 단순한 미술경험을 한다.</td></tr>
<tr><td>모방행동 즐기기</td><td colspan="2">소리나 얼굴 표정, 몸 움직임 등을 모방한다.</td><td colspan="2">단순한 모방행동을 놀이처럼 즐긴다.</td></tr>
<tr><td rowspan="2">아름다움 경험하기</td><td colspan="2">일상생활에서 반복되는 소리와 노래에 관심을 가진다.</td><td colspan="2">일상생활에서 리듬 있는 소리와 노래를 즐겨 듣는다.</td></tr>
<tr><td colspan="4">일상생활에서 자연이나 사물의 아름다움을 경험한다.</td></tr>
</table>

⑥ 자연탐구

가. 내용체계

내용범주	내 용
탐구하는 태도 기르기	사물에 관심 가지기
	탐색 시도하기
수학적 탐구하기	수량 지각하기
	주변 공간 탐색하기
	차이를 지각하기
	간단한 규칙성 지각하기
과학적 탐구하기	물체와 물질 탐색하기
	주변 동식물에 관심 가지기
	주변 자연에 관심 가지기
	생활도구 탐색하기

나. 세부내용

<table>
<tr><th>내용범주</th><th>내용</th><th>1수준</th><th>2수준</th><th>3수준</th><th>4수준</th></tr>
<tr><td rowspan="2">탐구하는 태도 기르기</td><td>사물에 관심 가지기</td><td></td><td colspan="3">주변 사물에 관심을 가진다.</td></tr>
<tr><td>탐색 시도하기</td><td>나와 주변 사물을 감각으로 탐색한다.</td><td colspan="3">주변의 사물에 대해 의도적인 탐색을 시도한다.</td></tr>
<tr><td rowspan="5">수학적 탐구하기</td><td>수량 지각하기</td><td></td><td>있고 없는 상황을 지각한다.</td><td>'있다'와 '없다'를 구별한다.</td><td>'한 개'와 '여러 개'를 구별한다.</td></tr>
<tr><td rowspan="2">주변 공간 탐색하기</td><td></td><td colspan="3">도움을 받아 주변의 공간을 탐색한다.</td></tr>
<tr><td colspan="4">주변 사물의 모양을 지각한다.</td></tr>
<tr><td>차이를 지각하기</td><td colspan="2"></td><td colspan="2">주변 사물의 차이를 지각한다.</td></tr>
<tr><td>간단한 규칙성 지각하기</td><td colspan="2"></td><td colspan="2">일상과 놀이에서 간단한 규칙성을 경험한다.</td></tr>
<tr><td rowspan="5">과학적 탐구하기</td><td>물체와 물질 탐색하기</td><td colspan="4">일상생활 주변의 몇 가지 친숙한 것들을 양육자와 함께 탐색한다.</td></tr>
<tr><td>주변 동식물에 관심 가지기</td><td colspan="2"></td><td colspan="2">주변 동식물의 모양, 소리, 움직임에 관심을 가진다.</td></tr>
<tr><td rowspan="2">주변 자연에 관심 가지기</td><td></td><td colspan="3">생활 주변의 자연물을 감각으로 느껴 본다.</td></tr>
<tr><td></td><td colspan="3">바람, 햇빛, 비 등을 감각으로 느껴 본다.</td></tr>
<tr><td>생활도구 탐색하기</td><td colspan="2"></td><td colspan="2">도움을 받아 생활도구를 탐색한다.</td></tr>
</table>

(4) 2세 보육과정의 영역별 목표

① 기본생활

건강하고 안전한 생활습관의 기초를 마련한다.

- 건강한 생활습관의 기초를 경험한다.
- 안전한 생활습관의 기초를 경험한다.

② 신체운동

감각, 신체조절 및 기본운동능력을 기른다.

- 감각능력을 기르고, 자신의 신체 움직임을 탐색한다.
- 안정된 자세로 대・소근육을 조절하고 기본운동능력을 기른다.
- 규칙적으로 신체활동에 참여한다.

③ 의사소통

의사소통 능력의 기초를 기른다.

- 다른 사람의 말과 짧은 이야기 듣는 것을 즐긴다.
- 자신의 생각이나 느낌을 말로 주고받기를 즐긴다.
- 그림책이나 환경 인쇄물에 관심을 가지며 글의 내용에 흥미를 가진다.
- 글자 형태 끼적이기에 관심을 가진다.

④ 사회관계

나를 인식하고 다른 사람과 더불어 생활하는 경험을 한다.

- 자기 존중감을 형성한다.
- 자신의 감정을 알고 다른 사람의 감정에 반응을 보인다.
- 가족을 사랑하고 또래, 교사와 즐겁게 지내며 간단한 규칙 등을 지킨다.

⑤ 예술경험

아름다움에 관심을 가지고 예술경험을 즐긴다.

- 주변 생활에서 예술적 요소를 발견하고 흥미롭게 탐색한다.
- 간단한 리듬이나 노래, 움직임, 자발적인 미술활동을 자유롭게 시도하고 모방이나 상상놀이로 표현한다.
- 주변 환경과 자연 및 다양한 표현에서 예술적 요소를 관심 있게 보고 즐긴다.

⑥ 자연탐구

주변 환경에 호기심을 갖고 탐색하기를 즐긴다.

- 호기심을 가지고 주변 세계에 대해 다양하게 탐색한다.
- 주변에서 경험하는 수학적 상황을 인식한다.
- 다양한 탐색을 통하여 주변 사물과 자연환경을 인식한다.

(5) 2세 보육과정의 영역별 내용

① 기본생활

가. 내용체계

내용범주	내용
건강하게 생활하기	몸을 깨끗이 하기
	바르게 먹기
	건강한 일상생활하기
	질병에 대해 알기
안전하게 생활하기	안전하게 놀이하기
	교통안전 알기
	위험한 상황 알기

나. 세부내용

<table>
<tr><th>내용범주</th><th>내용</th><th>1수준</th><th>2수준</th></tr>
<tr><td rowspan="10">건강하게 생활하기</td><td rowspan="2">몸을 깨끗이 하기</td><td colspan="2">스스로 손과 몸 씻기를 시도한다.</td></tr>
<tr><td colspan="2">스스로 이 닦기를 시도한다.</td></tr>
<tr><td rowspan="3">바르게 먹기</td><td colspan="2">음식을 골고루 먹는다.</td></tr>
<tr><td colspan="2">도구를 사용하여 스스로 먹는다.</td></tr>
<tr><td colspan="2">정해진 자리에서 먹는다.</td></tr>
<tr><td rowspan="4">건강한 일상생활하기</td><td colspan="2">일과에 따라 규칙적으로 잠을 잔다.</td></tr>
<tr><td colspan="2">정해진 시간에 알맞게 휴식한다.</td></tr>
<tr><td colspan="2">하루 일과에 즐겁게 참여한다.</td></tr>
<tr><td>정해진 곳에서 배변한다.</td><td>화장실에서 배변한다.</td></tr>
<tr><td>질병에 대해 알기</td><td colspan="2">질병의 위험을 안다.</td></tr>
<tr><td rowspan="5">안전하게 생활하기</td><td rowspan="2">안전하게 놀이하기</td><td colspan="2">놀이기구나 놀잇감을 안전하게 사용한다.</td></tr>
<tr><td colspan="2">안전한 장소에서 놀이한다.</td></tr>
<tr><td>교통안전 알기</td><td>교통수단의 위험을 안다.</td><td>교통수단의 위험을 알고 조심한다.</td></tr>
<tr><td rowspan="2">위험한 상황 알기</td><td>위험한 상황과 위험한 것을 안다.</td><td>위험한 상황과 위험한 것을 알고 조심한다.</td></tr>
<tr><td colspan="2">위험한 상황 시 어른의 지시에 따른다.</td></tr>
</table>

② 신체운동

가. 내용체계

내용범주	내용
감각과 신체 인식하기	감각능력 기르기
	감각기관 활용하기
	신체를 인식하고 움직이기
신체조절과 기본운동하기	신체 균형 잡기
	대근육 조절하기
	소근육 조절하기
	기본운동하기
신체활동에 참여하기	신체활동에 참여하기
	바깥에서 신체활동하기
	기구를 이용하여 신체활동하기

나. 세부내용

내용범주	내용	1수준	2수준
감각과 신체 인식하기	감각능력 기르기	다양한 감각적 차이에 반응한다.	
	감각기관 활용하기	감각기관으로 주변 환경을 탐색한다.	
	신체를 인식하고 움직이기	신체 각 부분의 명칭을 안다.	
		신체 각 부분의 움직임을 탐색한다.	
신체조절과 기본운동하기	신체 균형 잡기	안정된 자세를 취하려고 시도한다.	
	대근육 조절하기	팔, 다리, 목, 허리 등 움직임을 조절한다.	
	소근육 조절하기	눈과 손을 협응하여 소근육을 조절해 본다.	
	기본운동하기	걷기, 계단 오르기 등 이동운동을 한다.	
		제자리에서 몸을 움직여 본다.	
신체활동에 참여하기	신체활동에 참여하기	신체활동에 자발적으로 참여해 본다.	
	바깥에서 신체활동하기	규칙적으로 바깥에서 신체활동을 한다.	
	기구를 이용하여 신체활동하기	간단한 기구를 이용하여 신체활동을 한다.	

③ 의사소통

가. 내용체계

내용범주	내용
듣기	말소리 구분하여 듣고 의미 알기
	짧은 문장 듣고 알기
	짧은 이야기 듣기
	말하는 사람을 주의 깊게 보기
말하기	낱말과 간단한 문장으로 말하기
	자신이 원하는 것을 말하기
	상대방을 바라보며 말하기
읽기	그림책과 환경 인쇄물에 흥미 가지기
쓰기	끼적이며 즐기기

나. 세부내용

<table>
<tr><th>내용
범주</th><th>내용</th><th>1수준</th><th>2수준</th></tr>
<tr><td rowspan="6">듣기</td><td rowspan="2">말소리 구분하여
듣고 의미 알기</td><td>친숙한 낱말의 발음에
흥미를 보인다.</td><td>친숙한 낱말의 발음에
관심을 가지고 듣는다.</td></tr>
<tr><td colspan="2">다양한 말소리의 차이를 구분한다.</td></tr>
<tr><td rowspan="2">짧은 문장 듣고 알기</td><td>낱말을 듣고 친숙한
사물과 사람을 찾아본다.</td><td>일상생활과 관련된 친숙한
낱말을 듣고 뜻을 이해한다.</td></tr>
<tr><td colspan="2">친숙한 짧은 문장을 듣고 반응한다.</td></tr>
<tr><td>짧은 이야기 듣기</td><td colspan="2">짧은 이야기와 노랫말 등을 즐겁게 듣는다.</td></tr>
<tr><td>말하는 사람을
주의 깊게 보기</td><td colspan="2">말하는 사람의 표정, 몸짓, 억양 등을 주의 깊게 보고 듣는다.</td></tr>
</table>

<table>
<tr><th>내용 범주</th><th>내용</th><th>1수준</th><th>2수준</th></tr>
<tr><td rowspan="6">말하기</td><td rowspan="3">낱말과 간단한 문장으로 말하기</td><td>눈앞에 보이는 친숙한 사물의 이름을 발음해 본다.</td><td>친숙한 낱말을 발음해 본다.</td></tr>
<tr><td colspan="2">일상생활에서 경험한 새로운 낱말에 관심을 가진다.</td></tr>
<tr><td colspan="2">일상생활의 반복적인 일이나 친숙한 상황을 한두 낱말이나 간단한 문장으로 말해 본다.</td></tr>
<tr><td rowspan="2">자신이 원하는 것을 말하기</td><td colspan="2">표정, 몸짓, 말소리로 의사표현을 한다.</td></tr>
<tr><td>자신이 원하는 것을 한두 낱말로 말해 본다.</td><td>자신이 원하는 것을 낱말이나 짧은 문장으로 말해 본다.</td></tr>
<tr><td>상대방을 바라보며 말하기</td><td colspan="2">말할 순서에 상대방을 바라보며 말을 주고받는다.</td></tr>
<tr><td rowspan="3">읽기</td><td rowspan="3">그림책과 환경 인쇄물에 흥미 가지기</td><td colspan="2">그림책과 환경 인쇄물의 그림과 내용에 관심을 가진다.</td></tr>
<tr><td colspan="2">친숙한 그림과 환경 인쇄물을 보고 읽는 흉내를 내 본다.</td></tr>
<tr><td colspan="2">선호하는 그림책을 읽어 주면 집중하여 듣는다.</td></tr>
<tr><td rowspan="2">쓰기</td><td rowspan="2">끼적이며 즐기기</td><td colspan="2">의도적으로 끼적인다.</td></tr>
<tr><td colspan="2">자기 이름 끼적이기에 관심을 가진다.</td></tr>
</table>

④ 사회관계

가. 내용체계

<table>
<tr><th>내용범주</th><th>내용</th></tr>
<tr><td rowspan="2">나를 알고 존중하기</td><td>나를 구별하기</td></tr>
<tr><td>좋아하는 것 해 보기</td></tr>
<tr><td rowspan="2">나와 다른 사람의 감정 알기</td><td>나의 감정을 나타내기</td></tr>
<tr><td>다른 사람의 감정에 반응하기</td></tr>
<tr><td rowspan="4">더불어 생활하기</td><td>내 가족 알기</td></tr>
<tr><td>또래와 관계하기</td></tr>
<tr><td>자신이 속한 집단 알기</td></tr>
<tr><td>사회적 가치를 알기</td></tr>
</table>

나. 세부내용

내용범주	내용	1수준	2수준
나를 알고 존중하기	나를 구별하기	나와 다른 사람의 모습을 구별한다.	
	좋아하는 것 해 보기	내가 좋아하는 것을 찾아본다.	
		좋아하는 놀이나 놀잇감을 선택해 본다.	스스로 선택한 놀이나 놀잇감을 즐긴다.
나와 다른 사람의 감정 알기	나의 감정을 나타내기	여러 가지 감정을 말과 행동으로 나타낸다.	
	다른 사람의 감정에 반응하기	다른 사람이 나타내는 여러 가지 감정에 반응을 보인다.	
더불어 생활하기	내 가족 알기	내 가족에게 애정을 표현한다.	내 가족에게 다른 사람과는 구별된 특별한 감정을 갖는다.
	또래와 관계하기	또래에게 관심을 보인다.	또래의 모습과 행동을 모방한다.
		또래의 이름을 안다.	또래가 있는 곳에서 놀이한다.
	자신이 속한 집단 알기	자신이 속한 반과 교사를 안다.	자신이 속한 반의 활동에 즐겁게 참여한다.
	사회적 가치를 알기	도움을 받아 물건을 정리한다.	스스로 물건을 정리한다.
		자기 순서를 안다.	순서를 기다린다.
		바른 태도로 인사한다.	
		간단한 약속을 지킨다.	

⑤ 예술경험

가. 내용체계

내용범주	내용
아름다움 찾아보기	예술적 요소 탐색하기
예술적 표현하기	리듬 있는 소리와 노래로 표현하기
	움직임으로 표현하기
	자발적으로 미술활동하기
	모방과 상상놀이하기
예술 감상하기	아름다움 즐기기

나. 세부내용

내용범주	내용	1수준	2수준
아름다움 찾아보기	예술적 요소 탐색하기	주변 환경에서 나는 다양한 소리와 움직임을 탐색한다.	
		주변 환경에서 색, 모양을 탐색한다.	
예술적 표현하기	리듬 있는 소리와 노래로 표현하기	친근한 노래를 따라 부른다.	
		신체, 사물, 리듬악기 등을 이용하여 간단한 리듬과 소리를 만든다.	
	움직임으로 표현하기	노래나 리듬에 맞춰 몸으로 표현한다.	
		간단한 도구를 활용하여 몸으로 표현한다.	
	자발적으로 미술활동하기	자발적으로 그리기, 만들기를 한다.	
		간단한 도구와 미술재료를 다룬다.	
	모방과 상상놀이하기	모방행동을 놀이처럼 즐긴다.	일상생활 경험을 상상놀이로 즐긴다.
예술 감상하기	아름다움 즐기기	자연이나 생활의 소리나 움직임, 친근한 음악과 춤을 관심 있게 듣거나 본다.	
		일상생활에서 자연과 사물의 아름다움에 관심을 가지고 즐긴다.	
		자신과 또래가 표현한 노래, 춤, 미술품 등에 관심을 가지고 즐긴다.	

⑥ 자연탐구

가. 내용체계

내용범주	내용
탐구하는 태도 기르기	호기심 가지기
	반복적 탐색 즐기기
수학적 탐구하기	수량 인식하기
	공간과 도형에 관심 가지기
	차이에 관심 가지기
	단순한 규칙성에 관심 가지기
	구분하기

내용범주	내 용
과학적 탐구하기	물체와 물질 탐색하기
	주변 동식물에 관심 가지기
	자연을 탐색하기
	생활도구 사용하기

나. 세부내용

내용범주	내용	1수준	2수준
탐구하는 태도 기르기	호기심 가지기	주변 사물과 자연 세계에 호기심을 가진다.	
	반복적 탐색 즐기기	관심 있는 사물을 반복하여 주도적으로 탐색하기를 즐긴다.	
수학적 탐구하기	수량 인식하기	많고 적음을 구별한다.	
		두 개가량의 수 이름을 말해 본다.	세 개가량의 구체물을 말하여 세어 본다.
		구체물을 일대일로 대응해 본다.	
	공간과 도형에 관심 가지기	나를 중심으로 익숙한 위치, 장소를 인식한다.	
		주변 사물의 모양에 관심을 가진다.	
	차이에 관심 가지기	주변 사물의 크기(속성의 차이)에 관심을 가진다.	
	단순한 규칙성에 관심 가지기	주변에서 단순하게 반복되는 규칙성에 관심을 가진다.	
	구분하기	주변 사물의 같고 다름에 따라 구분한다.	
과학적 탐구하기	물체와 물질 탐색하기	친숙한 물체와 물질을 능동적으로 탐색한다.	
	주변 동식물에 관심 가지기	주변 동식물의 모양, 소리, 움직임에 관심을 가진다.	
	자연을 탐색하기	돌, 물, 모래 등의 자연물을 탐색한다.	
		날씨를 감각적으로 느낀다.	
	생활도구 사용하기	생활 속에서 간단한 도구에 관심을 가진다.	
		간단한 도구를 사용한다.	

0~1세, 2세 보육과정	기본생활	신체운동	의사소통	사회관계	예술경험	자연탐구
	건강하게 생활하기	감각과 신체 인식하기	듣기	나를 알고 존중하기	아름다움 찾아보기	탐구하는 태도 기르기
	안전하게 생활하기	신체조절과 기본운동 하기	말하기	나와 다른 사람의 감정 알기	예술적 표현하기	수학적 탐구하기
		신체활동에 참여하기	읽기	더불어 생활하기	예술 감상하기	과학적 탐구하기
			쓰기			

3~5세 보육과정 (누리과정)	신체운동 · 건강	의사소통	사회관계	예술경험	자연탐구
	신체 인식하기	듣기	나를 알고 존중하기	아름다움 찾아보기	탐구하는 태도 기르기
	신체조절과 기본운동하기	말하기	나와 다른 사람의 감정 알고 조절하기	예술적 표현하기	수학적 탐구하기
	신체활동에 참여하기	읽기	가족을 소중히 여기기	예술 감상하기	과학적 탐구하기
	건강하게 생활하기	쓰기	다른 사람과 더불어 생활하기		
	안전하게 생활하기		사회에 관심 갖기		

[그림 3-1] 0~5세 연령별 보육과정의 내용범주

3. 누리과정

1) 5세 누리과정(2011.9.5. 교육과학기술부 고시 제2011-30호 · 보건복지부 고시 제2011-106호)

우리나라의 유아교육은 교육부 소관의 유치원과 보건복지부 소관의 어린이집으로 이원화되어 운영되었고, 교육과정 또한 유치원은 '유치원 교육과정'을, 어린이집은 '표준보육과정'을 사용해 왔다. 영유아기는 발달수준의 전 영역에 있어 기초능력이 집중 형성되는 시기로 이 시기의 발달 정도는 후기학습에 크게 영향을 미치므로 생애 초기 단계인 영유아기 교육 · 보육에 대하여 국가의 투자가 필요하다는 것이 국제적인 동향이다.

이에 우리나라도 1997년 이후부터 유아교육법과 영유아보육법에 만 5세아에 대한 무상교육 · 보육이 명문화되어 있었다. 그러나 2011년까지는 유아학비 · 보육료의 일부 금액만 지원하고 있었고, 그 대상도 소득하위 70% 이하로 제한되어 있어 국가의 교육 · 보육 정책에 대한 수혜만족도는 매우 낮은 수준이었다. 따라서 모든 유아, 특히 만 5세아에 대한 국가지원을 확대하여 출발선상에 평등권을 보장받을 수 있는 제도가 조속히 마련되어야 한다는 사회적 공감대가 형성되었다(교육과학기술부 · 보건복지부, 2012a). 이에 정부는 2011년 5월 2일에 교육 · 보육에 대한 국가의 책임을 강화하는 「만 5세 공통과정」 시행방안을 발표하였다. 교육부 소관의 유치원과 보건복지부 소관의 어린이집은 현 관리체제를 유지하면서 만 5세 유아의 교육과 보육을 통합하여 공통적으로 적용할 수 있는 공통과정인 5세 누리과정을 개발 · 제정하였다. 이에 따라 2012년 3월부터 유치원과 어린이집에 다니는 만 5세 유아는 부모의 소득수준과 관계없이 유아학비와 보육료를 지원받게 되었으며, 연차적으로 현실화하여 부모의 경제적 부담을 줄일 수 있게 되었다.

취학 전 만 5세아에게 양질의 교육 · 보육을 제공하기 위한 5세 누리과정 제정의 중점 사항은 다음과 같다.

- 5세 누리과정은 기본생활습관의 창의 · 인성 교육을 강조하되, 이를 별도의 영역으로 구분하지 않고 5세 누리과정 전 영역에서 강조하도록 하였다.
- 5세 누리과정은 현행 유치원 교육과정(2007 개정)과 어린이집 표준보육과정(제2차 개정) 중 유치원과 동일한 연령대인 만 5세 유아에게 필요한 기본능력을 선별하여 수정 · 보완하였다.
- 5세 누리과정은 만 3~4세와 구분되지만 세부내용수준은 연계되도록 하였다.

누리과정의 '누리'는 세상을 의미하는 순수한 우리말로 국가가 책임지는 보육 · 교육을 통해 만 5세 어린이가 어린이집과 유치원에서 행복한 세상을 열어가고, 생활 속에서 꿈과 희망을 마음껏 누리도록 하겠다는 의미를 담고 있다(교육과학기술부 · 보건복지부, 2012). 5세 누리과정의 목적은 만 5세아에게 필요한 기본능력과 바른 인성을 기르고, 민주시민의 기초를 형성하는 것이며, 영역은 신체운동 · 건강, 의사소통, 사회관계, 예술경험, 자연탐구영역으로 구성되었다.

그러나 2012년 1월 정부는 유아교육 · 보육에 대한 국가의 책임을 강화하기로 결정하고, 2013년 3월부터 만 3~4세까지 누리과정을 확대한다는 「3, 4세 누리과정 도입계획」을 발표하였다. 육아정책연구소에 위탁하여 「3, 4세 누리과정 제정 TF」를 구성하였고 개정시안 마련 후 공청회를 거쳐 「만 3~5세 연령별 누리과정」을 고시하였다. 따라서 「5세 누리과정」은 2012년 1년간 현장에서 적용되었다.

2) 3~5세 연령별 누리과정(2012.7.10. 교육과학기술부 고시 제2012-16호 · 보건복지부 고시 제2012-82호)

만 5세 누리과정에 이어 만 3~4세까지 누리과정이 확대됨에 따라 '5세 누리과정'과 연계된 '3~4세 누리과정'의 개발이 필요하였다. 이에 정부는 2012년 1월 "2013년 3월부터 만 3~5세까지 누리과정을 확대한다"는 계획을 발표하였고, 그 해 7월 3~4세 누리과정의 새로운 제정과 5세 누리과정 중 추가, 삭제, 수정 등 부분개정을 거쳐 「3~5세 연령별 누리과정」이 고시되었다.

5세 누리과정에 이어 만 3~4세까지 누리과정이 확대 · 도입됨에 따라 유치원과 어린이집으로 이원화되어 있는 교육 · 보육과정이 통합되었다. 3~5세 연령별 누리과정은 유아기 단계에서 교육의 질적 제고와 생애 초기 출발점 평등을 보장하는 데 그 의의가 있으며, 특히 유아기부터 타인을 배려하고 존중하며 공감하는 역량을 기르기 위한 인성교육을 대폭 강화하고자 하였다.

3~5세 연령별 누리과정에서는 국가수준의 공통과정의 형식을 갖추고자 구성 방향, 목적, 영역별 총괄 목표, 편성, 운영, 교수 · 학습방법 및 평가 내용 등이 제시되었고, 영역과 내용을 구성함에 있어 가능한 한 2012년부터 적용되고 있던 5세 누리과정의 기본구성 방향과 구성 체계를 유지하였다.

누리과정의 일원화를 제시하면 다음과 같다.

〈표 3-4〉 연령별 누리과정 일원화

구분	현행	'13년 3월 이후			
기관	교육 · 보육과정	만 5세	만 4세	만 3세	만 0~2세
유치부 (교과부)	유치원 교육과정 (5세 누리과정/ 만 3~4세 교육과정)	5세 누리과정	4세 누리과정	3세 누리과정	-
어린이집 (복지부)	표준보육과정 (5세 누리과정/ 만 3~4세/2세/2세 미만)	(교과부 · 복지부 공동)			만 2세 미만 및 2세 표준보육 과정(복지부)

「3~5세 연령별 누리과정」은 총론과 각론으로 구성되었으며, 주요 내용은 다음과 같다.

〈표 3-5〉 5세 누리과정과 3~5세 연령별 누리과정 비교

구분	5세 누리과정	3~5세 연령별 누리과정
공포시기	2011년 9월 5일	2012년 7월 10일
제정의 고려사항 (특성)	1. 전 영역에서 기본생활습관과 창의 · 인성교육 강조 2. 5세 유아에게 필요한 기본 능력 선별 3. 5세와 3~4세 간 세부내용 수준 연계	1. 총론의 구성 체계와 내용 강화 2. 5세 누리과정의 구성 방향과 구성 체계 유지 3. 영역별 목표 제시 및 연령별 내용 구성 4. 기본생활습관과 인성교육 지속 강조 5. 초등학교 교육과정 및 0~2세 표준보육과정의 연계성 고려
구성 방향	1. 만 5세아의 기본생활습관과 질서, 배려, 협력 등 바른 인성을 기르는 데 중점을 둔다. 2. 사람과 자연을 존중하고, 우리 문화를 이해하는 데 중점을 둔다. 3. 전인발달이 이루어진 창의적 인재를 기르는 데 중점을 둔다. 4. 초등학교 교육과정의 연계성을 고려한다. 5. 5개 영역을 중심으로 주도적인 경험을 강조하고, 놀이중심의 통합과정으로 구성한다. 6. 1일 3~5시간의 운영을 기준으로 한다.	1. 질서, 배려, 협력 등 기본생활습관과 바른 인성을 기르는 데 중점을 두어 구성한다. 2. 자율성과 창의성을 기르는 데 중점을 두고, 전인발달을 이루도록 구성한다. 3. 사람과 자연을 존중하고, 우리 문화를 이해하는 데 중점을 두어 구성한다. 4. 만 3~5세아의 발달 특성을 고려하여 연령별로 구성한다. 5. 신체운동 · 건강, 의사소통, 사회관계, 예술경험, 자연탐구의 5개 영역을 중심으로 구성한다. 6. 초등학교 교육과정과 0~2세 표준보육과정과의 연계성을 고려하여 구성한다.
교육목적	만 5세아에게 필요한 기본 능력과 바른 인성을 기르고, 민주시민의 기초를 형성하는 것을 목적으로 한다.	만 3~5세 유아의 심신의 건강과 조화로운 발달을 도와 민주시민의 기초를 형성하는 것을 목적으로 한다.
교육목표	1. 기본운동능력과 건강하고 안전한 생활습관을 기른다. 2. 일상생활에 필요한 의사소통 능력과 바른 언어 사용 습관을 기른다. 3. 자신을 존중하고 다른 사람과 더불어 생활하는 태도를 기른다. 4. 아름다움에 관심을 가지고 예술경험을 즐기며, 창의적으로 표현하는 능력을 기른다. 5. 호기심을 가지고 주변 세계를 탐구하며, 일상생활에서 수학적 · 과학적 문제해결능력을 기른다.	1. 기본운동능력과 건강하고 안전한 생활습관을 기른다. 2. 일상생활에 필요한 의사소통 능력과 바른 언어 사용 습관을 기른다. 3. 자신을 존중하고 다른 사람과 더불어 생활하는 태도를 기른다. 4. 아름다움에 관심을 가지고 예술경험을 즐기며, 창의적으로 표현하는 능력을 기른다. 5. 호기심을 가지고 주변 세계를 탐구하며, 일상생활에서 수학적 · 과학적 문제해결 능력을 기른다.

구분	5세 누리과정	3~5세 연령별 누리과정
교육과정 영역	1. 신체운동 · 건강 2. 의사소통 3. 사회관계 4. 예술경험 5. 자연탐구	1. 신체운동 · 건강 2. 의사소통 3. 사회관계 4. 예술경험 5. 자연탐구
교육일수 및 하루시간	1. 연간 180일 기준 2. 하루 3~5시간 기준	1. 연간 180일 기준 2. 하루 3~5시간 기준
교수-학습 방법		1. 놀이를 중심으로 교수 · 학습활동이 이루어지도록 한다. 2. 유아의 흥미를 중심으로 활동을 선택하고 지속할 수 있도록 한다. 3. 유아의 생활 속 경험을 소재로 하여 지식, 기능, 태도 및 가치를 습득하도록 한다. 4. 유아와 교사, 유아와 유아, 유아와 환경 간의 능동적인 상호작용이 이루어지도록 한다. 5. 주제를 중심으로 여러 활동이 통합적으로 이루어지도록 한다. 6. 실내외 활동, 정적 · 동적활동, 대 · 소집단 활동 및 개별활동, 휴식 등이 균형 있게 이루어지도록 한다. 7. 유아의 관심과 흥미, 발달이나 환경 특성 등을 고려하여 개별 유아에게 적합한 방식으로 학습하도록 한다.
평가	〈누리과정 운영평가〉 1. 운영내용이 누리과정의 목표와 내용에 근거하여 편성 · 운영되었는지 평가한다. 2. 운영내용 및 활동이 유아의 발달수준과 흥미 · 요구에 적합한지를 평가한다. 3. 교수 · 학습방법이 유아의 흥미와 활동의 특성에 적합한지를 평가한다. 4. 운영환경이 유아의 발달 특성과 활동의 주제, 내용 및 효율성 등을 고려하여 구성되었는지를 평가한다. 5. 계획안 분석, 수업 참관 및 모니터링, 평가척도 등 다양한 방법을 활용하여 평가한다. 6. 운영평가의 결과를 반영하여 운영계획을 수정 · 보완하거나 이후 누리과정 편성 · 운영에 활용한다.	〈유아평가〉 1. 누리과정 목표와 내용에 근거하여 유아의 특성과 변화 정도를 평가한다. 2. 유아의 지식, 기능, 태도를 포함하여 평가한다. 3. 유아의 일상생활과 누리과정 활동 전반에 걸쳐 평가한다. 4. 관찰, 활동 결과물 분석, 부모면담 등 다양한 방법을 사용하여 종합적으로 평가하고, 그 결과를 기록한다. 5. 유아평과 결과는 유아에 대한 이해와 누리과정 운영 개선 및 부모면담 자료로 활용할 수 있다.

※ 5세 누리과정에는 평가내용이 없으나 3~5세 연령별 누리과정의 운영평가와 유아평가가 있어 그 내용을 비교표의 5세 누리과정과 3~5세 누리과정 평가항목에 각각 넣어 기술함.

출처: 교육과학기술부 · 보건복지부(2012). 5세 누리과정 해설서; 교육과학기술부 · 보건복지부(2013). 3~5세 연령별 누리과정 해설서.

3) 3~5세 연령별 누리과정(2015.2.24. 교육부 고시 제2015-61호)

(1) 구성 방향

누리과정의 구성 방향은 다음과 같다.

- 질서, 배려, 협력 등 기본생활습관과 바른 인성을 기르는 데 중점을 두어 구성한다.
- 자율성과 창의성을 기르는 데 중점을 두고, 전인발달을 이루도록 구성한다.
- 사람과 자연을 존중하고, 우리 문화를 이해하는 데 중점을 두어 구성한다.
- 만 3~5세아의 발달 특성을 고려하여 연령별로 구성한다.
- 신체운동 · 건강, 의사소통, 사회관계, 예술경험, 자연탐구의 5개 영역을 중심으로 구성한다.
- 초등학교 교육과정과 0~2세 표준교육과정과의 연계성을 고려하여 구성한다.

(2) 목적과 목표

① 목적

누리과정은 만 3~5세 유아의 심신의 건강과 조화로운 발달을 도와 민주시민의 기초를 형성하는 것을 목적으로 한다.

② 목표

- 기본운동능력과 건강하고 안전한 생활습관을 기른다.
- 일상생활에 필요한 의사소통 능력과 바른 언어 사용 습관을 기른다.
- 자신을 존중하고 다른 사람과 더불어 생활하는 능력과 태도를 기른다.
- 아름다움에 관심을 가지고 예술경험을 즐기며, 창의적으로 표현하는 능력을 기른다.

- 호기심을 가지고 주변 세계를 탐구하며, 일상생활에서 수학적 · 과학적으로 생각하는 능력과 태도를 기른다.

(3) 편성과 운영

① 편성

- 1일 4~5시간을 기준으로 편성한다.
- 5개 영역의 내용을 균형 있게 통합적으로 편성한다.
- 유아의 발달 특성 및 경험을 고려하여 놀이를 중심으로 편성한다.
- 반(학급) 특성에 따라 융통성 있게 편성한다.
- 성별, 종교, 신체적 특성, 가족 및 민족 배경 등으로 인한 편견이 없도록 편성한다.
- 일과 운영 시간에 따라 심화 · 확장할 수 있도록 편성한다.

② 운영

- 연간, 월간, 주간, 일일 계획에 의거하여 운영한다.
- 실내외 환경을 다양한 흥미영역으로 구성하여 운영한다.
- 유아의 능력과 장애 정도에 따라 조정하여 운영한다.
- 부모와 각 기관의 실정에 따라 부모교육을 실시한다.
- 가정과 지역사회와의 협력과 참여에 기반하여 운영한다.
- 교사 재교육을 통해 누리과정 활동이 개선되도록 운영한다.

③ 교수 · 학습방법

- 놀이를 중심으로 교수 · 학습활동이 이루어지도록 한다.
- 유아의 흥미를 중심으로 활동을 선택하고 지속할 수 있도록 한다.
- 유아의 생활 속 경험을 소재로 하여 지식, 기능, 태도 및 가치를 습득하도록

한다.

- 유아와 교사, 유아와 유아, 유아와 환경 간의 능동적인 상호작용이 이루어지도록 한다.
- 주제를 중심으로 여러 활동이 통합적으로 이루어지도록 한다.
- 실내 · 실외활동, 정적 · 동적활동, 대 · 소집단활동 및 개별활동, 휴식 등이 균형 있게 이루어지도록 한다.
- 유아의 관심과 흥미, 발달이나 환경 특성 등을 고려하여 개별 유아에게 적합한 방식으로 학습하도록 한다.

④ 평가

가. 누리과정 운영 평가

- 운영 내용이 누리과정의 목표와 내용에 근거하여 편성 · 운영되었는지 평가한다.
- 운영 내용 및 활동이 유아의 발달수준과 흥미 · 요구에 적합한지를 평가한다.
- 교수 · 학습-방법이 유아의 흥미와 활동의 특성에 적합한지를 평가한다.
- 운영 환경이 유아의 발달 특성과 활동의 주제, 내용 및 효율성 등을 고려하여 구성되었는지를 평가한다.
- 계획안 분석, 수업 참관 및 모니터링, 평가척도 등 다양한 방법을 활용하여 평가한다.
- 운영 평가의 결과를 반영하여 운영계획을 수정 · 보완하거나 이후 누리과정 편성 · 운영에 활용한다.

나. 유아 평가

- 누리과정 목표와 내용에 근거하여 유아의 특성과 변화 정도를 평가한다.
- 유아의 지식, 기능, 태도를 포함하여 평가한다.
- 유아의 일상생활과 누리과정의 활동 전반에 걸쳐 평가한다.

- 관찰, 활동 결과물 분석, 부모면담 등 다양한 방법을 사용하여 종합적으로 평가하고, 그 결과를 기록한다.
- 유아평가 결과는 유아에 대한 이해와 누리과정 운영 개선 및 부모 면담 자료로 활용할 수 있다.

(4) 3~5세 누리과정의 영역별 목표

① 신체운동 · 건강영역

기본운동능력과 건강하고 안전한 생활습관을 기른다.

- 감각 능력을 기르고, 자신의 신체를 긍정적으로 인식한다.
- 신체를 조절하고 기본운동능력을 기른다.
- 신체활동에 즐겁게 참여한다.
- 건강한 생활습관을 기른다.
- 안전한 생활습관을 기른다.

② 의사소통 영역

일상생활에 필요한 의사소통 능력과 바른 언어 사용 습관을 기른다.

- 다른 사람의 말을 주의 깊게 듣는 태도와 이해하는 능력을 기른다.
- 자신의 생각과 느낌을 말하는 능력을 기른다.
- 글자와 책에 친숙해지는 경험을 통하여 글자 모양을 인식하고 읽기에 흥미를 가진다.
- 말과 글의 관계를 알고 자신의 생각, 느낌, 경험을 글로 표현하는 데 관심을 가진다.

③ 사회관계 영역

자신을 존중하고 다른 사람과 더불어 생활하는 능력과 태도를 기른다.

- 자신을 소중히 여기며 자율성을 기른다.
- 자신과 타인의 감정을 알고, 자신의 감정을 적절하게 표현하고 조절한다.
- 가족과 화목하게 지내며 서로 협력한다.
- 친구, 공동체 구성원들과 서로 돕고, 예의 · 규칙 등 사회적 가치를 알고 지킨다.
- 우리 동네, 우리나라, 다른 나라에 관심을 가진다.

④ 예술경험 영역

아름다움에 관심을 가지고 예술경험을 즐기며, 창의적으로 표현하는 능력을 기른다.

- 자연과 주변 환경에서 발견한 아름다움과 예술적 요소에 관심을 갖고 탐색한다.
- 자신의 생각과 느낌을 음악, 움직임과 춤, 미술, 극놀이를 통해 창의적으로 표현하는 것을 즐긴다.
- 자연과 다양한 예술 작품을 감상하며, 풍부한 감성과 심미적 태도를 기른다.

⑤ 자연탐구 영역

호기심을 가지고 주변 세계를 탐구하며, 일상생활에서 수학적 · 과학적으로 생각하는 능력과 태도를 기른다.

- 주변의 사물과 자연 세계에 대해 알고자 하는 호기심을 가지고 탐구하는 태도를 기른다.
- 생활 속의 여러 상황과 문제를 논리 · 수학적으로 이해하고 해결하기 위한 기초 능력을 기른다.
- 주변의 관심 있는 사물과 생명체 및 자연현상을 탐구하기 위한 기초 능력을 기른다.

(5) 3~5세 누리과정의 영역별 내용

3세 누리과정

① 신체운동 · 건강 영역

가. 내용체계

내용범주	내용
신체 인식하기	감각능력을 기르고 활용하기
	신체를 인식하고 움직이기
신체조절과 기본운동하기	신체조절하기
	기본운동하기
신체활동에 참여하기	자발적으로 신체활동에 참여하기
	바깥에서 신체활동하기
	기구를 이용하여 신체활동하기
건강하게 생활하기	몸과 주변을 깨끗이 하기
	바른 식생활하기
	건강한 일상생활하기
	질병 예방하기
안전하게 생활하기	안전하게 놀이하기
	교통안전 규칙 지키기
	비상 시 적절히 대처하기

나. 세부내용

내용범주	내용	세부내용
신체 인식하기	감각능력 기르고 활용하기	감각적 차이를 경험한다.
		감각기관을 인식하고 활용해 본다.
	신체를 인식하고 움직이기	신체 각 부분의 명칭을 알고, 움직임에 관심을 갖는다.
		자신의 신체를 긍정적으로 인식하고 움직인다.

내용범주	내용	세부내용
신체조절과 기본 운동하기	신체조절하기	신체 균형을 유지해 본다.
		공간, 힘, 시간 등의 움직임 요소를 경험한다.
		신체 각 부분의 움직임을 조절해 본다.
		눈과 손을 협응하여 소근육을 조절해 본다.
	기본운동하기	걷기, 달리기 등 이동운동을 한다.
		제자리에서 몸을 움직여 본다.
신체활동에 참여하기	자발적으로 신체활동에 참여하기	신체활동에 자발적으로 참여한다.
		다른 사람과 함께하는 신체활동에 참여한다.
	바깥에서 신체활동하기	규칙적으로 바깥에서 신체활동을 한다.
	기구를 이용하여 신체활동하기	여러 가지 기구를 이용하여 신체활동을 한다.
건강하게 생활하기	몸과 주변을 깨끗이 하기	손과 이를 깨끗이 하는 방법을 알고 실천한다.
		주변을 깨끗이 한다.
	바른 식생활하기	음식을 골고루 먹는다.
		몸에 좋은 음식에 관심을 갖는다.
		바른 태도로 식사한다.
	건강한 일상생활하기	규칙적으로 잠을 자고, 적당한 휴식을 취한다.
		하루 일과에 즐겁게 참여한다.
		스스로 화장실에서 배변한다.
	질병 예방하기	질병의 위험을 알고 주의한다.
		날씨에 맞게 옷을 입는다.
안전하게 생활하기	안전하게 놀이하기	놀이기구나 놀잇감, 도구를 안전하게 사용한다.
		안전한 놀이장소를 안다.
		TV, 인터넷, 통신기기 등을 바르게 사용한다.
	교통안전 규칙 지키기	교통안전 규칙을 안다.
		교통수단을 안전하게 이용한다.
	비상 시 적절히 대처하기	학대, 성폭력, 실종, 유괴 상황을 알고 도움을 요청한다.
		재난 및 사고 등 비상 시 적절하게 대처하는 방법을 안다.

② 의사소통 영역

가. 내용체계

내용범주	내용
듣기	낱말과 문장 듣고 이해하기
	이야기 듣고 이해하기
	동요, 동시, 동화 듣고 이해하기
	바른 태도로 듣기
말하기	낱말과 문장으로 말하기
	느낌, 생각, 경험 말하기
	상황에 맞게 바른 태도로 말하기
읽기	읽기에 흥미 가지기
	책 읽기에 관심 가지기
쓰기	쓰기에 관심 가지기
	쓰기 도구 사용하기

나. 세부내용

내용범주	내용	세부내용
듣기	낱말과 문장 듣고 이해하기	낱말의 발음에 관심을 가지고 듣는다.
		일상생활과 관련된 낱말과 문장을 듣고 뜻을 이해한다.
	이야기 듣고 이해하기	다른 사람의 이야기를 관심 있게 듣는다.
	동요, 동시, 동화 듣고 이해하기	동요, 동시, 동화를 다양한 방법으로 듣고 즐긴다.
	바른 태도로 듣기	말하는 사람을 바라보며 듣는다.
말하기	낱말과 문장으로 말하기	친숙한 낱말을 발음해 본다.
		새로운 낱말에 관심을 가진다.
		일상생활에서 일어나는 일들을 간단한 문장으로 말한다.
	느낌, 생각, 경험 말하기	자신의 느낌, 생각, 경험을 말해 본다.
	상황에 맞게 바른 태도로 말하기	상대방을 바라보며 말한다.
		바르고 고운 말을 사용한다.

내용범주	내용	세부내용
읽기	읽기에 흥미 가지기	주변에서 친숙한 글자를 찾아본다.
		읽어 주는 글의 내용에 관심을 가진다.
	책 읽기에 관심 가지기	책에 흥미를 가진다.
		책의 그림을 단서로 내용을 추측해 본다.
쓰기	쓰기에 관심 가지기	말을 글로 나타내는 것에 관심을 보인다.
		자기 이름의 글자에 관심을 가진다.

③ 사회관계 영역

가. 내용체계

내용범주	내용
나를 알고 존중하기	나를 알고 소중히 여기기
	나의 일 스스로 하기
나와 다른 사람의 감정 알고 조절하기	나와 다른 사람의 감정 알고 표현하기
	나의 감정 조절하기
가족을 소중히 여기기	가족과 화목하게 지내기
	가족과 협력하기
다른 사람과 더불어 생활하기	친구와 사이좋게 지내기
	공동체에서 화목하게 지내기
	사회적 가치를 알고 지키기
사회에 관심 갖기	지역사회에 관심 갖고 이해하기
	우리나라에 관심 갖고 이해하기
	세계와 여러 문화에 관심 가지기

나. 세부내용

내용범주	내용	세부내용
나를 알고 존중하기	나를 알고 소중히 여기기	나에 대해 관심을 가진다.
		나와 다른 사람의 차이에 관심을 가진다.
		나를 소중하게 여긴다.
	나의 일 스스로 하기	내가 할 수 있는 일을 알아본다.
		내가 하고 싶은 일을 선택해 본다.
나와 다른 사람의 감정 알고 조절하기	나와 다른 사람의 감정 알고 표현하기	자신에게 여러 가지 감정이 있음을 안다.
		다른 사람의 감정에 관심을 가진다.
	나의 감정 조절하기	자신의 감정을 조절해 본다.
가족을 소중히 여기기	가족과 화목하게 지내기	가족의 소중함을 안다.
	가족과 협력하기	가족 구성원을 알아본다.
		가족을 위하여 내가 할 수 있는 일을 알아본다.
다른 사람과 더불어 하기	친구와 사이좋게 지내기	친구와 함께 놀이한다.
		나와 친구의 의견에 차이가 있음을 안다.
	공동체에서 화목하게 지내기	교사 및 주변 사람들과 화목하게 지낸다.
	사회적 가치를 알고 지키기	다른 사람의 소유물을 존중한다.
		약속과 규칙을 지켜야 함을 안다.
사회에 관심 갖기	지역사회에 관심 갖고 이해하기	우리 동네의 이름을 안다.
		우리 동네 사람들에게 관심을 가진다.
	우리나라에 관심 갖고 이해하기	우리나라를 상징하는 것에 관심을 가진다.
		우리나라의 전통놀이와 풍습에 관심을 가진다.

④ 예술경험 영역

가. 내용체계

내용범주	내용
아름다움 찾아보기	음악적 요소 탐색하기
	움직임과 춤 요소 탐색하기
	미술적 요소 탐색하기
예술적 표현하기	음악으로 표현하기
	움직임과 춤으로 표현하기
	미술활동으로 표현하기
	극놀이로 표현하기
	통합적으로 표현하기
예술 감상하기	다양한 예술 감상하기
	전통예술 감상하기

나. 세부내용

내용범주	내용	세부내용
아름다움 찾아보기	음악적 요소 탐색하기	다양한 소리, 음악의 셈여림, 빠르기, 리듬 등에 관심을 가진다.
	움직임과 춤 요소 탐색하기	움직임과 춤의 모양, 힘, 빠르기 등에 관심을 가진다.
	미술적 요소 탐색하기	자연과 사물의 색, 모양, 질감 등에 관심을 가진다.
예술적 표현하기	음악으로 표현하기	간단한 노래를 듣고 따라 부른다.
		전래동요를 즐겨 부른다.
		리듬악기로 간단한 리듬을 표현해 본다.
		간단한 리듬과 노래를 즉흥적으로 만들어 본다.
	움직임과 춤으로 표현하기	신체를 이용하여 주변의 움직임을 자유롭게 표현한다.
		움직임과 춤으로 자신의 생각과 느낌을 표현한다.
		도구를 활용하여 다양한 움직임으로 표현한다.

내용범주	내용	세부내용
예술적 표현하기	미술활동으로 표현하기	다양한 미술활동을 경험해 본다.
		미술활동에 필요한 재료와 도구에 관심을 가지고 사용한다.
	극놀이로 표현하기	일상생활의 경험을 극놀이로 표현한다.
	통합적으로 표현하기	예술활동에 참여하여 표현과정을 즐긴다.
예술 감상하기	다양한 예술 감상하기	다양한 음악, 춤, 미술작품, 극놀이 등을 듣거나 본다.
		나와 다른 사람의 예술 표현을 소중히 여긴다.
	전통예술 감상하기	우리나라의 전통예술에 관심을 가진다.

⑤ 자연탐구

가. 내용체계

내용범주	내용
탐구하는 태도 기르기	호기심을 유지하고 확장하기
	탐구과정 즐기기
	탐구기술 활용하기
수학적 탐구하기	수와 연산의 기초개념 알아보기
	공간과 도형의 기초개념 알아보기
	기초적인 측정하기
	규칙성 이해하기
	기초적인 자료 수집과 결과 나타내기
과학적 탐구하기	물체와 물질 알아보기
	생명체와 자연환경 알아보기
	자연현상 알아보기
	간단한 도구와 기계 활용하기

나. 세부내용

내용범주	내용	세부내용
탐구하는 태도 기르기	호기심을 유지하고 확장하기	주변 사물과 자연세계에 대해 호기심을 가진다.
	탐구과정 즐기기	궁금한 점을 알아보는 과정에 흥미를 가진다.
수학적 탐구하기	수와 연산의 기초개념 알아보기	생활 속에서 수에 관심을 가진다.
		구체물 수량의 많고 적음을 비교한다.
		다섯 개가량의 구체물을 세어 보고 수량에 관심을 가진다.
	공간과 도형의 기초 개념 알아보기	나를 중심으로 앞, 뒤, 옆, 위, 아래를 알아본다.
		물체의 모양에 관심을 가진다.
	기초적인 측정하기	두 물체의 길이, 크기를 비교해 본다.
	규칙성 이해하기	생활주변에서 반복되는 규칙성에 관심을 가진다.
	기초적인 자료 수집과 결과 나타내기	같은 것끼리 짝을 짓는다.
과학적 탐구하기	물체와 물질 알아보기	친숙한 물체와 물질의 특성에 관심을 가진다.
	생명체와 자연환경 알아보기	나의 출생과 성장에 대해 관심을 가진다.
		주변의 동식물에 관심을 가진다.
		생명체를 소중히 여기는 마음을 가진다.
	자연현상 알아보기	돌, 물, 흙 등 자연물에 관심을 가진다.
		날씨에 관심을 가진다.
	간단한 도구와 기계 활용하기	생활 속에서 간단한 도구와 기계에 관심을 가진다.
		도구와 기계의 편리함에 관심을 가진다.

4세 누리과정

① 신체운동 · 건강 영역

가. 내용체계

내용범주	내용
신체인식하기	감각능력 기르고 활용하기
	신체를 인식하고 움직이기
신체 조절과 기본운동하기	신체조절하기
	기본운동하기
신체활동에 참여하기	자발적으로 신체활동에 참여하기
	바깥에서 신체활동하기
	기구를 이용하여 신체활동하기
건강하게 생활하기	몸과 주변을 깨끗이 하기
	바른 식생활하기
	건강한 일상생활하기
	질병 예방하기
안전하게 생활하기	안전하게 놀이하기
	교통안전 규칙 지키기
	비상 시 적절히 대처하기

나. 세부내용

내용범주	내용	세부내용
신체 인식하기	감각능력 기르고 활용하기	감각적 차이를 구분한다.
		여러 감각기관을 협응하여 활용한다.
	신체를 인식하고 움직이기	신체 각 부분의 특성을 이해하고 활용하여 움직인다.
		자신의 신체를 긍정적으로 인식하고 움직인다.

내용범주	내용	세부내용
신체조절과 기본운동하기	신체조절하기	다양한 자세와 움직임에서 신체균형을 유지한다.
		공간, 힘, 시간 등의 움직임 요소를 활용하여 움직인다.
		신체 각 부분을 협응하여 움직임을 조절한다.
		눈과 손을 협응하여 소근육을 조절해 본다.
	기본운동하기	걷기, 달리기, 뛰기 등 다양한 이동운동을 한다.
		제자리에서 몸을 다양하게 움직인다.
신체활동에 참여하기	자발적으로 신체활동에 참여하기	신체활동에 자발적이고 지속적으로 참여한다.
		다른 사람과 함께하는 신체활동에 참여한다.
		자신과 다른 사람의 운동능력의 차이에 관심을 갖는다.
	바깥에서 신체활동하기	규칙적으로 바깥에서 신체활동을 한다.
	기구를 이용하여 신체활동하기	여러 가지 기구를 이용하여 신체활동을 한다.
건강하게 생활하기	몸과 주변을 깨끗이 하기	손과 이를 깨끗이 하는 방법을 알고 실천한다.
		주변을 깨끗이 하는 습관을 기른다.
	바른 식생활하기	음식을 골고루 먹는다.
		몸에 좋은 음식을 알아본다.
		음식을 소중히 여기고 식사예절을 지킨다.
	건강한 일상생활하기	규칙적으로 잠을 자고, 적당한 휴식을 취한다.
		일과에 즐겁게 참여한다.
		바른 배변습관을 가진다.
	질병 예방하기	질병을 예방하는 방법을 알고 실천한다.
		날씨와 상황에 알맞게 옷을 입는다.
안전하게 생활하기	안전하게 놀이하기	놀이기구나 놀잇감, 도구를 안전하게 사용한다.
		안전한 장소를 알고 안전하게 놀이한다.
		TV, 인터넷, 통신기기 등의 위해성을 알고, 바르게 사용한다.
	교통안전 규칙 지키기	교통안전 규칙을 알고 지킨다.
		교통수단을 안전하게 이용한다.
	비상 시 적절히 대처하기	학대, 성폭력, 실종, 유괴 상황 시 도움을 요청하는 방법을 알고 행동한다.
		재난 및 사고 등 비상 시 적절하게 대처하는 방법을 알고 행동한다.

② 의사소통 영역

가. 내용체계

내용범주	내용
듣기	낱말과 문장 듣고 이해하기
	이야기 듣고 이해하기
	동요, 동시, 동화 듣고 이해하기
	바른 태도로 듣기
말하기	낱말과 문장으로 말하기
	느낌, 생각, 경험 말하기
	상황에 맞게 바른 태도로 말하기
읽기	읽기에 흥미 가지기
	책 읽기에 관심 가지기
쓰기	쓰기에 관심 가지기
	쓰기 도구 사용하기

나. 세부내용

내용범주	내용	세부내용
듣기	낱말과 문장 듣고 이해하기	낱말의 발음에 관심을 가지고 듣는다.
		일상생활과 관련된 낱말과 문장을 듣고 뜻을 이해한다.
	이야기 듣고 이해하기	다른 사람의 이야기를 듣고 이해한다.
		이야기를 듣고 궁금한 것에 대해 질문한다.
	동요, 동시, 동화 듣고 이해하기	동요, 동시, 동화를 다양한 방법으로 듣고 즐긴다.
		전래동요, 동시, 동화를 듣고 우리말의 재미를 느낀다.
	바른 태도로 듣기	다른 사람의 이야기를 주의 깊게 듣는다.
말하기	낱말과 문장으로 말하기	친숙한 낱말을 정확하게 발음해 본다.
		다양한 낱말을 사용하여 말한다.
		일상생활에서 일어나는 일들을 간단한 문장으로 말한다.

내용범주	내용	세부내용
말하기	느낌, 생각, 경험 말하기	자신의 느낌, 생각, 경험을 말한다.
		주제를 정하여 함께 이야기를 나눈다.
		이야기를 지어 말한다.
	상황에 맞게 바른 태도로 말하기	듣는 사람의 생각과 느낌을 고려하여 말한다.
		차례를 지켜 말한다.
		바르고 고운 말을 사용한다.
읽기	읽기에 흥미 가지기	주변에서 친숙한 글자를 찾아본다.
		읽어 주는 글의 내용에 관심을 가진다.
	책 읽기에 관심 가지기	책 읽는 것을 즐기고 소중하게 다룬다.
		책의 그림을 단서로 내용을 이해한다.
		궁금한 것을 책에서 찾아본다.
쓰기	쓰기에 관심 가지기	말이나 생각을 글로 나타낼 수 있음을 안다.
		자기 이름을 써 본다.
		자신의 느낌, 생각, 경험을 글자와 비슷한 형태로 표현한다.
	쓰기 도구 사용하기	쓰기 도구에 관심을 가지고 사용한다.

③ 사회관계 영역

가. 내용체계

내용범주	내용
나를 알고 존중하기	나를 알고 소중히 여기기
	나의 일 스스로 하기
나와 다른 사람의 감정 알고 조절하기	나와 다른 사람의 감정 알고 표현하기
	나의 감정 조절하기
가족을 소중히 여기기	가족과 화목하게 지내기
	가족과 협력하기
다른 사람과 더불어 생활하기	친구와 사이좋게 지내기
	공동체에서 화목하게 지내기

내용범주	내용
사회에 관심 가지기	사회적 가치를 알고 지키기
	지역사회에 관심 갖고 이해하기
	우리나라에 관심 갖고 이해하기
	세계와 여러 문화에 관심 가지기

나. 세부내용

내용범주	내용	세부내용
나를 알고 존중하기	나를 알고 소중히 여기기	나에 대해 알아본다.
		나와 다른 사람의 차이점을 알아본다.
		나에 대해 긍정적으로 생각하고 나를 소중하게 여긴다.
	나의 일 스스로 하기	내가 할 수 있는 일을 해 본다.
		하고 싶은 일을 계획하고 해 본다.
나와 다른 사람의 감정 알고 조절하기	나와 다른 사람의 감정 알고 표현하기	자신의 감정을 알고 표현한다.
		다른 사람의 감정을 안다.
	나의 감정 조절하기	자신의 감정을 조절해 본다.
가족을 소중히 여기기	가족과 화목하게 지내기	가족의 소중함을 안다.
	가족과 협력하기	가족 구성원의 역할에 대해 알아본다.
		가족을 위하여 내가 할 수 있는 일을 알아보고 실천한다.
다른 사람과 더불어 생활하기	친구와 사이좋게 지내기	친구와 협동하여 놀이한다.
		친구와의 갈등을 긍정적인 방법으로 해결한다.
	공동체에서 화목하게 지내기	도움이 필요할 때 다른 사람과 도움을 주고받는다.
		교사 및 주변 사람과 화목하게 지낸다.
	사회적 가치를 알고 지키기	정직하게 말하고 행동한다.
		다른 사람의 생각, 행동을 존중한다.
		친구와 어른께 예의 바르게 행동한다.
		다른 사람과 한 약속이나 공공규칙을 지킨다.
		자연과 자원을 아끼는 습관을 기른다.

내용범주	내용	세부내용
사회에 관심 가지기	지역사회에 관심 갖고 이해하기	우리 동네에 대해 알아본다.
		우리 동네 사람들이 하는 일에 관심을 가진다.
		물건을 살 때 돈이 필요함을 안다.
	우리나라에 관심 갖고 이해하기	우리나라를 상징하는 것을 안다.
		우리나라의 전통놀이와 풍습에 관심을 가진다.
		우리나라에 대해 자부심을 가진다.
	세계 여러 문화에 관심 가지기	세계 여러 나라에 대해 관심을 가진다.
		다양한 인종과 문화에 관심을 가진다.

④ 예술경험 영역

가. 내용체계

내용범주	내용
아름다움 찾아보기	음악적 요소 탐색하기
	움직임과 춤 요소 탐색하기
	미술적 요소 탐색하기
예술적 표현하기	음악으로 표현하기
	움직임과 춤으로 표현하기
	미술활동으로 표현하기
	극놀이로 표현하기
	통합적으로 표현하기
예술 감상하기	다양한 예술 감상하기
	전통예술 감상하기

나. 세부내용

내용범주	내용	세부내용
아름다움 찾아보기	음악적 요소 탐색하기	다양한 소리, 음악의 셈여림, 빠르기, 리듬 등에 관심을 가진다.
	움직임과 춤 요소 탐색하기	움직임과 춤의 모양, 힘, 빠르기 등에 관심을 가진다.
	미술적 요소 탐색하기	자연과 사물의 색, 모양, 질감 등에 관심을 가진다.
예술적 표현하기	음악으로 표현하기	노래로 자신의 생각과 느낌을 표현한다.
		전래동요를 즐겨 부른다.
		리듬악기를 연주해 본다.
		간단한 리듬과 노래를 즉흥적으로 만들어 본다.
	움직임과 춤으로 표현하기	신체를 이용하여 주변의 움직임을 자유롭게 표현한다.
		움직임과 춤으로 자신의 생각과 느낌을 표현한다.
		도구를 활용하여 다양한 움직임으로 표현한다.
	미술활동으로 표현하기	다양한 미술활동으로 자신의 생각과 느낌을 표현한다.
		협동적인 미술활동에 참여한다.
		미술활동에 필요한 재료와 도구를 다양하게 사용한다.
	극놀이로 표현하기	일상생활의 경험이나 간단한 이야기를 극놀이로 표현한다.
		소품, 배경, 의상 등을 사용하여 협동적으로 극놀이를 한다.
	통합적으로 표현하기	음악, 움직임과 춤, 미술, 극놀이 등을 통합하여 표현한다.
		예술활동에 참여하여 표현과정을 즐긴다.
예술 감상하기	다양한 예술 감상하기	다양한 음악, 춤, 미술작품, 극놀이 등을 듣거나 보고 즐긴다.
		나와 다른 사람의 예술 표현을 소중히 여긴다.
	전통예술 감상하기	우리나라의 전통예술에 관심을 가진다.

⑤ 자연탐구 영역

가. 내용체계

내용범주	내용
탐구하는 태도 기르기	호기심을 유지하고 확장하기
	탐구과정 즐기기
	탐구기술 활용하기
수학적 탐구하기	수와 연산의 기초개념 알아보기
	공간과 도형의 기초개념 알아보기
	기초적인 측정하기
	규칙성 이해하기
	기초적인 자료 수집과 결과 나타내기
과학적 탐구하기	물체와 물질 알아보기
	생명체와 자연환경 알아보기
	자연현상 알아보기
	간단한 도구와 기계 활용하기

나. 세부내용

내용범주	내용	세부내용
탐구하는 태도 기르기	호기심을 유지하고 확장하기	주변 사물과 자연세계에 대해 지속적으로 호기심을 갖는다.
	탐구과정 즐기기	궁금한 점을 알아보는 탐구과정에 관심을 가지고 참여한다.
	탐구기술 활용하기	일상생활의 문제를 해결하는 과정에서 탐색, 관찰 등의 방법을 활용해 본다.
수학적 탐구하기	수와 연산의 기초개념 알아보기	생활 속에서 사용되는 수의 여러 가지 의미를 안다.
		구체물 수량에서 '같다', '더 많다', '더 적다'의 관계를 안다.
		열 개가량의 구체물을 세어 보고 수량을 알아본다.

내용범주	내용	세부내용
수학적 탐구하기	공간과 도형의 기초개념 알아보기	위치와 방향을 여러 가지 방법으로 나타내 본다.
		기본 도형의 특성을 인식한다.
		기본 도형을 사용하여 여러 가지 모양을 구성해 본다.
	기초적인 측정하기	일상생활에서 길이, 크기, 무게 등을 비교해 본다.
	규칙성 이해하기	생활주변에서 반복되는 규칙성을 인식하고 모방한다.
		반복되는 규칙성을 인식하고 모방한다.
	기초적인 자료 수집과 결과 나타내기	필요한 정보나 자료를 수집한다.
		한 가지 기준으로 자료를 분류해 본다.
과학적 탐구 하기	물체와 물질 알아보기	친숙한 물체와 물질의 특성을 알아본다.
		물체와 물질을 여러 가지 방법으로 변화시켜 본다.
	생명체와 자연환경 알아보기	나의 출생과 성장에 대해 관심을 가진다.
		관심 있는 동식물의 특성을 알아본다.
		생명체를 소중히 여기는 마음을 가진다.
		생명체가 살기 좋은 환경에 대해 관심을 가진다.
	자연현상 알아보기	돌, 물, 흙 등 자연물의 특성과 변화를 알아본다.
		날씨와 기후변화에 관심을 가진다.
	간단한 도구와 기계 활용하기	생활 속에서 간단한 도구와 기계를 활용한다.
		도구와 기계의 편리함에 관심을 가진다.

5세 누리과정

① 신체운동 · 건강 영역

가. 내용체계

내용범주	내용
신체 인식하기	감각능력 기르고 활용하기
	신체를 인식하고 움직이기
신체조절과 기본운동하기	신체조절하기
	기본운동하기
신체활동에 참여하기	자발적으로 신체활동에 참여하기
	바깥에서 신체활동하기
	기구를 이용하여 신체활동하기
건강하게 생활하기	몸과 주변을 깨끗이 하기
	바른 식생활하기
	건강한 일상생활하기
	질병 예방하기
안전하게 생활하기	안전하기 놀이하기
	교통안전 규칙 지키기
	비상 시 적절히 대처하기

나. 세부내용

내용범주	내용	세부내용
신체 인식하기	건강하게 생활하기	감각으로 대상이나 사물의 특성과 차이를 구분한다.
		여러 감각기관을 협응하여 활용한다.
	신체를 인식하고 움직이기	신체 각 부분의 특성을 이해하고 활용하여 움직인다.
		자신의 신체를 긍정적으로 인식하고 움직인다.
신체조절과 기본운동 하기	신체조절하기	다양한 자세와 움직임에서 신체 균형을 유지한다.
		공간, 힘, 시간 등의 움직임 요소를 활용하여 움직인다.
		신체 각 부분을 협응하여 움직임을 조절한다.
		눈과 손을 협응하여 소근육을 조절해 본다.
		도구를 활용하여 여러 가지 조작운동을 한다.
신체활동에 참여하기	기본운동하기	걷기, 달리기, 뛰기 등 다양한 이동운동을 한다.
		제자리에서 몸을 다양하게 움직인다.
	자발적으로 신체활동에 참여하기	신체활동에 자발적이고 지속적으로 참여한다.
		다른 사람과 함께하는 신체활동에 참여한다.
		자신과 다른 사람의 운동능력의 차이를 이해한다.
	바깥에서 신체활동하기	규칙적으로 바깥에서 신체활동을 한다.
	기구를 이용하여 신체활동하기	여러 가지 기구를 이용하여 신체활동을 한다.
건강하게 생활하기	몸과 주변을 깨끗이 하기	스스로 몸을 깨끗이 하는 습관을 기른다.
		주변을 깨끗이 하는 습관을 기른다.
	바른 식생활하기	적당량의 음식을 골고루 먹는다.
		몸에 좋은 음식을 선택할 수 있다.
		음식을 소중히 여기고 식사예절을 지킨다.
	건강한 일상생활하기	규칙적으로 잠을 자고, 적당한 휴식을 취한다.
		일과에 즐겁게 참여한다.
		규칙적인 배변습관을 가진다.
	질병 예방하기	질병을 예방하는 방법을 알고 실천한다.
		날씨와 상황에 알맞게 옷을 입는다.

내용범주	내용	세부내용
안전하게 생활하기	안전하게 놀이하기	놀이기구나 놀잇감, 도구의 바른 사용법을 알고 안전하게 사용한다.
		안전한 장소를 알고 안전하게 놀이한다.
		TV, 인터넷, 통신기기 등의 위해성을 알고, 바르게 사용한다.
	교통안전 규칙 지키기	교통안전 규칙을 알고 지킨다.
		교통수단을 안전하게 이용한다.
	비상 시 적절히 대처하기	학대, 성폭력, 실종, 유괴 상황 시 도움을 요청하는 방법을 알고 행동한다.
		재난 및 사고 등 비상 시 적절하게 대처하는 방법을 알고 행동한다.

② 의사소통 영역

가. 내용체계

내용범주	내용
듣기	낱말과 문장 듣고 이해하기
	이야기 듣고 이해하기
	동요, 동시, 동화 듣고 이해하기
	바른 태도로 듣기
말하기	낱말과 문장으로 말하기
	느낌, 생각, 경험 말하기
	상황에 맞게 바른 태도로 말하기
읽기	읽기에 흥미 가지기
	책 읽기에 관심 가지기
쓰기	쓰기에 관심 가지기
	쓰기 도구 사용하기

나. 세부내용

내용범주	내 용	세부내용
듣기	낱말과 문장 듣고 이해하기	낱말의 발음에 관심을 가지고 비슷한 발음을 듣고 구별한다.
		다양한 낱말과 문장을 듣고 뜻을 이해한다.
	이야기 듣고 이해하기	다른 사람의 이야기를 듣고 이해한다.
		이야기를 듣고 궁금한 것에 대해 질문한다.
	동요, 동시, 동화 듣고 이해하기	동요, 동시, 동화를 다양한 방법으로 듣고 이해한다.
		전래동요, 동시, 동화를 듣고 우리말의 재미를 느낀다.
	바른 태도로 듣기	다른 사람의 이야기를 끝까지 주의 깊게 듣는다.
말하기	낱말과 문장으로 말하기	정확한 발음으로 말한다.
		다양한 낱말을 사용하여 상황에 맞게 말한다.
		일상생활에서 일어나는 일들을 다양한 문장으로 말한다.
	느낌, 생각, 경험 말하기	자신의 느낌, 생각, 경험을 적절한 낱말과 문장으로 말한다.
		주제를 정하여 함께 이야기를 나눈다.
		이야기를 지어 말하기를 즐긴다.
	상황에 맞게 바른 태도로 말하기	듣는 사람의 생각과 느낌을 고려하여 말한다.
		때와 장소, 대상에 알맞게 말한다.
		바르고 고운 말을 사용한다.
읽기	읽기에 흥미 가지기	주변에서 친숙한 글자를 찾아 읽어 본다.
		읽어 주는 글의 내용에 관심을 가지고 읽어 본다.
	책 읽기에 관심 가지기	책 읽는 것을 즐기고 소중하게 다룬다.
		책의 그림을 단서로 내용을 이해한다.
		궁금한 것을 책에서 찾아본다.
쓰기	쓰기에 관심 가지기	말이나 생각을 글로 나타낼 수 있음을 안다.
		자신의 이름과 주변의 친숙한 글자를 써 본다.
		자신의 느낌, 생각, 경험을 글자와 비슷한 형태나 글자로 표현한다.
	쓰기 도구 사용하기	쓰기 도구의 바른 사용법을 알고 사용한다.

③ 사회관계 영역

가. 내용체계

내용범주	내용
나를 알고 존중하기	나를 알고 소중히 여기기
	나의 일 스스로 하기
나와 다른 사람의 감정 알고 조절하기	나와 다른 사람의 감정 알고 표현하기
	나의 감정 조절하기
가족을 소중히 여기기	가족과 화목하게 지내기
	가족과 협력하기
다른 사람과 더불어 생활하기	친구와 사이좋게 지내기
	공동체에서 화목하게 지내기
	사회적 가치를 알고 지키기
사회에 관심 가지기	지역사회에 관심 갖고 이해하기
	우리나라에 관심 갖고 이해하기
	세계와 여러 문화에 관심 가지기

나. 세부내용

내용범주	내용	세부내용
나를 알고 존중하기	나를 알고 소중히 여기기	나에 대해 알아본다.
		나와 다른 사람의 신체적 · 사회적 · 문화적 차이를 존중한다.
		나에 대해 긍정적으로 생각하고 나를 소중하게 여긴다.
	나의 일 스스로 하기	내가 할 수 있는 일을 스스로 한다.
		하고 싶은 일을 계획하고 해 본다.
나와 다른 사람의 감정 알고 조절하기	나와 다른 사람의 감정 알고 표현하기	자신의 감정을 알고 표현한다.
		다른 사람의 감정을 알고 공감한다.
	나의 감정 조절하기	자신의 감정을 상황에 맞게 조절한다.

내용범주	내 용	세부내용
가족을 소중히 여기기	가족과 화목하게 지내기	가족의 의미와 소중함을 안다.
		가족과 화목하게 지낸다.
	가족과 협력하기	다양한 가족 구조에 대해 알아본다.
		가족은 서로 도와야 함을 알고 실천한다.
다른 사람과 더불어 생활하기	친구와 사이좋게 지내기	친구와 협동하며 놀이한다.
		친구와의 갈등을 긍정적인 방법으로 해결한다.
	공동체에서 화목하게 지내기	다른 사람과 도움을 주고받고, 서로 협력한다.
		교사 및 주변 사람과 화목하게 지낸다.
	사회적 가치를 알고 지키기	정직하게 말하고 행동한다.
		다른 사람을 배려하여 행동한다.
		친구와 어른께 예의 바르게 행동한다.
		다른 사람과 한 약속이나 공공규칙을 지킨다.
		자연과 자원을 아끼는 습관을 기른다.
사회에 관심 갖기	지역사회에 관심 갖고 이해하기	우리 동네에 대해 알아본다.
		다양한 직업에 관심을 가진다.
		일상생활에서 돈의 쓰임에 대해 안다.
	우리나라에 관심 갖고 이해하기	우리나라를 상징하는 것을 알고 예절을 지킨다.
		우리나라의 전통, 역사, 문화에 관심을 가진다.
		우리나라에 대해 자부심을 가진다.
	세계와 여러 문화에 관심 가지기	세계 여러 나라에 대해 관심을 갖고, 서로 협력해야 함을 안다.
		다양한 인종과 문화를 알아보고 존중한다.

④ 예술경험 영역

가. 내용체계

내용범주	내용
아름다움 찾아보기	음악적 요소 탐색하기
	움직임과 춤 요소 탐색하기
	미술적 요소 탐색하기
예술적 표현하기	음악으로 표현하기
	움직임과 춤으로 표현하기
	미술활동으로 표현하기
	극놀이로 표현하기
	통합적으로 표현하기
예술 감상하기	다양한 예술 감상하기
	전통예술 감상하기

나. 세부내용

내용범주	내용	세부내용
아름다움 찾아보기	음악적 요소 탐색하기	다양한 소리, 악기 등으로 음악의 셈여림, 빠르기, 리듬 등을 탐색한다.
	움직임과 춤 요소 탐색하기	움직임과 춤의 모양, 힘, 빠르기, 흐름 등을 탐색한다.
	미술적 요소 탐색하기	자연과 사물에서 색, 모양, 질감, 공간 등을 탐색한다.
예술적 표현하기	음악으로 표현하기	노래로 자신의 생각과 느낌을 표현한다.
		전래동요를 즐겨 부른다.
		리듬악기를 연주해 본다.
		리듬과 노래 등을 즉흥적으로 만들어 본다.
	움직임과 춤으로 표현하기	신체를 이용하여 주변의 움직임을 다양하게 표현하며 즐긴다.
		움직임과 춤으로 자신의 생각과 느낌을 표현한다.
		다양한 도구를 활용하여 창의적으로 움직인다.

내용범주	내용	세부내용
예술적 표현하기	미술활동으로 표현하기	다양한 미술활동으로 자신의 생각과 느낌을 표현한다.
		협동적인 미술활동에 참여하여 즐긴다.
		미술활동에 필요한 재료와 도구를 다양하게 사용한다.
	극놀이로 표현하기	경험이나 이야기를 극놀이로 표현한다.
		소품, 배경, 의상 등을 사용하여 협동적으로 극놀이를 한다.
	통합적으로 표현하기	음악, 움직임과 춤, 미술, 극놀이 등을 통합하여 표현한다.
		예술활동에 참여하여 창의적으로 표현하는 과정을 즐긴다.
예술감상하기	다양한 예술 감상하기	다양한 음악, 춤, 미술작품, 극놀이 등을 듣거나 보고 즐긴다.
		나와 다른 사람의 예술 표현을 소중히 여긴다.
	전통예술 감상하기	우리나라의 전통예술에 관심을 갖고 친숙해진다.

⑤ 자연탐구 영역

가. 내용체계

내용범주	내용
탐구하는 태도 기르기	호기심을 유지하고 확장하기
	탐구과정 즐기기
	탐구기술 활용하기
수학적 탐구하기	수와 연산의 기초개념 알아보기
	공간과 도형의 기초개념 알아보기
	기초적인 측정하기
	규칙성 이해하기
	기초적인 자료 수집과 결과 나타내기
과학적 탐구하기	물체와 물질 알아보기
	생명체와 자연환경 알아보기
	자연현상 알아보기
	간단한 도구와 기계 활용하기

나. 세부내용

내용범주	내용	세부내용
탐구하는 태도 기르기	호기심을 유지하고 확장하기	주변 사물과 자연세계에 대해 지속적으로 호기심을 갖고 알고자 한다.
	탐구과정 즐기기	궁금한 점을 알아보는 탐구과정에 참여하고 즐긴다.
		탐구과정에서 서로 다른 생각에 관심을 갖는다.
	탐구기술 활용하기	일상생활의 문제를 해결하는 과정에서 탐색, 관찰, 비교, 예측 등의 탐구기술을 활용해 본다.
수학적 탐구하기	수와 연산의 기초개념 알아보기	생활 속에서 사용되는 수의 여러 가지 의미를 안다.
		구체물 수량의 부분과 전체 관계를 알아본다.
		스무 개가량의 구체물을 세어 보고 수량을 알아본다.
		구체물을 가지고 더하고 빼는 경험을 해 본다.
	공간과 도형의 기초개념 알아보기	위치와 방향을 여러 가지 방법으로 나타내 본다.
		여러 방향에서 물체를 보고 그 차이점을 비교해 본다.
		기본 도형의 공통점과 차이점을 알아본다.
		기본 도형을 사용하여 여러 가지 모양을 구성해 본다.
	기초적인 측정하기	일상생활에서 길이, 크기, 무게, 등의 속성을 비교하고, 순서를 지어 본다.
		임의 측정 단위를 사용하여 길이, 면적, 들이, 무게 등을 재 본다.
	규칙성 이해하기	생활 주변에서 반복되는 규칙성을 알고 다음에 올 것을 예측해 본다.
		스스로 규칙성을 만들어 본다.
	기초적인 자료 수집과 결과 나타내기	필요한 정보나 자료를 수집한다.
		한 가지 기준으로 분류한 자료를 다른 기준으로 재분류해 본다.
		그림, 사진, 기호나 숫자를 사용해 그래프로 나타내 본다.
과학적 탐구하기	물체와 물질 알아보기	주변의 여러 가지 물체와 물질의 기본 특성을 알아본다.
		물체와 물질을 여러 가지 방법으로 변화시켜 본다.
	생명체와 자연환경 알아보기	나와 다른 사람의 출생과 성장에 대해 알아본다.
		관심 있는 동식물의 특성과 성장과정을 알아본다.
		생명체를 소중히 여기는 마음을 가진다.
		생명체가 살기 좋은 환경과 녹색환경에 대해 알아본다.

내용범주	내용	세부내용
과학적 탐구하기	자연현상 알아보기	돌, 물, 흙 등 자연물의 특성과 변화를 알아본다.
		낮과 밤, 계절의 변화와 규칙성을 알아본다.
		날씨와 기후변화 등 자연현상에 대해 관심을 가진다.
	간단한 도구와 기계 활용하기	생활 속에서 간단한 도구와 기계를 활용한다.
		변화하는 새로운 도구와 기계에 관심을 갖고 장단점을 안다.

요약

1. 해방 전까지 우리나라 초기 유아교육은 일본인에 의한 프뢰벨 사상에 근거한 교육과정과 미국인 선교사들의 선교 목적에 의한 기독교 사상이 주가 된 아동중심, 생활중심, 경험중심, 교육이 소개되어 아동의 흥미, 자발적 활동을 중요시한 교육과정이 운영되었다.
2. 우리나라의 유아교육은 교육부 주관의 유치원과 보건복지부 주관의 어린이집으로 이원화되어 운영되었고, 교육과정 또한 유치원은 '유치원 교육과정', 어린이집은 '표준보육과정'을 사용해 왔다.
3. 1969년 제1차 유치원 교육과정이 제정된 이후 시대적 · 사회적 변화와 요구에 따라 국가수준의 유치원 교육과정이 개정되었으며, 2013년부터는 3~5세 연령별 누리과정이 시행되고 있다.
4. 2004년에 제정된 표준보육과정은 두 번의 개정을 거쳐 2013년 0~2세를 위한 어린이집 표준보육과정으로 시행되고 있다.

생각해 볼 문제

1. 시대적 · 사회적 변화에 따른 우리나라 유치원 교육과정의 변천을 정리해 보자.
2. 표준보육과정과 누리과정의 연계성에 대해 알아보자.

C H A P T E R 04

영유아교육과정의 구성

영유아교육과정은 유아교육기관에서 장시간 생활해야 하는 영유아의 적응, 사회 · 정서적 안정 및 건강과 안전을 위한 돌봄의 기능, 전인적인 성장을 위한 교육적 기능을 모두 포함하는 설계도라고 할 수 있다. 영유아의 발달과 사회문화적인 배경에 기초하여 목적적이고 체계적으로 구성된 교육과정은 의미 있는 경험을 제공해 줌으로써 영유아의 긍정적인 발달을 조장할 수 있기 때문이다.

교육은 바람직한 방향으로 학습자를 변화시키려는 의도적인 과정으로 교육과정을 구성하기 위해서는 그 사회에서 기르고자 하는 인간상에 대한 고민, 즉 교육의 방향을 설정하는 것에서부터 출발한다. 교육과정의 구성은 사회에서 추구하는 인간상을 바탕으로 교육의 목적과 목표를 설정하고, 영유아의 연령별 · 개별적 · 사회문화적 적합성을 고려한 교육내용을 선정 및 조직하고, 선정된 교육내용이 영유아에게 의미 있는 경험이 될 수 있는 효과적인 교수 · 학습방법을 결정하고, 교육목표의 달성 여부를 평가하는 것으로 이루어진다.

본 장에서는 영유아교육과정의 구성요소인 목적 및 목표 설정, 교육내용의 선정 및 조직, 교수 · 학습방법, 평가를 중심으로 살펴보고자 한다.

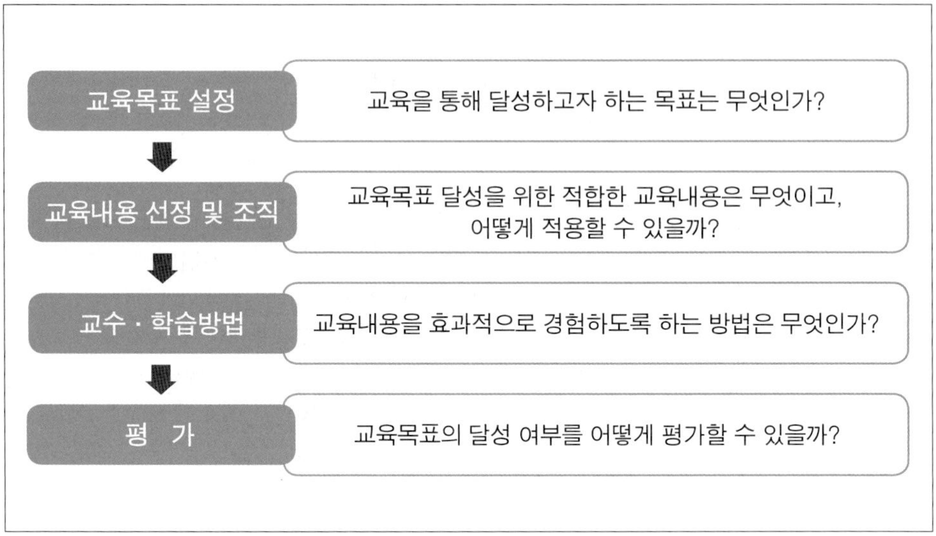

[그림 4-1] 교육과정 구성요소 체계

1. 교육목적과 목표

영유아교육과정의 목적 및 목표는 교육과정의 방향을 나타내는 것으로 목적은 보다 일반적 · 포괄적 · 추상적인 반면에 목표는 구체적이고 실현 가능한 성격을 지니고 있다. 교육활동이 지향해야 할 방향을 결정해 주는 목표는 교육내용의 선정 및 조직, 교육방법의 결정, 평가 등의 기본 근거가 된다. 즉, 목적이란 장기적인 안목으로 교육과정 구성의 철학적 · 이론적인 관점을 반영하는 추상적인 도달점을 제시하는 것이고, 목표는 추상적으로 다루고 있는 목적에서 제시하고 있는 바를 구체적으로 심화한 것이다(박찬옥 · 김낙홍 · 구수연 · 이옥임 · 노희연 · 이선영, 2013).

교육목표는 교육을 통해 달성하고자 하는 바람직한 인간 행동의 최종 특성을 명백히 하는 것으로 교육목표가 불분명한 상태에서는 다음 단계의 교육과정 계획이 불가능할 뿐 아니라 교육실천의 방향마저 혼란스럽게 된다. 특히, 영유아교육은 국가수준에서 제시하는 획일적이고 통일된 교과서가 없기 때문에 유아교육기관의 운영자와 교사가 각자의 교육신념에 근거하여 교육목표를 설정하게 된다. 따라서 목표설정의 기초가 되는 여러 가지 사항에 근거하여 자신이 교육하게 될 영유아의 발달에 도움이 되는 합리적인 교육목표를 설정해야 한다. 즉, 교육목표는 철학적 기반 위에 영유아의 발달과 사회·문화적 적합성을 고려하여 설정되어야 한다.

교육목적

만 3~5세 유아의 심신의 건강과 조화로운 발달을 도와 민주시민의 기초를 형성한다.

교육목표

- ❖ 기본운동능력과 건강하고 안전한 생활습관을 기른다.
- ❖ 일상생활에 필요한 의사소통 능력과 바른 언어 사용 습관을 기른다.
- ❖ 자신을 존중하고 다른 사람과 더불어 생활하는 능력과 태도를 기른다.
- ❖ 아름다움에 관심을 가지고 예술경험을 즐기며, 창의적으로 표현하는 능력을 기른다.
- ❖ 호기심을 가지고 주변 세계를 탐구하며, 일상생활에서 수학적 · 과학적으로 생각하는 능력과 태도를 기른다.

[그림 4-2] 3~5세 연령별 누리과정 교육목적과 교육목표

1) 교육목표 설정의 기초

(1) 철학

교육목표는 우선 국가 이념과 교육적 이념을 충분히 실현시킬 수 있어야 한다. 우리나라 헌법에 명시되어 있는 국가 이념인 민주주의를 철학적 기초로 하여 유아의 인권 존중, 자유와 평등에 바탕을 두는 교육목표로 구체화되어야 한다. 교육적 이념은 시대적 · 사회적 변화와 함께 계속해서 변화되었으며 교육목표의 설정에도 반영되어 왔다. 낭만주의에서 문화전달주의, 진보주의 등으로 그 시대를 풍미하는 교육철학이 변화됨에 따라 교육목표도 함께 변화되었다.

성선설을 바탕으로 하는 낭만주의 교육철학은 인간이 본래 가지고 있는 선한 본성을 잘 유지하면서 자연스럽게 성장하도록 해야 한다는 관점을 취하고 있다. 루소, 프뢰벨, 게젤 등이 주장한 시간의 흐름에 따른 인간의 자연스러운 성장과 발달을 강조하는 성숙주의 발달관을 기초로 유아의 행복과 건전하고 바람직한 인격 형성을 교육목표로 한다(박찬옥 · 서동미 · 곽현주 · 박성희 · 한남주 · 홍찬의, 2015).

문화전달주의 교육철학은 인류의 진보와 함께 누적된 절대적 · 객관적 진리를 후대에 직접 전달함으로써 인간의 발달을 도울 수 있다는 행동주의 관점을 취하고 있다. 인간의 내적인 본성보다는 외적인 행동의 변화에 관심을 두고 있으며, 사회에서의 적응과 성공에 필요한 기술과 태도를 형성하는 것을 교육목표로 한다.

진보주의 교육철학은 인간은 주변 환경과의 능동적이고 지속적인 상호작용을 통해 발달이 이루어진다는 구성주의 관점을 취하고 있다. 듀이와 피아제의 이론을 바탕으로 흥미롭고 지적 갈등을 유발하는 환경을 제공함으로써 영유아의 능동적인 경험의 재구성을 통한 탐구능력과 문제해결능력의 발달을 교육목표로 한다.

(2) 학습자인 영유아

교육과정은 영유아가 교육적 경험을 통해 의미 있는 성장 · 발달이 이루어질 수 있도록 계획한 설계도라고 할 때 교육과정을 경험하는 주체는 학습자인 영유아이다. 따라서 교육과정의 목표를 설정할 때 교육의 대상이자 주체인 영유아에 대한 이해가 선행되어야 한다. 교육목표는 영유아의 발달적 측면과 홍미를 고려해야하기 때문에 교육과정의 목표를 설정할 때는 다음의 사항을 고려하여야 한다(이기숙 · 김정원 · 이현숙 · 전선옥, 2008).

- 학습자로서 영유아의 권리와 감정을 인격적으로 배려하고 있는가?
- 영유아의 홍미와 요구가 충족되고 있는가?
- 영유아의 발달 단계를 확인하고 고려하는가?
- 영유아의 서로 다른 관심과 욕구, 발달 단계, 소질과 적성, 능력을 배려하고 있는가?
- 개별 영유아가 최고의 단계까지 성장할 수 있도록 각 개인의 잠재적 능력을 고려하고 있는가?

(3) 발달이론

교육을 학습자의 바람직한 행동 변화를 위한 과정이라고 할 때 학습자인 영유아는 교육의 중심에 있으며, 이들의 발달적 특성과 요구 및 홍미에 기초한 교육목표의 설정은 매우 중요하다. 따라서 인간의 발달을 바라보는 관점에 따라 교육목표의 설정이 달라질 수 있다.

성숙주의 관점에서는 인간은 태어날 때 이미 발달을 특징짓는 유전적 요인을 가지고 있으며 시간의 흐름에 따라 자연스러운 환경 속에서 유전적 요소가 발현된다고 본다. 따라서 영유아의 발달단계에 따른 성장 · 성숙이 중요한 교육목표이다.

행동주의 관점에서는 유전적인 요인보다 인간의 발달에 영향을 미치는 환경의 중요성을 강조한다. 환경의 영향에 의한 외현적 행동의 변화를 중요하게 생각하는 행동주의 관점에서는 반복적인 경험과 강화를 통해 바람직한 행동을 기르는 것이 주된 교육목표이다.

구성주의 관점에서는 인간은 스스로 발달할 수 있는 기본적인 능력을 타고나지만 적절한 교육이나 환경과의 상호작용에 의해 발달한다고 본다. 따라서 영유아의 흥미나 호기심을 바탕으로 사회적 · 물리적 환경에서의 상호작용을 통해 유능한 인간으로 성장하는 것이 교육의 목표가 된다.

(4) 사회와 문화

교육목표는 사회와 문화의 필요를 충분히 반영해야 한다. 교육은 사회적 가치와 문화를 전수하는 중요한 역할을 수행할 의무가 있으며 유아가 현재뿐만 아니라 미래사회에 잘 적응할 수 있도록 준비시킬 책임이 있기 때문이다(박찬옥 외, 2015). 즉, 교육의 궁극적인 목적이 국가와 사회가 필요로 하는 인간을 기르는 것이라고 할 때, 그 사회의 요구와 문화에 기초한 교육목표가 설정되어야 한다. 21세기 현대사회 문화의 특성은 산업화, 세계화, 정보화로 정리할 수 있으며, 이에 협력과 창의적 문제 해결, 다양한 정보의 활용, 전통문화를 비롯한 여러 문화에 대한 존중 등이 요구된다. 이에 따라 영유아교육과정의 목표에는 이러한 사회 · 문화적 요구와 변화를 영유아의 발달 특성에 맞게 구체적으로 반영해야 한다.

2) 교육목표 설정 시 고려할 사항

교육의 목표를 설정할 때에는 교육의 철학적 측면과 영유아 발달에 대한 관점, 사회 · 문화적 요구를 반영하여야 할 뿐만 아니라 교육목적과 목표는 서로 연관성을 가져야 하는데, 바람직한 교육목표를 설정할 때에는 다음과 같은 내용을 고려해야 한다(이성호, 2009).

- 목표설정은 여러 가지 관련된 맥락에서 충분히 검토하여 많은 사람이 합의하는 목표로 진술되어야 한다. 특히, 그 목표를 읽는 모든 사람이 똑같은 의미로 이해하고 해석할 수 있어야 한다.
- 목표는 교육이념, 목적 등과 관계되어야 하며, 교수 · 학습활동의 방향을 제시해 줄 수 있을 만큼 충분히 구체화하고 정확하고 포괄적으로 진술되어야 한다.
- 목표는 학습자에게 현재의 삶에 있어서도, 또 미래의 삶에서도 가치 있는 필수적인 것으로 진술되어야 한다.
- 목표설정은 교수 · 학습활동 이전에 사전 계획으로 설정되어야 하되, 교수 · 학습활동 과정에서 생성되는 새로운 목표들을 수용할 수 있을 만큼 융통성이 있어야 한다.
- 목표설정은 논리적으로 조직화된 응집성을 견지하여야 하며 주기적으로 재검토될 수 있어야 한다.
- 목표설정은 외현적 · 내면적 두 가지 측면 모두의 행동 변화를 충분히 고려하여야 하며, 양적인 수준과 질적인 수준을 모두 포용하여야 한다.
- 목표설정은 다양성을 근간으로 하여 영유아 개개인의 능력과 수준에 맞아야 하며, 개별 영유아의 독특성과 자유로운 탐색을 최대한 신장시킬 수 있도록 하여야 한다.
- 목표설정은 교육활동 자체는 물론 영유아의 성장과 발달 평가에서 절대적인 기준으로 작용할 수는 없다. 누가적이고, 잠재적이고, 표현적이고, 부차적이고, 장기적인 학습결과 또는 학업성취가 있음을 고려하여야 한다.

3) 교육목표의 진술

교육목표는 교육의 방향성을 제시하는 것으로 교육내용의 선정과 교수 · 학습방법, 평가에 영향을 미치기 때문에 교육목표가 구체적이고 명확하게 진술되어야 한다. 교육목표의 진술에는 행동적 목표 진술과 표현적 목표 진술방식이 있다.

행동적 목표 진술을 제안한 타일러(Tyler, 1949)에 따르면, 실질적인 교육의 목적은 교사가 어떤 활동을 수행하도록 하는 것이 아니라 영유아의 행동양식에 의미 있는 변화를 일으키는 것이기 때문에 교육목표는 영유아에게서 일어나는 변화에 대한 진술이어야 한다. 그러므로 행동적 목표로 진술할 때에는 영유아의 행동을 중심으로 구체적인 행위동사를 사용하여 영유아의 도착점 행동을 구체적이고 명확하게 진술해야 한다.

타일러보다 행동적 목표 진술을 상세하게 진술해야 한다고 한 메이거(Mager, 1962)의 행동적 목표 진술은 조건 · 준거 · 도달점 행동으로 구성된다. 조건은 도달점 행동이 일어나는 학습조건을 말하고, 준거는 영유아가 어느 정도로 해야 잘했다고 평가할 수 있는지의 기준을 제시하는 것이며, 도달점 행동은 교육활동을 통해 달성하고자 하는 행동특성을 의미한다(방인옥 외, 2012).

행동적 목표: 조건(condition) + 준거(criteria) + 도달점 행동(terminal behavior)

개구리의 한살이를	순서대로	말할 수 있다.
조건	**준거**	**도달점 행동**
여러 가지 단추를	색깔별로	분류할 수 있다.
조건	**준거**	**도달점 행동**

행동적 목표 진술은 도달점 행동을 구체적이고 명확하게 제시하고 있기 때문에 학습을 통한 교육목표의 달성 여부를 평가할 수 있는 장점이 있다. 그러나 모든 교육의 내용을 행동적 목표로 진술하는 것에는 어려움이 있고 영유아교육은 학습의 결과보다는 과정을 중시하기 때문에 행동적 목표 진술은 필요한 경우에만 이루어져야 한다.

행동적 목표 진술이 지니는 문제는 다음과 같다(김경철 · 김영호 · 엄익명 · 조옥희, 2001).

- 영유아는 전조작적 사고 단계이므로 이들의 행동을 상세화하는 것이 불가능하다.
- 인본주의 교육에 위배된다.
- 행동적 목표는 너무 상세하여 학습이 전체적인 경험을 고려하지 못하고 분리된 단계로 갈라진다.
- 행동적 목표는 단지 하나의 정확한 반응만 취하기 때문에 다양한 사고나 개별적 학습자료의 선택 여지가 없다.

표현적 목표 진술은 학습의 결과를 강조하기보다는 학습자가 경험하는 학습의 과정에 초점을 맞춘 진술방법이다. 학습자가 학습상황에서 경험하게 될 교육적 만남을 강조한 표현적 목표 진술에서는 학습과정의 즐거움과 일어날 수 있는 다양한 결과를 수용한다. 아이스너(1985)는 학습자의 개별적 성향과 다양성을 존중하는 표현적 목표 진술방식을 제시하였는데, 이는 어떠한 교육적 상황 속에서 어떠한 문제를 가지고 무엇을 할 것인지에 대한 진술 내용이다. 상황은 학습활동이 이루어지는 환경이며, 문제는 영유아가 학습활동을 할 때 어디에 의미를 두는가를 말하고, 과제는 학습자가 학습활동에 둔 의미를 표현하는 방법을 의미한다.

표현적 목표: 상황(situation) + 문제(problem) + 과제(task)

산책을 하면서	자연의 아름다움을	느낀다.
상황	**문제**	**과제**
음악감상을 하면서	나비의 움직임을 생각하여	몸으로 표현할 수 있다.
상황	**문제**	**과제**

표현적 목표 진술은 학습상황에서 영유아에 따라 다양하게 표현될 수 있기 때문에 학습결과의 성취 여부를 평가할 수 없다. 표현적 목표는 학습상황에서의 개

별적인 교육적 만남에 가치를 두기 때문에 모든 영유아의 주관적 느낌과 표현방식이 존중되는 목표 진술방식이라 할 수 있다.

영유아는 발달특성상 잠재된 능력을 계발하는 데 일차적인 목표를 두고 있다는 점에서 행동적 목표보다는 표현적 목표를 선호한다(방인옥, 박찬옥, 이기현, 김은희, 2013). 그러나 교육과정의 모든 부분에서 표현적 목표로 진술을 해야 하는 것은 아니다. 구체적인 도달점 행동이 명확한 경우에는 행동적 목표 진술이 바람직할 것이다.

2. 교육내용

1) 교육내용의 선정

(1) 교육내용의 유형

설정된 교육목표를 달성하기 위해서는 삶의 다양한 일상 경험을 교육적 의미를 지닌 내용으로 구조화할 필요가 있다. 어떤 종류의 학습을 가치 있다고 생각하는지에 따라 교육내용은 다양할 수 있다. 영유아교육에서 다루어지는 교육내용의 유형은 강조점에 따라 사실 축적, 기술 축적, 교과영역, 주제중심접근, 구조적 학문, 통합적 접근의 여섯 가지로 구분하여 설명할 수 있다(Schwartz & Robison, 1982). 이러한 여섯 가지 유형은 서로 배타적인 것이 아니고, 실제로 단 한 가지에만 근거해서 교육내용이 구성되는 것도 아니며, 경우에 따라서는 몇 가지가 함께 묶여서 내용의 근거를 이루기도 한다(이기숙, 2000).

① 사실 축적(fact accumulation)

영유아가 실제 경험하고 관찰하는 사실들로, 사물의 크기·색깔·모양·질감·농도·온도·무게·그 밖의 물리적 속성에서부터 역사적인 사건들에 이르기까지의 모든 사실을 교육내용으로 본다. 영유아는 원래 여러 가지 사실을 기억하는 것을 좋아하며, 기본적인 사실의 수집과 축적은 다른 유형의 내용을 학습하는 데 도움이 된다. 반면에 영유아는 자신이 중요하게 여겨는 사실만 축적하는 경향이 있으며, 사실 전달을 효과적으로 하기 위해 교사가 일방적으로 설명하고 영유아는 단순하게 암기하게 될 우려가 있다.

② 기술 축적(skill accumulation)

기본생활습관을 비롯하여 생활하는 데 필요한 기술들로, 옷 입기, 신발 끈 매기, 단추 끼우기, 책상 닦기, 정리정돈하기, 물 따르기 등의 일상생활 기술 및 친구 사귀기 같은 사회적 기술, 운동기술 등을 교육내용으로 본다. 최근에는 학교에서의 성공을 위해 학문적 기술의 성취를 바라는 부모의 요구에 따라 문자 학습, 단어 맞추기, 셈하기 등의 기술을 교육내용에 포함한다. 기술 습득을 위한 활동은 반복과 연습 형태의 교수방법으로 교사 주도의 훈련이 강조될 우려가 있지만, 학습의 결과를 가시적으로 평가할 수 있다는 점과 대부분의 기술이 유아의 독립심과 자율성 획득에 기여하는 장점이 있다.

③ 교과영역(subject)

교과영역이란 학교에서 학습자가 배워야 할 중요한 지식과 기술, 태도를 유사한 것끼리 범주화하여 하나로 묶어서 제시한 것이다(서동미·엄은나·이혜경·박성희, 2013). 전통적으로 교과는 초·중등 교육과정의 중심 내용이지만 영유아교육과정에서는 교과영역에 따라 엄격하게 분리하여 편성하지 않고 교과를 통합해서 운영하는 것이 일반적이다.

영유아교육에서는 초·중등학교에서처럼 수학시간, 과학시간, 미술시간 등과 같이 교과형태로 단위활동을 배정하기보다는 주제를 중심으로 각 교과에서 다루어질 내용을 통합할 수 있도록 운영한다. 즉, 영유아교육에서 교육활동을 교과영역으로 나누는 것은 각 교과별 주요 개념을 학습하기 위한 수단이지 교과영역 그 자체가 목적은 아니며, 교과로 분리해서 교육이 이루어진다면 다양하고 통합적인 활동이 이루어지기 어렵다.

④ 주제 중심 접근(thematic approach)

주제(topic, themes, unit, project)를 중심으로 구성된 교육과정은 교과가 갖는 과목 간의 한계에서 벗어나 유아의 학습 경험을 의미 있게 통합한다. 영유아의 일상생활 경험과 지역사회의 중요한 사건, 국경일, 흥미로운 대상을 주제로 교육내용을 구성하기 때문에 영유아의 흥미를 유발하고 다양한 영역에서의 개념 학습이 통합되어 이루어진다. 따라서 주제에는 다양한 지식과 탐구과정, 사회적 기술, 가치, 창의력 등을 포괄할 수 있어야 한다. 단순한 사실 축적 방법의 한계에서 벗어나 관련 개념을 효과적으로 조직함으로써 영유아의 이해와 기억을 돕고 심도 있는 학습을 가능하게 한다.

〈표 4-1〉 만 5세 '유치원과 친구' 생활주제 중심 교육내용

주제	소주제	주요 내용
유치원의 환경	우리 반 이름과 교실 알아보기	- 우리 반의 이름을 안다. - 우리 반 이름의 의미를 안다. - 우리 교실은 몇 개의 활동 영역으로 나뉘어 있는지 알아본다. - 각 활동영역의 이름과 특징을 알아본다.
	우리 반에 필요한 약속 알아보기	- 모두 함께 모일 때의 약속을 정해 본다. - 책상과 의자의 바른 사용방법에 대해 알아본다. - 정리정돈의 필요성과 방법에 대해 알아본다. - 각 활동영역별 약속을 협의하여 정해 본다.
	유치원 둘러보기	- 유치원과 집의 같은 점과 다른 점을 알아본다. - 유치원 실내외 각 공간의 위치를 정확하게 안다. - 유치원에서 안전에 유의해야 할 장소를 알아보고 안전하게 행동한다.

주제	소주제	주요 내용
유치원의 환경	유치원에서 함께 지내는 사람들 알아보기	- 선생님이 하시는 일에 대해 안다. - 선생님의 도움을 청해야 할 상황에 대해 안다. - 유치원의 어른들이 하는 일에 대해 안다. - 유치원에서 일하는 어른들께 예의바르게 행동한다.
	함께 사용하는 물건과 공간 알아보기	- 여러 사람이 함께 사용하는 공간을 찾아본다. - 양보와 배려가 필요한 상황과 장소에 대해 안다.
유치원에서의 하루	형님반이 되어 달라진 일과 알기	- 유치원 등하원 시간을 잘 지킨다. - 안전하게 등하원할 수 있는 방법을 알고 지킨다. - 유치원 생활에 적합한 옷차림을 한다. - 선생님, 친구들과 만나고 헤어질 때 먼저 인사를 한다.
	놀이 계획과 평가하기	- 계획의 의미를 안다. - 주어진 시간을 생각하며 놀이를 계획한다. - 자신의 계획을 생각하며 놀이해 본다. - 놀이 결과를 스스로 평가해 본다.
	함께하면 더 좋은 것 알아보기	- 함께하면 더 좋은 활동이 있음을 안다. - 집단활동에서의 약속과 규칙을 정하여 지킨다. - 내가 하고 싶은 것을 참아야 하는 상황이 있음을 이해한다. - 활동의 결과를 평가하여 다음 활동에 반영해 본다.
	바른 태도로 급 · 간식 먹기	- 급 · 간식을 먹기 전에 손을 깨끗하게 씻는다. - 급 · 간식을 먹을 만큼 담아서 남기지 않고 먹는다. - 음식의 중요성을 경험해 본다. - 급 · 간식을 먹은 후에 주변을 스스로 정리한다. - 급 · 간식을 먹을 때 지켜야 할 예절을 알고 지킨다.
유치원에서 만난 친구	도우미가 되어 보기	- 도우미가 필요한 상황을 찾아본다. - 일과에 필요한 도우미를 협의하여 결정해 본다. - 친구와 선생님을 도와주는 경험을 해 본다.
	나와 친구 소개하기	- 다른 사람에게 나를 소개해 본다. - 친구에게 관심을 갖고 친구의 이야기를 주의 깊게 듣는다. - 나와 다른 친구들에 대해 개방적인 태도를 갖는다.
	친구의 의미 알기	- 친구의 의미를 생각해 본다. - 친구가 필요한 이유에 대해 안다. - 친구와 함께하는 즐거움을 경험한다. - 친구와 힘을 모으면 할 수 있는 일이 더 많아짐을 경험한다.
	친구 간의 예의 지키기	- 내 생각과 친구 생각은 다를 수 있음을 알고 존중한다. - 친구에게 도움을 받거나 잘못했을 때는 적절한 말로 표현한다. - 친구와 함께 지내기 위해서는 지켜야 할 약속이 있음을 안다.

주제	소주제	주요 내용
유치원에서 만난 친구	내 마음, 친구 마음 알기	- 나와 친구는 마음과 표현이 다를 수 있음을 이해한다. - 내가 잘하는 것과 친구가 잘하는 것이 다를 수 있음을 이해한다. - 친구와 나는 좋아하는 것이 다를 수 있음을 안다. - 친구와 갈등이 일어나는 상황이 있음을 알고 긍정적으로 해결해 본다. - 친구와 생각이 다를 때는 말로 해결할 수 있다. - 서로 다른 사람도 친구가 될 수 있음을 안다.
함께 만드는 유치원	우리 유치원의 상징 알아보기	- 우리 유치원의 이름이 담고 있는 의미를 안다. - 우리 유치원의 원가, 원훈에 대해 알아본다. - 우리 유치원을 나타내는 동식물에 관심을 갖는다. - 우리 유치원을 나타내는 상징에 대해 안다.
	우리 유치원의 역사 알아보기	- 우리 유치원은 고유의 역사가 있음을 안다. - 다양한 방법으로 우리 유치원의 역사를 알아본다. - 우리 유치원의 발전을 위해 수고한 분들을 알아본다. - 우리 유치원의 예전의 모습과 지금의 모습을 비교해 본다.
	우리 유치원의 자랑거리 알기	- 우리 유치원의 자랑거리를 찾아본다. - 나도 우리 유치원의 자랑거리가 될 수 있음을 안다. - 우리 유치원을 졸업한 자랑스러운 선배가 있음을 안다. - 다양한 방법으로 우리 유치원을 소개한다.
	우리가 만들고 싶은 유치원 계획하기	- 친구들이 원하는 '행복한 유치원'에 대해 조사해 본다. - 모두가 행복할 수 있는 유치원의 조건에 대해 토의해 본다. - 새로운 놀잇감과 바깥놀이터를 구상해 본다. - 우리가 만들고 싶은 미래 유치원을 설계해 본다.

⑤ 구조적 학문(structured disciplines)

학문중심 교육과정에서는 학문의 하위 구조인 주요개념(key concept)을 중요시한다. 교육과정의 기초가 되는 주요개념을 영유아의 발달수준에 맞게 구조화하여 교육내용으로 조직하는 것을 강조하며, 영유아는 일상생활에서 갖게 되는 다양한 물음에 대한 해답을 탐구하는 과정에서 주요개념을 형성하게 된다. 영유아가 갖는 '왜?'라는 물음과 이에 대한 답은 기초적인 개념 수준이지만, 상위 학교의 교과체제로 갈수록 고차원적인 개념으로 구조화된다(박찬옥 외, 2015). 그러나 구조화된 주요개념을 강조하기 때문에 영유아에게 적절한 교수 · 학습방법이 이루어지지 않을 경우에는 개념에 대한 탐구와 이해보다는 단편적인 개념을 암기하는 결과를 가져올 우려가 있다.

⑥ 통합적 접근(holistic approach)

통합적 접근은 앞서 제시한 사실 축적, 기술 축적, 교과영역, 주제 중심, 구조적 학문의 내용을 총체적으로 통합한 것이다. 국가수준의 영유아교육과정인 표준보육과정과 3~5세 연령별 누리과정은 생활주제를 중심으로 다양한 영역에서의 활동을 통해 영유아가 지식을 형성하고 경험의 과정에서 다양한 기술을 습득하도록 내용을 통합적으로 구성하고 있다. 통합적 접근에서는 일상생활 속에서 영유아의 흥미와 호기심을 따라가는 활동들로 구성되기 때문에 영유아는 자발적으로 활동에 참여하고 스스로 지식을 구성해 나가게 된다. 반면에 교육내용에 대한 깊이 있는 이해에 바탕을 두고 준비하지 않을 경우에는 단편적인 활동이 될 우려가 있다.

(2) 교육내용 선정 시 고려할 사항

영유아교육과정의 내용을 선정할 때는 학습자의 발달적 적합성을 고려하여야 한다. 브레드캠프와 로즈그랜트(Bredekamp & Rosegrant, 1992)는 발달의 적합성을 연령별 적합성, 개인별 적합성, 사회 · 문화적 적합성으로 제시하였다. 연령별 적합성은 출생 후 9년 동안 신체, 정서, 사회, 인지적 측면에서 영유아에게 일어나는 보편적이고 예측 가능한 성장의 연속성을 의미한다. 영유아의 전형적인 발달에 관한 지식을 근거로 적절한 경험이 계획되고 환경이 마련되어야 한다. 개인별 적합성은 영유아의 성격, 학습 스타일, 가족 배경과 같이 성장의 패턴이나 시기에 차이가 있는 독특한 존재라는 점을 의미한다. 동일 연령이라 하더라도 영유아의 능력과 호기심, 이해의 개별적 차이를 존중하는 교육내용이 제공되어야 한다. 사회 · 문화적 적합성은 교육내용을 선정할 때 영유아의 가족과 사회 · 문화의 맥락, 지나간 역사와 현재의 상황 등에 대한 고려가 필요하다는 점이다. 즉, 발달적으로 적합한 교육과정을 계획할 때에는 사회의 전통, 사회·문화적 가치, 부모의 요구 등을 반영하여 교육내용을 선정해야 한다.

교육내용의 유형은 강조점에 따라 다양하게 구분될 수 있지만, 교육의 내용을 선정할 때는 다음과 같은 사항을 고려해야 한다(이성호, 2004).

① 내용의 유의미성

내용의 유의미성은 교육내용이 그 학문 분야에서 얼마나 본질적이며 기본적인 것인지를 의미한다. 기본적인 내용에는 다른 학문, 다른 지식들을 학습함에 있어 선수(先修) 요건이 되는 경우도 포함한다. 영유아교육과정의 교육내용 선정에 있어 내용의 유의미성은 영유아가 학습할 내용이 학습자인 영유아에게 학습할 만한 가치가 있는, 즉 의미 있는 것이어야 함을 뜻하기도 한다.

② 내용의 타당성

교육내용 선정에 있어 가르치고 배워야 할 모든 내용을 고르게 포함하고 있는지를 의미한다. 타당성은 두 가지 측면에서 생각할 수 있는데, 하나는 그 내용 자체의 타당성이고 다른 하나는 교육내용으로 선정되는 내용의 깊이와 폭의 균형이 이루어져야 함을 의미한다.

③ 내용의 유용성

교육내용과 현실 세계와의 관련성을 의미한다. 즉, 교육내용이 실생활에서 얼마나 활용 가능한 것인지에 대한 고려이다. 교육내용이 사회와 학습자의 요구를 적절히 수용하고, 흥미와 필요에 따라 얼마나 적합하게 선택하였는지는 유용성을 결정하는 관건이 된다. 유용성은 학습내용이 학습자의 삶에 의미를 가져다주고, 지속적으로 가치 있는 도움을 줄 수 있는 내용이 되어야 한다는 것이다.

④ 내용의 학습 가능성

교사에게는 가르칠 수 있는 내용이어야 하고, 학습자에게는 학습이 가능한 내용이어야 한다. 또한, 학습자의 신체 · 정서 · 사회 · 인지 · 언어발달 등에 적합한 수준과 양이어야 한다.

⑤ 내용의 경제성

학습자로 하여금 가장 경제적인 방식으로 최대한의 성취를 하는 데 도움을 줄 수 있는 내용으로 선정되어야 함을 의미한다. 학습자의 노력의 경제성, 교수자의 노력과 교수 · 학습 자원의 경제성 등을 포함하며, 가능한 인적 · 물적 자원을 활용하여 최대한의 교수와 학습효과를 거두는 것을 의미한다.

⑥ 내용의 내적 · 외적 관련성

어느 학문이든지 여러 가지 수준의 개념들이 어떠한 위계적 구조와 체계를 형성하고 있다. 교육내용의 내적 · 외적 관련성은 위계적 구조와 체계 속에서 구조적 관련성을 지니고 있어야 하며, 다른 학문 분야의 내용과도 관련을 지을 수 있어야 함을 의미한다.

⑦ 내용의 균형성

교육내용이 무조건 학습자의 요구에만 치우치지 않고, 사회와 성인, 여러 집단의 요구가 함께 균형 있게 고려되어야 함을 의미한다.

⑧ 내용의 사회 가치 적합성

교육내용이 왜곡된 사회적 가치를 바로잡고, 새롭고 바람직한 가치 창조에 적합한 것으로 선정되어야 함을 의미한다. 이 기준은 '민주주의적 가치 지향', '사회적 가치' 등의 용어로 표현될 수 있으며, 이러한 기준에 따라 선정된 교육내용은 인간의 도덕적 가치와 이상, 사회 문제, 인간의 감정, 효율적인 사고과정 등에 대한 탐구를 중심으로 하고 있다.

NAEYC에서 제시한 교육내용 선정을 위한 지침을 간략히 제시하면 다음과 같다(Bredekamp & Rosegrant, 1992; 방인옥 외, 2004 재인용).

- 교육과정은 유아가 어떻게 배우는지에 대한 전문적인 의견과 연구로 이루어진 분명한 이론적 기초를 포함하고 있어야 한다.
- 교육과정 내용은 모든 영역(사회 · 정서 · 인지 · 신체 · 언어)에서 아동을 위한 장기적 목표를 성취하기 위해 설계되고 민주사회에 기여하는 시민의 역할을 준비할 수 있게 계획되어야 한다.
- 교육과정은 지식과 이해의 발달, 과정과 기술의 발달, 성격과 태도의 발달을 격려하여야 한다.
- 교육과정은 유아에게 적절하고 관련이 있으며 의미 있고 폭넓은 내용을 다루어야 한다.
- 교육과정의 목표는 각 연령의 유아에게 적합해야 하며 실현 가능하도록 계획되어야 한다.
- 교육과정 내용은 각 유아의 요구와 흥미를 존중하여 결정되어야 한다. 이전의 경험, 학습 양식, 유아의 요구, 흥미에서의 광범위한 개인차를 조절하기 위해 다양한 학습 경험과 자료, 설비, 교수 전략을 사용한다.
- 교육과정은 개인적 · 문화적 · 언어적 다양성을 반영하고 지지하도록 한다.
- 교육과정은 유아의 학습을 통합하고 새로운 개념과 기술의 획득을 촉진하기 위해 유아가 이미 알고 있는 것과 할 수 있는 것을 기초로 한다.
- 교육과정은 유아에게 이전의 지식과 경험에 기초한 그들의 정신구조가 시간이 지남에 따라 더 복잡해지도록 개념적 틀을 제공해 주어야 한다.
- 교육과정은 특정 주제나 내용에 초점을 맞추게 되는데, 이것은 유아에게 풍부한 개념적 발달을 이루기 위한 학습경험을 주거나, 주제를 중심으로 교육을 계획함으로써 여러 교과영역을 통합하도록 해 준다.
- 교육과정 내용은 지적인 통합성을 지녀야 한다. 즉, 내용은 아무것이나 다루는 것이 아니라 관련 학문의 합의된 표준내용이어야 한다.

- 교육과정 내용은 탐구할 가치가 있는 것으로 선정한다.
- 교육과정은 유아들이 학습과정에 능동적으로 참여하게 하며, 의미 있는 선택의 기회를 제공해야 한다.
- 교육과정은 유아들의 실수를 존중하고, 탐구와 실험을 미리 제한하지 않는 것이어야 한다.
- 교육과정은 유아의 사고와 추론, 의사결정, 문제해결능력의 발달을 강조한다.
- 교육과정은 모든 영역의 학습에서 사회적 상호작용의 가치를 강조하고, 또래로부터 배울 수 있는 기회를 제공하여야 한다.
- 교육과정은 활동과 감각적인 자극, 맑은 공기, 휴식, 위생, 영양, 배설에 대한 유아의 생리적 요구를 촉진시켜 주어야 한다.
- 교육과정은 유아에게 심리적인 안정감을 주어야 한다.
- 교육과정은 유아들의 관점에서 그들이 성공하기 위한 적절한 경험을 제공함으로써 자신감과 학습의 즐거움을 장려해 주어야 한다.
- 교육과정은 교사가 개인이나 또는 집단에 적용할 수 있도록 유동적이어야 한다.

2) 교육내용의 조직

교육목표를 달성할 수 있는 교육내용이 선정되면 이를 체계적으로 조직하는 과정이 필요하다. 교육내용을 언제, 어디서, 어떻게 전개할 것인지를 결정하여 이들 내용과 활동들을 체계적으로 잘 조직해야 한다. 교육내용의 조직은 크게 수평적 조직과 수직적 조직으로 이해할 수 있다. 수평적 조직은 교육의 내용을 횡적으로 배열하여 조직하는 것으로, 통합성의 원리에 따른 조직이라고 볼 수 있다. 수직적 조직은 교육의 내용을 종적으로 배열하여 조직하는 것으로, 계열성과 계속성의 원리에 따라 교육내용이 심화 · 확장되는 나선형적 구조로 조직하는 것을 의미한다.

효과적인 교육내용 조직의 원리들을 살펴보면 다음과 같다(강현석, 2004).

(1) 계열성(sequence)의 원리

누적적이고 계속적인 학습을 통해 교육내용을 심화할 수 있도록 학습내용의 구조나 내용의 논리성에 따라 조직하는 원리이다. 교육내용은 선행하는 경험보다 내용의 폭이 넓어지고 깊이가 깊어지도록 구성되어야 함을 의미하는 것으로, 브루너가 제시한 나선형적 조직으로 이해할 수 있다. 나선형적 조직은 연령이 높아짐에 따라 교육내용의 단순 반복을 넘어 점차적으로 내용의 깊이와 넓이를 더해 가도록 조직하는 것이다.

계열성의 의미를 구체적으로 제시하면 다음과 같다.

- 단순하고 쉬운 내용에서부터 어렵고 복잡한 내용으로 조직한다.
- 유아가 이미 알고 있는 내용에서 모르는 새로운 내용으로 조직한다.
- 사실에서 개념 형성을 위한 내용으로 조직한다.
- 구체적 개념에서 추상적 개념으로 조직한다.
- 유아와 가까운 일상 환경의 내용에서 점점 먼 범위의 환경으로 조직한다.

(2) 계속성(continuity)의 원리

학습내용이 일회적으로 끝나지 않고 계속적으로 반복되도록 학습경험을 종적으로 배열·조직하는 원리로, 중요한 개념이나 기술이 교육과정의 다양한 영역에서 지속적으로 반복되어 경험할 수 있도록 하는 것이다. 영유아는 하나의 지식이나 기술을 한 번의 경험으로 습득하는 것이 아니기 때문에 같은 내용이나 행동을 여러 차례 반복하여 경험하도록 함으로써 지식을 내재화하거나 기술을 습관화 할 수 있다. 따라서 계속성은 같은 교육활동의 단순한 반복뿐만 아니라 다양한 활동을 통해 학습내용을 계속적으로 경험할 수 있도록 조직하는 것이다.

(3) 범위(scope)의 원리

교육내용의 폭과 깊이를 어느 정도로 할 것인가와 관련된 원리로, 교육경험의 폭 · 다양성 · 형태를 의미한다. 일반적으로 교육내용 및 활동을 조직할 때 학습자의 연령이나 발달수준이 낮을수록 폭이 좁고 깊이는 얕아지며, 연령이나 발달수준이 높을수록 폭이 넓고 깊이는 깊게 조직한다.

(4) 통합성(integrity)의 원리

교육내용이 다른 내용영역과 유기적으로 횡적 관계가 이루어지도록 조직하는 원리이다. 여러 가지 내용의 과제나 주제를 유기적인 관련성을 갖도록 통합적으로 조직함으로써 학습자가 학습경험을 통해 내적 관계를 형성하도록 한다. 영유아의 발달은 각 영역이 서로 영향을 주고받으면서 이루어지고, 지식이나 기술 또한 분절해서 배울 수 없기 때문에 한 영역의 활동은 다른 영역의 활동에도 영향을 미치게 된다. 영유아의 발달은 서로 영향을 미치며 통합적으로 발달하기 때문에 제공되는 교육내용 역시 통합적으로 제공되어야 한다. 따라서 영유아에게 제공되는 경험은 하나의 통합된 의미를 발견할 수 있도록 조직됨으로써 효과적인 학습이 이루어질 수 있다.

3. 교수 · 학습방법

교수 · 학습은 설정된 교육목표를 달성할 수 있는 교육내용을 선정 및 조직한 후 어떤 학습경험을 어떠한 방법을 통해 교육내용을 학습자에게 전개할 것인지를 결정하는 단계이다. 설정된 영유아교육의 목표에 따라 선정된 교육내용을 효과적으로 전개하기 위해 영유아의 발달적 특성과 사회적 요구에 적합한 경험들을 선정하고 실행에 옮기는 과정이다.

영유아교육에서 강조하는 교수 · 학습의 원리를 정리하면 다음과 같다(방인옥 · 박찬옥 · 이기현, 김은희, 2013).

1) 교수 · 학습 원리

(1) 놀이중심의 원리

영유아에게 놀이는 생활 그 자체이며 동시에 발달과 학습을 의미한다. 자발적인 참여로 이루어지는 놀이를 통해 영유아는 즐거움을 느끼고 주변을 탐색하고 다양한 상황을 경험하면서 나름대로의 지식, 기술, 태도를 발달시키게 된다.

따라서 영유아에게 필요한 모든 경험은 놀이의 형태로 제공되어 영유아가 놀이하는 과정에서 자연스럽게 인지적 자극을 경험하고 다양한 기술을 익히고 바람직한 태도를 형성하도록 하여야 한다. 이러한 과정에서 교사는 영유아가 자발적으로 놀이에 참여할 수 있는 경험을 제공하고 놀이의 과정에서 적극적인 탐구가 이루어질 수 있도록 격려하는 상호작용자의 역할을 할 필요가 있다.

(2) 개별화의 원리

모든 영유아는 발달수준과 사전경험의 유무, 흥미의 수준, 이해의 정도 등에서 개인적인 차이가 있다. 영유아가 지니는 개별적 특성은 학습과정에 참여하는 정도나 속도 등의 차이로 이어질 수 있으므로 영유아의 개인적인 특성에 따라 교수 · 학습방법을 달리 적용할 필요가 있다. 따라서 관찰을 통한 영유아에 대한 정확한 이해에 기초하여 모든 활동을 다양한 수준과 형태로 제공하여 영유아가 자신의 흥미와 수준에 맞는 활동에 참여할 수 있도록 해야 한다.

(3) 탐구학습의 원리

현대 교육의 심리학적 기초가 되는 구성주의에서는 학습자를 주변 환경과의 적극적인 상호작용을 통해 스스로 지식을 구성하는 능동적 지식구성자로 본다. 영유아는 선천적으로 주변 환경에 대한 호기심을 가지고 있으며, 이를 해결하기 위해 적극적으로 탐색하고 탐구하는 과정을 통해 인지적 발달이 이루어진다. 따라서 영유아의 호기심을 자극할 수 있는 물리적 환경을 구성하여 자발적인 관찰과 실험을 격려하고, 스스로 문제를 해결해 보는 다양한 과정을 경험하게 하는 교수 · 학습이 이루어져야 한다.

(4) 생활중심의 원리

실제 생활과 동떨어진 경험은 영유아의 활동에 대한 흥미를 떨어뜨리고 이해를 어렵게 할 수 있는 반면, 실제 생활과 가까운 경험은 의미 있는 활동이 될 수 있다. 이는 영유아에게 직접적이고 구체적인 경험을 통한 학습으로 이어질 수 있기 때문이다. 따라서 일상생활 속에서 일어나는 다양한 사건과 여기서 발생하는 영유아의 흥미와 관심, 질문 등이 교육활동으로 이어질 수 있도록 해야 한다.

(5) 통합의 원리

통합이란 영유아의 발달영역 간의 통합, 교육과정의 생활영역 간의 통합, 교육활동 간의 통합, 영유아교육기관과 지역사회의 통합을 의미하며, 이러한 통합을 통해 학습 경험이 영유아에게 있어 내적으로 통합되도록 하는 것을 말한다. 이를 위해서는 영유아의 관심과 흥미에 따라 선정된 주제를 중심으로 여러 생활 영역의 활동들이 다양한 형태로 제공되어 영유아의 전인적인 발달로 이어질 수 있도록 해야 한다.

2) 3~5세 연령별 누리과정의 교수 · 학습방법

교수 · 학습은 영유아의 일반적인 발달특징뿐만 아니라 개별적인 특징과 경험, 유아가 살고 있는 사회 · 문화적 상황에 대한 지식에 기초하여 가장 효과적인 방법을 사용하여야 한다. 정해진 시간표에 의해 엄격하게 일과가 진행되는 초 · 중등학교와는 달리 영유아교육기관에서는 융통성 있게 진행되므로 교수 · 학습 측면에서 교사의 전문성과 자율성, 융통성이 더욱 요구된다. 국가수준의 교육과정인 3~5세 연령별 누리과정에서는 교수 · 학습방법은 일곱 가지로 제시하고 있다(교육과학기술부 고시 제2012-16호, 보건복지부 고시 제2015-82호에 따른 3~5세 연령별 누리과정 해설서에서 발췌.).

(1) 놀이를 중심으로 교수 · 학습활동이 이루어지도록 한다.

놀이는 유아의 생활이자 학습 그 자체라고 할 수 있다. 놀이를 하면서 유아는 다른 사람과 관계를 맺고, 주변에 대한 지적 호기심을 충족시키며 삶에 필요한 지식, 기능, 태도를 익히고 사고를 확장한다. 놀이는 즐거워서 자발적으로 하는 것이므로 유아가 정서적 긴장이나 두려움 없이 많은 것을 배우고 익히는 학습의 기회가 된다. 따라서 놀이를 통해 가르치고 배우는 것이 유아기에 가장 적합한 교수 · 학습 방법이다.

(2) 유아의 흥미를 중심으로 활동을 선택하고 지속할 수 있도록 한다.

유아의 활동은 유아가 흥미를 가지는 것에서 시작해야 한다. 흥미를 가진다는 것은 어떤 것에 주의를 기울이고 지속적으로 몰두하며 마음이 사로잡혀 있는 것이다. 자신이 흥미 있어 하는 활동이 제공되었을 때 유아는 그 활동에 마음이 사로잡혀 관람자가 아닌 적극적인 참여자가 되고 이를 통해 학습이 일어난다. 활동의 주제나 내용이 유아의 관심 밖이거나 흥미가 없는 것일 때 유아가 활동에 적극적으로 참여하여 몰입하기는 어렵다. 따라서 교사는 세심한 관찰을 통해 유아의 관심이나 흥미가 무엇인지 파악하고 이에 적합한 활동을 제시해야 한다. 또한 유아가 보이는 관심과 흥미에는 개인차가 있으므로 교사는 다양한 활동을 준비하여 유아가 자신이 원하는 활동을 직접 선택할 수 있는 기회도 충분하게 제공해야 한다.

(3) 유아의 생활 속 경험을 소재로 하여 지식, 기능, 태도 및 가치를 습득하도록 한다.

유아는 일상생활 속에서 여러 가지 경험을 하게 되며 이를 통해 지식, 기능, 태도 및 가치를 형성해 간다. 지식은 유아가 습득하게 되는 사실 · 개념 · 정보 등을 말하고, 기능은 지식을 습득하고 적용하는 방법을 강구하는 능력으로 필요한 절차나 과정을 시작하고 진행하는 유능성을 의미한다. 태도 및 가치는 가치판단, 감정적인 성향, 학습과정에서 나타나는 태도, 흥미와 관련된 것이며, 어떤 일을 행할 때 나타나는 특별한 양식으로 호기심, 자세, 느낌 등을 포함한다.

유아가 배워 나가는 지식, 기능, 태도 및 가치는 일상생활의 문제를 해결할 수 있는 실제적인 것이어야 한다. 따라서 유아 개인에게 의미가 있고 실제적인 가치를 가지는 생활 속의 경험을 통해 이를 습득하도록 한다. 또한 유아는 발달 특성상 구체적이며 직접적인 경험을 토대로 학습을 한다. 유아가 생활 속에서 하는 경험은 유아에게 가장 가깝고 친숙하며 구체적이고 직접적이다. 따라서 유아는 가장 가까운 곳에서 일어나는 일상을 중심으로 지식, 기능, 태도 및 가치를 배워 나가는 것이 바람직하다.

(4) 유아와 교사, 유아와 유아, 유아와 환경 간의 능동적인 상호작용이 이루어지도록 한다.

유아는 교사나 또래와 개별적 또는 집단으로 상호작용하면서 새로운 지식과 기능을 습득하고 태도를 형성한다. 또한 제공되는 교육환경, 제시된 교재나 교구로 개별적으로 상호작용하는 동안에도 학습한다. 상호작용은 유아에게 제공되는 지식이나 기능, 가치를 일방적으로 흡수하는 것이 아니라 인지적 · 정서적 교류를 통해 능동적으로 지식을 구성하며 학습하는 것이다.

상호작용은 일방적이 아니라 쌍방적이다. 교사가 유아에게 일방적으로 질문하고 답하는 방식은 상호작용이 아니다. 유아와 교사, 유아와 유아가 서로 생각을 나누면서 함께 학습할 수 있도록 배움의 공동체 문화를 형성하는 것이 중요하다. 반의 구성원이 모두 함께 참여하여 서로의 생각을 나누고 자신과 다른 생각을 존중하며 서로에게 배워 나가는 학급 문화가 만들어져야 한다.

(5) 주제를 중심으로 여러 활동이 통합적으로 이루어지도록 한다.

3~5세 연령별 누리과정은 유아의 발달과 생활 경험을 통합하여 신체운동 · 건강, 의사소통, 사회관계, 예술경험, 자연탐구의 5개 영역으로 구성되어 있다. 유아는 자신을 둘러싼 세상에 대해 배워 나갈 때 분리된 내용영역이나 분절된 교과로 배우는 것이 아니라 통합된 전체 경험으로 배운다. 통합은 부분들을 전체에 관련시켜 결합해 가는 과정이며, 유아는 자신의 경험들을 통합하여 전인적으로 성장 · 발달한다. 주제중심의 통합은 유아의 흥미와 발달, 학습에 적합한 주제를 선정하여 이를 탐구하는 과정에서 누리과정의 5개 영역과의 관련되는 내용들을 통합하여 학습하는 것이다.

(6) 실내 · 실외활동, 정적 · 동적활동, 대 · 소집단활동 및 개별활동, 휴식 등이 균형 있게 이루어지도록 한다.

유아는 일과 중의 많은 시간을 실내에서 보낸다. 그러나 교실 외의 바깥 공간에서 신선한 공기와 햇살을 받으며 자유롭게 몸을 움직이고 에너지를 발산할 수 있는 실외활동도 매일 충분히 할 수 있어야 한다. 개별활동과 대 · 소집단활동도 유아의 연령 및 시기 등을 고려하여 고르게 실시되어야 한다.

(7) 유아의 관심과 흥미, 발달이나 환경 특성 등을 고려하여 개별 유아에게 적합한 방식으로 학습하도록 한다.

유아는 같은 연령이라도 각자 경험의 내용과 범위, 관심사, 학습능력, 발달수준, 가정의 문화 등 많은 부분에서 차이가 있다. 유아 개개인의 독특성을 인정하고 개별 유아에게 적합한 학습 방식을 지원하는 것은 필수적이다.

4. 평가

교육과정 구성의 마지막 단계인 평가는 일반적으로 학습의 결과로 학습목표를 어느 정도 달성했는지를 알아보기 위하여 성취도의 수준을 따져 매기는 것을 의미한다(김수향 · 이경하 · 이용주 · 임영심, 2015). 영유아교육에서 평가는 교육의 목표가 어느 정도 달성되었는지를 확인하는 것뿐만 아니라, 교육내용과 교수 · 학습 방법의 적절성을 알아보고, 교육의 결과 영유아의 발달과 성취 정도를 확인하는 과정이다.

영유아교육에서 평가는 영유아 평가와 영유아프로그램 평가로 구분할 수 있다. 먼저, 영유아 평가는 교육활동을 전개하면서 활동 전과 활동 진행 중, 활동 후에 실시하는 영유아의 발달에 대한 평가를 의미한다. 교육활동이 실시되기 전에 이루어지는 진단평가, 활동 중에 실시되는 형성평가, 활동 후에 이루어지는 총괄평가로 구분된다. 평가 방법으로 관찰법, 표준화 검사법, 포트폴리오 평가법 등을 활용한다. 영유아프로그램 평가는 프로그램의 질적 수준과 그 효과를 평가하는 것으로, 교육계획의 적절성, 교수 · 학습과정의 효율성, 교육과정 평가의 세 가지 측면에서 실시하며, 이는 교육의 질을 개선하고 영유아프로그램의 효율성을 높이기 위함이다.

교육현장에서 실시하는 영유아 평가의 기능은 첫째, 교육의 목표달성 정도를 파악하는 것이다. 둘째, 영유아 개개인에 대한 성취 결과를 분석하고 결과를 토대로 교육활동의 개선방안을 모색하는 것이다. 셋째, 영유아의 생활지도와 학습지도에 있어 기초가 되는 자료를 제공해 준다. 넷째, 부모에게 필요한 영유아에 대한 이해 자료를 제공해 주는 것이다.

요약

1. 영유아교육과정 구성 요소는 교육목적 및 목표설정, 교육내용의 선정 및 조직, 교수 · 학습방법, 평가로 이루어진다.
2. 영유아교육의 목표는 철학적 기반 위에 영유아의 발달과 사회문화적 적합성을 고려하여 설정해야 한다.
3. 교육내용의 유형은 강조점에 따라 사실 축적, 기술 축적, 교과영역, 주제중심접근, 구조적 학문, 통합적 접근으로 구분되지만 서로 배타적인 것이 아니고 다양한 조합을 통해 내용이 구성된다.
4. 교육내용은 계열성, 계속성, 범위, 통합성의 원리에 따라 조직된다.
5. 교수 · 학습은 놀이중심, 개별화, 탐구학습, 생활중심, 통합의 원리에 따라 이루어진다.
6. 교육목표의 달성 정도를 확인하기 위한 평가는 영유아 평가와 영유아프로그램 평가로 나누어진다.

생각해 볼 문제

1. 표준보육과정과 누리과정의 철학적 기반과 심리학적 기반에 대해 알아보자.
2. Bruner의 나선형교육과정을 근거로 교육내용 조직의 원리를 설명해 보자.

Part. 2

영유아교육과정의 실제

C H A P T E R 05

영유아교육과정의 계획

1. 영유아교육계획의 이해

1) 교육계획의 이해

유아교사에게 가장 중요한 역할 중의 하나는 교육과정을 계획하고 운영하는 것이다. 학습이란 끊임없는 경험의 과정 속에서 새로운 지식을 얻고 기술을 몸에 익히고 바람직한 태도와 습관을 갖게 되는 것이며, 나아가 이러한 지식 · 기술 · 태도 · 습관이 새롭게 계속 변화되어 가는 것이다. 이러한 경험의 재구성을 위해서는 장기적인 계획을 필요로 하며 이는 어느 한 교사의 개인적 · 즉흥적인 의견에 의해 만들어지는 것이 아니라 연간계획, 월간계획, 주간계획 같은 여러 가지 요인을 고려하여 세워져야 한다. 그런 후에 교사는 보다 효율적으로 유아를 가르치기 위해 수업 전에 단위시간의 지도 계획을 수립해야 한다.

영유아를 위한 교육과정은 초 · 중등교육과는 달리 교과서가 없기 때문에 반드시 수업계획안을 작성하여 수업에 임해야 한다. 수업계획안은 교사 자신의 전문성과 유아의 발달적 특성을 고려하여 실현 가능한 목표를 설정하고 내용과 방법을 유치원 실정에 맞게 선정 · 조직해야 한다. 수업계획은 교사 수준의 교육과정으로서 교사와 유아가 학습에서 실제 효과적인 수업을 이끌기 위한 방향과 흐름을 제시하는 일종의 교육 설계도를 의미한다.

교육계획이 갖는 의미를 살펴보면 다음과 같다.

- 수업 전에 충분히 계획한 수업은 그렇지 못한 수업보다 학습의 효과를 높이는 데 효과적이다.
- 교사가 지도하는 유아의 특성, 흥미, 욕구, 능력, 잠재력에 필요한 관심을 돌리는 데 도움을 준다.
- 교육과정의 합리적인 진도를 면밀하고 심층적으로 계획하는 데 도움을 주며 방향을 제시해 준다.
- 교사의 판단을 밝혀 주는 데 도움을 주고 교사가 하는 교육활동에 대한 이론적 근거를 제시해 준다.
- 동료 교사들과 함께 계획하고 서로의 생각을 교환하고 지원을 나누는 팀 활동을 고무하게 된다.
- 담임교사의 결근 시에도 교육활동의 진행 사항을 알고 다른 교사가 대신 그 계획을 수행할 수 있다.
- 일과를 변경할 수 있는 기반을 제공한다.
- 자료를 준비하고 필요한 것이 무엇이며 어떤 자원을 수집 또는 접촉할 것인지를 알기 위한 시간적 여유를 가질 수 있다.
- 평가할 수 있는 구체적인 양식을 제공할 수 있다.
- 교직원, 학부모, 감독기관을 위한 의사전달 도구의 역할을 한다. 교사가 실시한 프로그램의 내용과 그 가치를 가늠하는 데 도움을 준다.

2) 교육계획을 위한 기초

교육계획의 가치는 유아가 스스로 의미 있는 경험을 했다고 인식하는 데서 찾을 수 있다. 유아가 호기심과 기대를 갖고 온 마음을 다해 교육활동에 참여할 때 '유의미한 교육과정'이 이루어진다. 다음은 교육과정을 계획함에 있어 필요한 기초 정보로서 유아교사가 알아 두어야 할 것들을 살펴보자.

(1) 사회 · 문화적 환경 내의 유아

교육활동의 주체이며 대상이기도 한 유아는 교육과정의 방향을 결정하는 데 그 중심적인 역할을 한다. 유아는 개체적 존재이기는 하지만, 항상 사회 · 문화적인 환경 내에서 생활하며 성장하고 있다. 사회 · 문화적 환경에 적응하는 일은 유아의 삶의 목표이며 교육의 과제이기도 하다. 따라서 유아가 어떤 사회와 문화에서 생활하는지에 따라 보육적인 요구는 달라진다.

(2) 학문적 지식

유아가 생활하는 중에 경험하는 세계는 다양하다. 이러한 일상생활에서 제기되는 다양한 물음에 대하여 해답을 탐구하는 것이 곧 학문이라고 할 수 있다. 각 학문적 지식은 자연과학 · 사회과학 · 인문과학의 큰 학문적 지식 체계를 형성하고 있다. 각 학문적 지식 체계는 관련된 분야마다 구체적인 지식과 기술, 태도로 구성되어 있으며 이러한 학문의 체계들이 상급학교인 초등학교와의 연계가 어떻게 이루어지는지 알아야 한다.

(3) 유아발달에 관한 지식

유아교사는 유아에게 유용한 학문적 지식을 구체적 경험 활동으로 변형시키는 데 유아발달에 관한 지식이 필요하다. 유아가 또래에게 보이는 발달 특성을 얼마나 갖고 있고, 그러면서도 또래와 어떤 점에서 개인적으로 차이가 나는지 등을 안다는 것은 유아교사가 교육과정을 결정하는 데 중요한 요소가 된다.

(4) 발달과 활동(학습)의 연속체

발달과 활동(학습)의 연속체 개념은 인간이 생애에 걸쳐 변화해 가는 발달과 학습의 역동성을 나타낸다. 표준화된 발달 목록이 연령에 따른 유아의 능력을 비교해 볼 수 있는 틀을 제공하기는 하지만, 정상적인 범위 내에서도 유아 간의 개인차는 매우 클 수 있다. 또한 각 유아는 성숙과 경험의 상호작용에 의해 발달과 활동(학습)에 있어 독특한 연속체를 보여 줄 수도 있다. 이러한 정보는 유아를 관찰하고 유아와 상호작용을 하는 과정에서 얻어지며, 다양한 상황에서 유아를 관찰할 수 있는 부모로부터 얻을 수 있다.

3) 교육계획의 기본원칙

(1) 통합성

통합성의 원칙은 다양한 경험을 보육내용 영역으로 상호 관련시켜 시 · 공간적으로 의미 있게 모아 전체로서의 활동이 이루어지고 나아가 유아에게 가치로운 변화가 이루어지도록 하는 것을 말한다. 누리과정의 만 3, 4, 5세 유아에게 필요한 기본 능력과 소양을 기를 수 있는 내용을 선별하여 신체운동 · 건강, 의사소통, 사회관계, 예술경험, 자연탐구 5개 영역별 세부내용을 통합하여 활동하도록 하는 것을 그 예로 들 수 있다.

(2) 계열성

계열성의 원칙은 보육내용을 조직할 때 어느 것을 먼저 경험하고 나중에 경험해야 하는지를 순서 짓는 것을 말한다.

(3) 다양성

다양성의 원칙은 일상생활에서 경험하게 되는 모든 대상, 즉 사물이나 현상들이 갖는 개별적인 독특성을 인정하고 그들 간의 구별되고 차이나는 점들을 존중하는 것을 말한다.

(4) 융통성

융통성의 원칙은 학습자인 유아가 호기심과 관심을 가지고 활동을 경험할 때 고정적인 사고방식이나 시각 자체를 변환시켜 다양한 해결책을 찾아낼 수 있는 기회를 제공하는 것을 말한다. 실제로 유아 주변의 사회문화적 환경은 날마다 변화가 일어나고 있으며, 예측할 수 없는 사태에 언제나 대비하고 있어야 한다. 융통성에는 변화와 전환의 의미가 내포되어 있는 것이므로 창의적 문제 해결이라고 할 수 있다.

4) 교육계획의 구성요소

(1) 주제 선정

생활주제는 유아의 일상생활 경험, 흥미로운 사실, 문제 상황, 우연한 사건 등에서 떠오르기 쉽다. 유아가 경험하는 사건과 상황들 중 특히 의미 있게 다가오는 주제거리는 유아의 발달에 적합하고 친숙하거나 호기심을 유발하며, 문제를 해결하고 싶은 동기를 유발하는 것이다. 따라서 생활주제는 유아에게 발현되고, 여러 개의 생활주제가 동시에 떠오를 때에는 토의하고 합의하는 과정을 거쳐 선정하는 것이 좋다. 유아와 합의하여 생활주제를 선정하면 주제와 관련지어 어떤 것들을 경험하고 싶은지(알아보고, 탐색하고, 가 보고, 생각하고, 느끼고 등)에 대하여 이야기를 나눈다.

주제선정의 판단 기준

- 주제가 알아야 할 만한 가치가 있는 것인가?(가치적 기준)
- 주제가 유아의 발달에 적합한 것인가?(발달적 기준)
- 유아 스스로에 의해 검증될 수 있는가?(교수 · 학습방법의 기준)

〈표 5-1〉 3~5세 연령별 생활주제와 주제(예)

생활주제	만 3세 주제	만 4세 주제	만 5세 주제
유치원(어린이집)과 친구	유치원(어린이집)의 환경 유치원(어린이집)에서의 하루 유치원(어린이집)에서 만난 친구 함께 놀이하는 유치원(어린이집)	유치원(어린이집)의 환경 유치원(어린이집)에서의 하루 유치원(어린이집)에서 만난 친구 함께 만드는 유치원(어린이집)	유치원(어린이집)의 환경 유치원(어린이집)에서의 하루 유치원(어린이집)에서의 친구 함께 놀이하는 유치원(어린이집)
나와 가족	나의 몸과 마음 소중한 나 소중한 가족 행복한 우리 집	나의 몸과 마음 소중한 나 소중한 가족 가족의 생활과 문화	나의 몸과 마음 소중한 나 소중한 가족 가족의 생활과 문화
우리 동네	우리 동네 모습 우리 동네 생활 우리 동네 사람들	우리 동네 모습 우리 동네 생활 우리 동네 사람들 우리 동네 전통과 문화	우리 동네 모습 우리 동네 생활 우리 동네 사람들 우리 동네 전통과 문화
동식물과 자연	궁금한 동식물 동물과 우리 생활 식물과 우리 생활 자연과 더불어 사는 우리	궁금한 동식물 동물과 우리 생활 식물과 우리 생활 자연과 더불어 사는 우리	궁금한 동식물 동물과 우리 생활 식물과 우리 생활 자연과 더불어 사는 우리
건강과 안전	즐거운 운동과 휴식 깨끗한 나와 환경 맛있는 음식과 영양 안전한 놀이와 생활	즐거운 운동과 휴식 깨끗한 나와 환경 맛있는 음식과 영양 안전한 놀이	즐거운 운동과 휴식 깨끗한 나 맛있는 음식과 영양 안전한 놀이
생활도구	다양한 생활도구 생활도구를 움직이는 힘 생활도구로서의 미디어	다양한 생활도구 생활도구를 움직이는 힘 생활도구로서의 미디어 미래의 생활도구	다양한 생활도구 생활도구를 움직이는 힘 생활도구로서의 미디어 미래의 생활도구

생활주제	만 3세 주제	만 4세 주제	만 5세 주제
교통기관	여러 가지 육상 교통기관 고마운 육상 교통기관 항공 · 해상 교통기관 즐거운 교통생활	여러 가지 육상 교통기관 고마운 육상 교통기관 항공/해상 교통기관 즐거운 교통생활	교통기관의 종류 고마운 교통기관 교통기관의 변천과정과 구조 교통통신과 교통생활
우리나라	우리나라 사람들의 생활 우리나라의 놀이와 예술 우리나라의 역사와 자랑거리	우리나라 사람들의 생활 우리나라의 놀이와 예술 우리나라의 역사와 자랑거리	우리나라 사람들의 생활 우리나라의 놀이와 예술 우리나라의 역사와 자랑거리
세계 여러 나라	-	세계 여러 나라 사람들의 생활 세계 여러 나라의 문화유산 세계 여러 나라와의 교류 세계의 자연과 사회현상	세계 여러 나라 사람들의 생활 세계 여러 나라의 문화유산 세계 여러 나라와의 교류 세계의 자연과 사회현상
환경과 생활	물과 우리 생활 흙과 우리 생활 바람 · 공기와 우리 생활 빛과 우리 생활 소리와 우리 생활	물과 우리 생활 흙과 우리 생활 바람 · 공기와 우리 생활 빛과 우리 생활 소리와 우리 생활	물과 우리 생활 흙과 우리 생활 바람 · 공기와 우리 생활 빛과 우리 생활 소리와 우리 생활
계절	봄 여름 가을 겨울	봄 여름 가을 겨울	봄 여름 가을 겨울

(2) 생활주제 전개 과정

교사는 생활주제가 전개되어 나갈 수 있는 내용의 범위를 예상하고 조직한다. 선정된 생활주제와 유사하거나 같은 주제가 이전의 유아에게 진행되었던 경험의 내용을 참고하기도 하고, 현재의 유아에게서 나타나는 전반적인 발달수준도 고려하거나 주제와 연관 지어 지역사회의 환경적 조건도 살펴보고, 교사 자신의 역량도 감안하여 가능한 범위 내에서 3~4개 정도의 주제를 나누고, 다시 주제에 따른 몇 개의 소주제들로 구분한다.

〈표 5-2〉 생활주제 「유치원(어린이집)과 친구」주제 및 소주제 조직(예)

주제	유치원(어린이집)의 환경	유치원(어린이집)에서의 하루	유치원(어린이집)에서 만난 친구	함께 만드는 유치원(어린이집)
소주제	• 우리 반 이름과 교실 알아보기 • 시설물 사용방법 알아보기 • 유치원(어린이집) 돌아보기 • 유치원(어린이집)에서 함께 지내는 사람들 알아보기	• 등 · 하원하기 • 자유선택활동 계획과 평가하기 • 집단활동하기 • 바른자세로 급식(간식) 먹기	• 나와 친구 소개하기 • 친구와 다른 점 알아보기 • 친구와 사이좋게 놀이하기 • 친구 간의 예의 지키기	• 우리 유치원(어린이집)을 나타내는 것들 알아보기 • 안전하게 놀이하기 • 유치원(어린이집)의 특별한 날 알아보기 • 함께 놀이할 때의 약속 정하기

(3) 생활주제 연관활동

생활주제 전개과정 내용과 연관 있는 활동들을 선정하여 자유선택활동과 대 · 소집단활동을 안내하여 목록표를 만든다.

〈표 5-3〉 생활주제 「어린이집과 친구」교육활동 목록표(예)

활동	주제	활동 목록
자유선택활동	쌓기놀이 영역	여러 가지 블록 놀잇감 / 어린이집 만들기
	역할놀이 영역	친구 초대하기 / 어린이집 가족놀이
	언어 영역	새로운 이름 / 어떤 놀이를 좋아하니?
	수 · 조작 영역	안전하게 놀이해요 / 사이좋은 친구 빙고 게임
	과학 영역	신기하고 재미난 안경놀이 / 얼마나 늘어날까?
	미술 영역	약속액자 만들기 / 나만의 사인 만들기
	음률 영역	말리듬 놀이 / '딱' 하나만 빼고 '노랫말' 바꾸기

활동	주제	활동 목록
대 · 소집단 활동	이야기 나누기	어린이집에서 함께 지내는 사람들을 알아봐요 / 서로의 마음을 알아봐요
	동화 · 동시 · 동극	이리와 / 오! 나의 친구
	음악	나는 할 수 있어 / 친구야 쉿!
	신체	찰흙이 되어 보아요 / 친구하고 마주보고
	게임	'약속의 말' 듣고 행동하기 / 릴레이 기차놀이
	요리	생크림 크레페 만들기
	미술	주세페의 명화를 감상해요 / 자연의 무늬로 친구를 찾아요
	현장체험	어린이집 돌아보기
바깥놀이 활동		사진 속에 담은 우리 어린이집

(4) 환경구성

생활주제의 연관활동이 잘 이루어질 수 있도록 자유선택활동 영역과 벽면의 구성, 교실 전체의 심리적 분위기 조성 등을 계획한다. 교사는 우선 실내 자유선택활동 영역에 있어서 생활주제와 연관된 활동 자료들을 영역별로 계획한다. 벽면에는 각종 정보물, 영상자료, 그래프 등 자료들을 주제 전개에 따라 게시할 수 있도록 계획한다. 생활주제의 의미 있는 경험을 격려할 수 있는 교실 분위기 창출에 노력해야 한다.

(5) 일일교육활동

일일교육활동은 주간교육활동 계획안을 토대로 하여 동적 · 정적, 실내 · 실외 활동의 균형은 물론 단일 연령을 위한 활동, 다양한 연령조합의 활동까지 고려하여 계획한다. 특히, 대 · 소집단활동의 경우 일과 중 특정 연령이 갖는 특수성을 고려하여 적절한 시간을 활용하도록 한다. 일일교육활동을 계획함에 있어 교사는 다음과 같은 사항을 고려하여야 한다.

- 일일활동주제 전개를 위한 환경구성은 어떻게, 어느 정도까지 준비해 놓을 것인가?
- 일일활동주제와 가장 연관된 활동은 어떤 것이 있으며, 그러한 연관활동들을 어떻게 조직하고 어떤 방법으로 유아에게 제안할 것인가?
- 어제, 오늘, 내일의 일일활동주제는 어떤 방향으로 진행되고 있으며, 서로 어떻게 연결되어 있는가?

① 일일교육활동에 반영되어야 할 발달적 요구

교육기관에서 영유아는 등원시간부터 귀가하는 시간까지 여러 활동으로 일과가 구성된다. 일과는 크게 신체적 요구와 관련된 활동과 영유아의 관심과 흥미를 고려한 교육활동으로 나누어 볼 수 있다. 이 두 활동은 분리되어 있는 것이 아니라 서로 유기적인 관계를 유지하게 되는데, 연령이 어릴수록 전체 일과 중에 신체적 요구와 관련된 교육활동이 길고 중요하며, 연령이 높아질수록 관심과 흥미를 고려한 교육활동이 전체 일과에서 차지하는 비중이 커지게 된다. 교사는 영유아의 발달수준과 흥미를 고려하여 영유아의 욕구를 가장 잘 충족시켜 줄 수 있는 일과계획을 세우도록 해야 한다.

발달에 맞은 질 높은 일과 운영을 위해 반영되어야 할 영유아의 요구를 살펴보면 다음과 같다(김영옥, 1991).

- 안락하고 따뜻한 느낌에 대한 요구: 유아의 능력을 지적 · 정서적 · 정신적으로 최대한 개발할 수 있도록 개별적으로 존중하고 수용되어야 한다.
- 안전에 대한 요구: 신체적 · 도덕적 · 사회적 위험으로부터 보호하여야 하며, 건강을 증진시키고 모든 질병으로부터 보호되어야 한다.
- 다양한 물체와 재료를 실험해 봄으로써 적극적으로 탐구하고 자유롭게 움직이고자 하는 요구
- 언어, 미술, 음악, 과학 및 다양한 매체를 통해 의사소통의 수단을 개발시키

고자 하는 요구

- 자신의 성취에 대해 자부심을 느끼고 자기신뢰와 독립심을 얻으며, 자신 있게 문제를 해결하는 방법을 배우고 인간관계에 대응하는 법을 점차적으로 배우고자 하는 요구
- 놀이, 적당한 여가 및 삶을 즐기려 하는 요구
  - 관심사를 넓힐 수 있고 주변 세계에 대한 개념을 명료화하기 위해 적절한 경험을 갖고자 하며, 영유아기에 적합하고 자연스러운 천진한 웃음, 쾌활함, 유머를 즐기고자 하는 요구

이상으로 즐겁고 편안하고 안전한 가운데 다양한 물체를 조작 · 탐구해 보며 여러 가지 매체를 통해 스스로를 개발하여 자기신뢰와 인간관계에 적응하는 것을 배울 수 있도록 해야 한다.

② 일일교육활동의 일반적인 원칙

가. 일정한 규칙의 원칙가

유아교육기관에서의 규칙적인 일과는 하루 활동의 순서를 예견할 수 있도록 해 주므로 영유아에게 정서적 안정감을 주게 된다. 예측 가능한 일과 운영은 시간을 엄격하게 지키는 의미라기보다는 일과의 일정한 순서에 대한 것으로, 이러한 일정한 순서는 영유아가 스스로 자신의 활동을 계획하고 조정할 수 있게 해준다. 정적 · 동적활동, 정리, 휴식, 화장실 가기, 간식 등의 활동을 영유아의 신체주기를 고려하여 일정하게 배정한다면, 영유아는 가장 편안한 상태에서 활동에 집중할 수 있게 된다.

나. 균형의 원칙

교육활동을 계획을 할 때 한 가지 유형의 활동에 치우치지 않고 영유아의 건강 · 영양 · 교육적 요구를 고르게 충족하여 활동할 수 있도록 한다. 영유아의 일

과는 인지적·정서적·사회적·신체적·언어적 발달과 수유, 섭식, 배변 등의 생리적 욕구와 휴식활동이 균형을 이루도록 계획한다. 그리고 개별활동, 소·대집단활동, 동적·정적 활동, 실내·실외 활동, 교사주도·유아주도 활동이 균형을 이루도록 일과를 계획하고 운영해야 한다.

다. 융통성의 원칙

영유아의 개별적인 차이, 활동 주제, 영유아의 흥미와 관심, 날씨 등과 같은 변수에 따라 융통성 있게 운영하는 것으로 영유아의 흥미와 관심이 높은 활동이라면 교사는 융통성 있게 시간을 조정할 수 있어야 한다. 또한, 집단의 요구뿐만 아니라 개별 유아의 요구도 반영되어야 하는데, 활동에 관심을 보이지 않는 유아, 활동을 좀 더 하고 싶어 하는 유아, 낮잠을 자려고 하는 유아, 그렇지 않는 유아 등 영유아의 개별적인 요구 역시 교사가 일일교육활동에 고려해야 할 사항이다.

라. 변화의 원칙

교사는 일일교육활동의 내용과 유형을 다양하게 변화시켜 영유아가 활동에 흥미를 잃지 않고 지속적으로 기대감과 흥미를 유지하여 보육기관에서의 생활을 좀 더 즐겁게 할 수 있도록 운영해야 한다. 매일 일정한 순서로 이루어지는 일과활동이라도 영유아의 생활 경험을 풍부하게 할 수 있도록 교실 환경 구성의 변화, 교구의 배치, 새로운 활동 소개 등 일상 활동에서 작은 변화를 주고, 견학활동, 생일 축하, 부모님 초대의 날 등 특별한 날을 일일교육계획에 반영할 수 있도록 연초에 연간 행사 계획을 수립하는 것이 필요하다.

(6) 단위교육활동

일일교육활동 계획에 있어 중요한 것이 단위교육활동 계획이다. 단위교육활동은 유치원의 일과 운영 시간표를 구성하는 단위가 되며, 등원부터 귀가에 이르기까지 다양한 교육활동으로 이루어진다.

다음은 단위활동의 전개과정(도입 → 전개 → 마무리)에서 알아두어야 할 사항들에 대해 살펴본다.

① 도입단계

활동의 시작단계로 비교적 짧은 시간 안에 이루어진다. 활동 상황에 따라 약간의 차이는 있지만, 대략 5분 전후가 적절하다.

가. 동기유발

학습동기유발은 주어진 학습과제에 대한 유아의 관심과 흥미를 불러일으키는 것이다. 현실적으로 많은 활동이 유아의 학습동기유발에 실패함으로써 활동목표 달성에 실패하게 된다. 따라서 교사는 도입단계에서 다양한 방법을 사용하여 유아의 관심과 흥미를 끌어야 한다.

나. 주의집중

주의집중이란 교사가 계획하여 주도하는 보육활동에 유아가 집중하여 그 활동을 효과적으로 진행할 수 있도록 교사가 행하는 전략을 말한다. 주의집중은 주로 활동의 시작단계에서 많이 사용하지만 활동을 진행되는 동안에도 유아가 집중하지 않을 때 언제든지 사용할 수 있다.

● 주의집중의 중요성

학습자가 진행되는 보육활동에 집중하여 참여하는 태도와 습관을 가질 수 있도록 해야 한다.

주의집중 전략 활용 시 주의점

- 가능한 한 현재 진행하고 있는 생활주제 혹은 활동과 관련되게 한다.
- 주의집중이 되면 바로 활동을 시작하도록 한다.
- 다양한 주의집중 전략을 사용한다.
- 교육적으로 적합한 방법을 사용한다.

다. 활동목표 제시

도입단계에서 교사와 유아 모두가 활동목표를 명확하게 인식하고 있어야 학습의 효과도 높일 수 있다. 따라서 유아가 성취해야 할 학습목표를 구체적이고 분명하고 알기 쉽게 제시해 주어야 한다. 학습목표를 제시할 때는 구체적인 행동목표로 제시하며, 말뿐만 아니라 구체적인 보기, 시범 또는 작품을 함께 제시하여야 효과적인 활동이 될 것이다.

라. 선수활동과 관련짓기

본 활동과 관련이 있는 과거의 활동경험을 회상시키거나 재생시켜 주는 활동이다. 어떤 과제의 활동이 용이하게 이루어지기 위해서는 현재 활동과제와 관련 있는 과거의 활동을 연결시켜 주어야 한다.

② 전개단계

전개단계는 활동의 중심활동으로, 실제 본시활동의 대부분이 이 단계에 해당한다. 전개단계에서는 학습과제의 내용을 유아에게 제시하고 다양한 활동방법을 사용하여 활동목표 달성을 위한 교수 · 학습활동을 하게 된다.

가. 활동내용의 제시

학습내용을 제시할 때는 다음의 몇 가지를 고려해야 한다.

- 활동내용은 단순하고 쉬운 과제에서 복잡하고 어려운 과제로 나아가도록 해야 한다.
- 한단위 시간에 지도해야 할 활동내용을 유아의 발달수준과 특성, 활동의 조건과 활동 상황 등을 고려하여 적당한 크기로 묶어야 한다.
- 설정된 학습목표를 달성하는 데 없어서는 안 될 주요 내용과 그 내용을 이해하는 데 필요한 예들을 미리 선정해야 한다.

나. 활동자료의 제시

활동자료란 활동목표를 달성하는 데 도움이 되는 다양한 프로그램이나 매체를 말한다. 활동자료를 제시할 때는 활동내용의 특성에 따라 선정하되 학습자의 경험과 수준을 고려해야 한다.

다. 유아의 참여유도

전개단계에서는 많은 질문과 응답이 오가며, 실제로 어떤 행동을 보여 주기도 한다. 따라서 교사가 전 과정을 주도해서는 안 되며 유아의 적극적인 학습활동을 유도하는 것이 필수적이다. 유아들에게 적극적인 참여를 유도하는 방법으로는 다양한 표현기회의 제공, 적극적인 사고활동의 유도, 활동과제 활동의 제시 등 유아가 적극적으로 참여할 수 있는 다양한 방법을 모색해야 한다.

다양한 활동방법의 사용

주어진 활동목표를 달성하기 위해서는 다양한 활동방법이 필요하다. 활동방법은 활동목표, 활동 상황, 활동자료의 특징, 유아의 발달수준 및 흥미 등에 따라 다양해질 수 있다.

시간과 자원의 관리

전개단계는 한 단위활동시간의 약 60~70%를 차지한다. 경우에 따라서는 몇 개의 하위단계 또는 활동으로 구분하여 시간과 자원을 관리하는 것이 좋다.

③ 정리단계

정리단계는 학습활동의 마무리 부분이다. 이 단계에서는 활동내용을 요약 · 정리하고 강화시키며 일반화할 수 있도록 해야 한다.

가. 학습활동에 대한 요약 · 정리

전개 활동에서의 주요 활동내용을 요약 · 정리하는 활동이다.

나. 연습을 통한 강화

학습한 내용을 실제 상황이나 이와 유사한 상황에서 적용시킬 수 있는 기회를 제공하는 활동이다. 물론 어떤 학습과제에서는 연습을 통한 강화활동을 전개단계의 끝 부분에서 실행할 수 있다. 중요한 개념이나 새로 배운 내용은 많은 연습을 통해 분명하게 숙지시켜야 한다.

다. 일반화

유아가 학습한 내용을 주변의 생활 문제에 적용하고 해결해 보는 경험을 하는 활동이다.

라. 보충자료 제시 및 차시 예고

활동시간에 충분히 다루지 못한 내용이 있으면 추가로 제시하여 유아의 학습 욕구를 지속시키고, 다음 시간에 학습할 내용이나 주제를 이번 시간에 배운 내용과 관련지어 제시하는 활동이다.

마. 전이활동

전이활동이란 하루의 일과가 진행되는 동안 한 가지 활동이 끝나고 다른 활동이 시작되기까지 이어지는 시간에 이루어지는 활동을 말한다.

전이활동의 중요성은 유아가 일과가 진행되는 동안 자신이 어떠한 활동을 하게 되는지에 대한 예측을 할 수 있을 때 안정감을 느낀다. 전이가 빠르고 효율적으로 이루어질수록 유아가 아무것도 하지 않고 의미 없이 기다리는 시간이 줄어든다.

전이가 정확하게 이루어지면 유아가 다음에 할 활동을 분명하게 인식하고 빨리 다음 활동에 몰입하기 때문에 학습에 투자하는 시간이 늘어나게 된다. 전이 과정에서 교사의 지시가 정확하게 이루어진다면 유아가 교사에게 의존하지 않고 스스로 다음 활동을 준비할 수 있는 자율성을 기르게 된다.

2. 영유아를 위한 교육계획

1) 영아보육을 위한 계획

영아를 위한 보육계획에서 계획은 영아가 보육시설에서 경험하게 되는 1년 단위의 계획안이므로 각각의 월령과 연령에 균형감을 갖게 하는 청사진이다. 따라서 보육시설이 지향하는 철학과 보육목적, 보육목표가 연간 계획의 기본이다.

연간 계획을 수립할 때에는 영아에게 제공되는 교육, 영양, 건강, 안전, 부모교육과 지역사회와의 교류 등을 고려해야 한다. 하루 종일 보육시설에서 생활하는 영아의 기본적인 생활 욕구를 충족시키는 것은 물론 건강하고 안전하게 보호해야 하며, 전인적인 인간으로 성장할 수 있도록 계획해야 한다.

(1) 연간 보육계획

교사는 연간 계획을 세울 때 항상 전인적인 인간상 형성을 염두에 둔 상태에서 영아의 발달 특성과 요구와 흥미, 개별성을 고려하여 계획하고, 그것을 수업에서 실천하고 수행할 때에는 영아에게 가장 적합한 학습방법인 놀이중심과 활동중심의 방법으로 진행해야 한다.

연간 보육계획이 수립되고 매월, 학사 일정과 계절, 보육시설 형편과 사정에 따른 교육 행사를 포함시키게 되면 1년의 보육계획에 대한 전체적인 계획이 세워지는 것이다.

다음은 연간 보육계획안을 작성할 때 고려해야 할 점이다.

- 연간 보육계획안을 작성할 때는 전년도에 실시했던 평가 기록을 중심으로 연간 생활주제 내용, 실시 기간, 시기의 적절성을 평가한 후 이에 기초하여 연초(1월이나 2월 중)에 작성한다.
- 연간 보육계획에 기초하여 각 연령별로 주제의 내용을 결정한다. 주제의 내용을 계획할 때는 0세, 1세, 2세의 연령별 주제의 범위와 연계성을 고려하여 결정한다.
- 연간 주제를 선정할 때는 영아가 친숙하게 접하게 되는 주제에서 추상적인 주제로 확대하도록 고려한다.
- 연간 보육계획안에 기초하여 주간 보육계획안, 일일 보육계획안을 작성한다.
- 어린이집의 특성상 여름, 겨울에 방학을 실시하기 어려우므로 연간 보육계획안을 계절적 특성에 맞도록 계획하여 교사와 영아가 무리한 교육 일정에 의해 지치는 일이 없도록 고려한다.

2013년 보건복지부가 개발한 어린이집 표준보육과정에 기초한 연간 보육계획의 실제를 살펴보면 다음과 같다.

〈표 5-4〉 표준보육과정에 기초한 영아 연간 보육계획 예시

만 0세		만 1세		만 2세	
주제	소주제	주제	소주제	주제	소주제
낯설어요	엄마와 함께해요 선생님을 만나요 선생님을 만져 봐요 익숙해졌어요	새로운 것이 낯설어요 (8주)	어린이집에 왔어요 만나고 친해져요 우리 반에 무엇이 있을까요? 밖으로 나가 보아요	어린이집이 좋아요 (7주)	나는 ○○반이에요 엄마, 아빠와 헤어질 수 있어요 우리 반 선생님과 친구들이에요 재미있는 놀잇감이 있어요 내가 좋아하는 놀잇감이에요 편안하게 지내요 안전하게 놀아요
느껴보아요	씻으며 느껴요 입으며 느껴요 먹으며 느껴요 놀며 느껴요 자연을 느껴요	느낄 수 있어요 (10주)	만져 보아요 살펴보아요 들어 보아요 맡아 보아요 맛보아요 온몸으로 느껴 보아요	봄나들이 가요 (5주)	바깥놀이가 재미있어요 안전하게 바깥놀이해요 꽃구경은 즐거워요 벌레가 꿈틀꿈틀해요 봄나들이 갈까요?
움직여요	누워서 움직여요 앉아서 움직여요 기어요 서서 걸어요 잡아 보아요	놀이 할 수 있어요 (8주)	놀잇감은 재미있어요(1) 놀잇감은 재미있어요(2) 물놀이는 재미있어요 까꿍놀이는 재미있어요	나는요 (5주)	나는 ○○○이에요 내 몸을 살펴보아요 나는 느껴요 내가 좋아하는 것이 있어요 혼자서도 잘해요
놀이는 재미있어요 (1)	움직이는 놀잇감 구멍이 있는 놀잇감 굴러가는 놀잇감 까꿍 놀잇감 소리나는 놀잇감	나는 할 수 있어요 (5주)	즐겁게 할 수 있어요 말할 수 있어요 찾을 수 있어요	재미있는 여름이에요 (7주)	날씨가 더워졌어요 비가 많이 와요 깨끗하게 씻어요 물놀이가 재미있어요 1 물놀이가 재미있어요 2 여행을 가요
놀이는 재미있어요 (2)	통 상자놀이 헝겊 · 천놀이 공놀이 악기놀이 그릇놀이	움직이는 것이 있어요 (7주)	바깥놀이는 재미있어요 몸을 움직여요 움직이게 할 수 있어요	나는 가족이 있어요 (5주)	엄마 · 아빠가 좋아요 우리 가족을 흉내 내요 1 우리 가족을 흉내 내요 2 우리 가족을 소개 해요 1 우리 가족을 소개 해요 2
좋아요	마주해요 안아줘요 같이해요 함께 웃어요 사랑해요	좋아하는 놀이가 있어요 (8주)	그림책으로 놀아요 춤추고 놀이해요 흉내 내요 쉬, 응가놀이가 좋아요	동물놀이 해요 (6주)	여러 가지 동물이 있어요 엄마동물, 아기동물 동물처럼 소리를 내어 보아요 동물처럼 움직여 보아요 ○○반이 좋아하는 동물 동물을 사랑해요

만 0세		만 1세		만 2세	
주제	소주제	주제	소주제	주제	소주제
		새로운 것도 좋아요 (4주)	함께 놀아요 선생님이 좋아요	알록달록 가을이에요 (6주)	가을이에요 가을나들이 단풍이 물들어요 자연물로 놀이해요 알록달록 색깔나라 재미있는 그리기 나라
				겨울과 모양을 즐겨요 (5주)	여러 가지 모양이 있어요 모양놀이해요 즐거운 성탄이에요 추워요 따뜻하게 지내요
				나는 친구가 있어요 (6주)	내 친구가 좋아요 친구와 함께하는 놀이가 있어요 우리는 ○○살(설날) 형 · 언니가 되었어요 즐거웠던 우리 반이에요

출처: 보건복지부(2013). 어린이집 표준보육과정에 기초한 영유아보육프로그램 운영의 이해. p 59-60

(2) 주제별 보육계획

주제별 보육계획은 연간 보육계획과 계열성 · 연계성이 유지되도록 작성하며, 연간 보육계획에 제시된 생활주제와 관련하여 주제를 선정한다. 주제별 보육계획에는 기관의 행사 일정 및 견학, 영아의 생일, 공휴일, 계절적인 특별한 활동을 구체적으로 제시한다. 주제별 보육계획의 목적은 주간 보육계획 시 교사가 중요한 일정을 상기할 수 있도록 돕고, 견학이나 외부에서 이루어지는 특별한 행사에 대해 장소 섭외 및 버스 대여 등을 위해 미리 계획을 세우는 데 도움이 된다. 주제별 보육계획은 전월 둘째 주 금요일쯤에 다음 달의 보육계획안을 작성하여 가정과의 연계성 있는 보육과 협조를 위해 월말에 각 영유아의 가정으로 배부한다.

〈표 5-5〉 표준보육과정에 기초한 0세 주제별 보육계획 예시

<table>
<tr><th colspan="2">주제</th><th colspan="2">낯설어요</th><th>추정기간</th><th colspan="2">3월 1주~4월 5주(8주)</th></tr>
<tr><th colspan="2">소주제</th><th>엄마와
함께해요</th><th>선생님을
만나요</th><th>선생님을
만져 봐요</th><th>선생님과
놀아요</th><th>익숙해졌어요</th></tr>
<tr><td colspan="2">교사의 준비
및
보육실 점검</td><td colspan="3">• 보육실 환기하기
• 수유용품 및 물 준비하기
• 영아의 개별소지품 확인하기
• 보육용품이나 비품의 모서리 보호대 점검하기</td><td colspan="2">• 보육실 청결 및 세팅하기
• 위생용품 준비하기
• 일일보고서 작성 준비하기</td></tr>
<tr><td colspan="2">맞이하기 및
가정과의 연계</td><td colspan="5">• 집에서의 영아의 상태나 특이사항에 대해 이야기 나누기 • 체온 재기
• 영아의 컨디션 시진하기 • 투약 의뢰 살피기</td></tr>
<tr><td rowspan="6">일상생활</td><td rowspan="2">수유
및
이유</td><td colspan="5">• 교사의 손 씻기 • 우유나 이유식 준비하기
• 이유 테이블 닦기 • 수건, 휴지 등 위생용품 준비하기</td></tr>
<tr><td colspan="5">• 선생님에게 안겨 우유를 먹어요 • 이유식을 시작해요</td></tr>
<tr><td rowspan="2">낮잠</td><td colspan="5">• 보육실 환기하기 • 잠자리 매트 깔기
• 커튼을 치거나 조도 낮추기 • 기저귀 확인하기 • 자는 영아 수시로 살펴보기</td></tr>
<tr><td colspan="5">• 매트에 누워보자, 쿨쿨 • 선생님의 토닥임을 느껴 보아요</td></tr>
<tr><td rowspan="2">기저귀
갈기</td><td colspan="2">• 물휴지, 소독액 등 위생용품 준비하기
• 기저귀 갈기 전 교사의 손 씻기</td><td colspan="3">• 기저귀 갈기 매트 소독하기
• 기저귀 갈기 후 교사의 손 씻기</td></tr>
<tr><td colspan="5">• 기저귀 가는 곳으로 가 보아요
• 쉬, 응가를 하고 기저귀 가는 곳으로 기어가 보아요</td></tr>
<tr><td rowspan="4">실내
자유
놀이</td><td rowspan="2">신체</td><td>영차, 영차
엄마에게로</td><td>엄마와
선생님과 같이
놀아요</td><td>아이 간지러워</td><td rowspan="2">와르르
무너졌다</td><td rowspan="2">선생님이
밀어 주는
자동차를 타요</td></tr>
<tr><td>엄마와 함께
모빌을
만져 봐요</td><td>손가락인형
잡기</td><td>선생님은
흔들의자</td></tr>
<tr><td rowspan="2">언어</td><td>내 이름은?</td><td>누구일까요?</td><td rowspan="2">돼지코 놀이</td><td>선생님과
옹알이해요</td><td>똑똑똑~</td></tr>
<tr><td>누구
목소리일까?</td><td>엄마랑 선생님
이랑 책을
보아요</td><td>딩동
누구세요?</td><td>손 흔들어
안녕!</td></tr>
</table>

<table>
<tr><th colspan="2">주제</th><th colspan="2">낯설어요</th><th>추정기간</th><th colspan="2">3월 1주~4월 5주(8주)</th></tr>
<tr><th colspan="2">소주제</th><th>엄마와
함께해요</th><th>선생님을
만나요</th><th>선생님을
만져 봐요</th><th>선생님과
놀아요</th><th>익숙해졌어요</th></tr>
<tr><td>실내
자유
놀이</td><td>감각
탐색</td><td>까꿍!
우리 가족들</td><td>선생님,
우리 선생님
여기!</td><td>노래
“선생님 안녕”
우리 선생님
웃은요</td><td>없어졌다!
나타났다!
선생님 노랫소
리가 좋아요</td><td>여기가
우리 반이에요</td></tr>
<tr><td colspan="2">실외놀이</td><td>엄마와 어린이
집 오는 길
둘러보기</td><td>어린이집
구경가자</td><td>창문에서 바깥
(실외놀이터)
구경해요</td><td>선생님 품에
안겨 바깥
구경해요</td><td>유모차 타고
주변 산책하기</td></tr>
<tr><td colspan="2" rowspan="2">귀가 및
가정과의 연계</td><td colspan="5">• 수유 및 이유 상황 전달하기 • 영아의 건강 및 안전의 특이사항 전달하기
• 영아의 개별 용품 점검 및 요청하기 • 어린이집에서 영아의 활동 전달하기</td></tr>
<tr><td colspan="5">• 엄마를 반갑게 만나요 • 엄마와 손을 잡고 가요</td></tr>
</table>

출처: 보건복지부(2013). 어린이집 표준보육과정에 기초한 영유아보육프로그램 0세. 1권. p. 20

〈표 5-6〉 표준보육과정에 기초한 1세 주제별 보육계획 예시

<table>
<tr><th colspan="2">주제</th><th colspan="10">느낄 수 있어요(10주)</th></tr>
<tr><th colspan="2">주</th><th>1주</th><th>2주</th><th>3주</th><th>4주</th><th>5주</th><th>6주</th><th>7주</th><th>8주</th><th>9주</th><th>10주</th></tr>
<tr><th colspan="2">소주제
구분</th><td colspan="2">만져 보아요</td><td colspan="2">살펴 보아요</td><td colspan="2">들어 보아요</td><td colspan="2">맡아 보아요</td><td>맛보아요</td><td>온몸으로 느껴 보아요</td></tr>
<tr><td rowspan="4">일상
생활</td><td>기본
생활
및
안전</td><td colspan="4">혼자서 양말을 벗어요</td><td colspan="4">영아의 옷차림과
건강에 대하여 이야기하기</td><td colspan="2">내 물건을
찾아요</td></tr>
<tr><td>점심
및
간식</td><td colspan="4">즐겁게 먹어요</td><td colspan="4">양말을 서랍에 넣어요</td><td colspan="2">꼭꼭
씹어먹어요</td></tr>
<tr><td>낮잠</td><td colspan="4">내 이불, 내 베개를 찾아요</td><td colspan="4">편안한 옷을 입고 잠을 자요</td><td colspan="2">이불을 덮고
잠을 자요</td></tr>
<tr><td>기저귀
갈기/
배변
활동</td><td colspan="4">친구들의 기저귀가 있어요</td><td colspan="4">기저귀를 휴지통에 버려요</td><td colspan="2">쉬, 응가라고
표현해요</td></tr>
</table>

주		1주	2주	3주	4주	5주	6주	7주	8주	9주	10주
실내 자유 놀이	신체	둥근 고리 끼우기 놀이 해요	굴러가는 공을 따라가요	촉감 신발 신고 걸어요	데굴데굴 색깔 물병	소리 나는 구슬발을 지나가요	부엌물건으로 쿵짝쿵짝	향기 주머니 나무	코를 킁킁!	조물조물 바나나주스를 만들어요	감각 터널을 지나가요
	언어	내 이름을 부르면 대답해요	이게 뭐야?	울퉁불퉁 종이 끼적여요	내가 끼적인 그림을 보아요	속닥속닥 작은 소리	토닥토닥 발치기 놀이	코코코	음식 관련 그림책 보아요	과일 이름을 듣고 말해요	몸을 부딪쳐 소리 내요
	감각 탐색	선생님과 로션을 발라요	친구 기저귀를 만져 보아요	색깔판으로 보아요	신문지로 놀아요	종이가 쿵쿵	놀잇감으로 소리 내요	간식 냄새를 맡아요	음식 봉지 2조각 퍼즐	과일을 맛보아요	손발로 물도장을 찍어요
		소꿉 그릇에 밀가루 반죽을 담아요	촉감 블록으로 놀이 해요	원통 블록으로 놀이 해요	가방을 메고 다녀요	소리 나는 블록을 쌓아요	동물 소리 듣고 흉내 내요	우유갑을 쌓아요	주스 따르는 흉내 내요	모형 음식을 식판에 담아요	하얀 블록에 끼적여요
실외놀이		모래로 놀아요		색깔판으로 공원을 보아요		소리 나는 신발을 신고 걸어요		향기나는 꽃과 풀을 찾아요		그늘이 시원해요	바람이 불어요
귀가 및 가정과의 연계		놀이사진을 함께 보아요				"누가 왔을까" 목소리를 들어요				만났을 때 꼭 안아요	

출처: 보건복지부(2013). 어린이집 표준보육과정에 기초한 영유아보육프로그램 1세. 1권. p.17

〈표 5-7〉 표준보육과정에 기초한 2세 주제별 보육계획 예시

주제	알록달록 가을이에요(6주)					
주	1주	2주	3주	4주	5주	6주
소주제 / 구분	가을이에요	가을나들이	나뭇잎이 물들어요	자연물로 놀이해요	알록달록 색깔나라	재미있는 그리기 나라
기본생활	• 스스로 겉옷을 벗어 보기			• 겉옷을 벗어 옷걸이에 걸어 보기		
안전	길을 잃었을 때는 제자리에서 기다리기 주변의 어른에게 '도와주세요' 이야기해 보기					

<table>
<tr><th colspan="2">주</th><th>1주</th><th>2주</th><th>3주</th><th>4주</th><th>5주</th><th>6주</th></tr>
<tr><td rowspan="3">일상 생활</td><td>점심 및 간식</td><td colspan="6">바르게 앉아서 먹어 보기
새로운 음식을 먹어 보기</td></tr>
<tr><td>낮잠</td><td colspan="6">자고 나서 베개를 정리해 보기</td></tr>
<tr><td>배변 활동</td><td colspan="6">배변 후 선생님의 도움을 받아(스스로) 올려 보기
지퍼, 단추 잠가 보기</td></tr>
<tr><td rowspan="6">실내 자유 놀이</td><td>신체</td><td>낙엽비가 내려요</td><td>나뭇잎처럼 움직여 보기</td><td>나뭇잎 징검다리 건너기</td><td>콩주머니 던지기</td><td>색풍선 놀이</td><td>같은 색깔 벽돌 도미노</td></tr>
<tr><td>언어</td><td>과일, 열매 까꿍놀이</td><td>나들이 사진 보며 이야기 나누기</td><td>나뭇잎 그림 편지 쓰기</td><td>자연물 그림책</td><td>색깔에도 이름이 있어요</td><td>내가 좋아하는 색깔이 있어요</td></tr>
<tr><td>감각 탐색</td><td>내 짝을 찾아 주세요</td><td>숟가락으로 열매 옮기기</td><td>단풍잎 방석</td><td>조각천 염색하기</td><td>색 탁구공 옮기기</td><td>알록달록 색 소금 만들기</td></tr>
<tr><td>역할 쌓기</td><td>낙엽을 청소해요</td><td>가을소풍 놀이 블록 돗자리 만들기</td><td>나뭇잎 왕관 쓰고 놀이하기</td><td>열매, 나뭇잎 소꿉놀이</td><td>삼색밀가루 반죽하기</td><td>삼색밀가루 케이크(생일 파티놀이)</td></tr>
<tr><td>미술</td><td>알록달록 가을나무 꾸미기</td><td>산책가방 만들기</td><td>나뭇잎 왕관 만들기</td><td>솔방울에 색깔 입히기</td><td>색깔 공을 굴려 그림 그리기</td><td>까만 크레파스 그림</td></tr>
<tr><td>음률</td><td>열매 마라카스 흔들기</td><td>노래「오리 소풍」에 맞춰 춤추기</td><td>나무악기 연주하기</td><td>춤추는 씨앗(큰북 두드리기)</td><td>흙으로 놀아요</td><td>색 스카프 흔들기</td></tr>
<tr><td colspan="2">실외놀이</td><td>동물 인형 목욕시키기</td><td>여러 가지 색 · 모양의 나뭇잎이 있어요</td><td>가을나들이/나뭇가지에 매달린 물체 탐색하기</td><td>나뭇가지에 매달린 물체 탐색하기</td><td>흙으로 놀아요</td><td>색 돋보기로 바깥풍경 관찰하기</td></tr>
<tr><td rowspan="2">귀가 및 연계</td><td>귀가</td><td colspan="3">가늘날씨 이야기하며 귀가하기</td><td colspan="3">나뭇잎의 변화 살펴보며 귀가하기</td></tr>
<tr><td>가정 및 지역 사회 연계</td><td colspan="6">가정과의 연계 : 가족과 함께 공원 나들이하기
지역사회 연계 : 공원으로 산책하기(어린이집에서 가까운 공원으로 산책하기)</td></tr>
</table>

출처: 보건복지부(2013). 어린이집 표준보육과정에 기초한 영유아보육프로그램 2세. 1권 . p. 16

(3) 주간 보육계획

주간 보육계획은 특정한 주에 있을 수 있는 모든 활동을 구체적으로 계획하고 세부적인 내용까지 포함시킨 일주일 동안의 보육계획으로, 연 · 월간 보육계획에 기초하여 작성한다. 특히, 연간 보육계획에 명시된 각 생활주제의 시작과 종료, 특정 견학이나 행사가 있는 날짜와 일치하도록 작성한다.

주간 보육계획을 작성할 때 고려해야 할 사항은 대상연령, 일일 보육시간과 일과시간표, 영아와 교사의 수, 흥미영역 배치와 공간 크기, 실외놀이 환경 등이다. 예를 들어, 영아기는 월령에 따라 발달 정도에 차이가 있으므로 1세 미만 영아의 경우는 2세 영아보다 제시되는 활동의 수가 적어야 하고, 한 가지 활동을 반복하면서 영아가 충분히 탐색할 수 있도록 시간도 더 많이 제공해야 한다. 그 밖에도 표준보육과정의 6개 영역은 활동과 영아의 흥미를 고려하여 전인적 성장과 발달이 이루어질 수 있도록 다양한 활동으로 계획한다. 또한 요일별로 자유선택 놀이시간에 각 흥미영역에서 하는 활동과 집단 활동, 환경구성과 필요한 교재 · 교구를 자세히 기록해 준다. 주간 보육계획은 전주 금요일에 교사회의를 통해 새로운 자료 및 지도방법 등에 대해 서로 토의한 후 주간시간표에 기초하여 하루의 활동시간대로 분류해서 세부 사항을 기록한다.

표준보육과정에 기초한 영아를 위한 주간 보육계획안의 예를 0세 영아, 1세 영아, 2세 유아로 구분하여 살펴 본것은 다음과 같다.

〈표 5-8〉 표준보육과정에 기초한 0세 주간 보육계획 예시

<table>
<tr><th colspan="2">주제</th><th>낯설어요</th><th>소주제</th><th>엄마와
함께해요</th><th>추정기간</th><th>3월 1주~
4월 5주(2주)</th></tr>
<tr><td colspan="2">교사의 준비
및
보육실 점검</td><td colspan="5">• 보육실 환기하기 • 보육실 청결 및 세팅하기
• 수유용품 및 물 준비하기 • 위생용품 준비하기
• 영아의 개별소지품 확인하기 • 일일보고서 작성 준비하기
• 보육용품이나 비품의 모서리 보호대 점검하기</td></tr>
<tr><td colspan="2">맞이하기 및
가정과의 연계</td><td colspan="5">• 집에서의 영아의 상태나 특이사항에 대해 이야기 나누기 • 체온 재기
• 영아의 컨디션 시진하기 • 투약 의뢰 살피기</td></tr>
<tr><td rowspan="6">일상
생활</td><td rowspan="2">수유
및
이유</td><td colspan="5">• 교사의 손 씻기 • 우유나 이유식 준비하기
• 이유 테이블 닦기 • 수건, 휴지 등 위생용품 준비하기</td></tr>
<tr><td colspan="5">• 선생님에게 안겨 우유를 먹어요 • 이유식을 시작해요</td></tr>
<tr><td rowspan="2">낮잠</td><td colspan="5">• 보육실 환기하기 • 잠자리 매트 깔기
• 커튼을 치거나 조도 낮추기 • 기저귀 확인하기 • 자는 영아 수시로 살펴보기</td></tr>
<tr><td colspan="5">• 매트에 누워보자, 쿨쿨 • 선생님의 토닥임을 느껴 보아요</td></tr>
<tr><td rowspan="2">기저귀
갈기</td><td colspan="5">• 물휴지, 소독액 등 위생용품 준비하기 • 기저귀 갈기 매트 소독하기
• 기저귀 갈기 전 교사의 손 씻기 • 기저귀 갈기 후 교사의 손 씻기</td></tr>
<tr><td colspan="5">• 기저귀 가는 곳으로 가 보아요
• 쉬, 응가를 하고 기저귀 가는 곳으로 기어가 보아요</td></tr>
<tr><td rowspan="3">실내
자유
놀이</td><td>신체</td><td colspan="5">• 영차, 영차, 엄마에게로 • 엄마와 함께 모빌을 만져 봐요</td></tr>
<tr><td>언어</td><td colspan="5">• 내 이름은? • 누구의 목소리일까?</td></tr>
<tr><td>감각
탐색</td><td colspan="5">까꿍! 우리 가족들</td></tr>
<tr><td colspan="2">실외놀이</td><td colspan="5">엄마와 어린이집 오는 길 둘러보기</td></tr>
<tr><td colspan="2" rowspan="2">귀가 및
가정과의 연계</td><td colspan="5">• 수유 및 이유 상황 전달하기 • 영아의 건강 및 안전의 특이사항 전달하기
• 영아의 개별 용품 점검 및 요청하기 • 어린이집에서 영아의 활동 전달하기</td></tr>
<tr><td colspan="5">• 엄마를 반갑게 만나요 • 엄마와 손을 잡고 가요</td></tr>
</table>

출처: 보건복지부(2013). 어린이집 표준보육과정에 기초한 영유아보육프로그램 0세. 1권. p. 22

〈표 5-9〉 표준보육과정에 기초한 1세 주간 보육계획 예시

주제		느낄 수 있어요(10주)	소주제	만져 보아요 (2주)
구분 \ 소주제		1주		2주
		만져 보아요		
일상생활	기본생활 및 안전	혼자서 양말을 벗어요		
	점심 및 간식	즐겁게 먹어요		
	낮잠	내 이불, 내 베개를 찾아요		
	기저귀 갈기/배변활동	친구들과 기저귀가 있어요		
실내 자유 놀이	신체	둥근 고리 끼우기 놀이해요		굴러가는 공을 따라 가요
	언어	내 이름을 부르면 대답해요		이게뭐야?
	감각 탐색	선생님과 로션을 발라요		친구 기저귀를 만져 보아요
	역할 쌓기	소꿉그릇에 밀가루 반죽을 담아요		촉감블록으로 놀이해요
실외놀이		모래로 놀아요		
귀가 및 가정과의 연계		놀이사진을 함께 보아요		

출처: 보건복지부(2013). 어린이집 표준보육과정에 기초한 영유아보육프로그램 1세. 1권. p. 19

〈표 5-10〉 표준보육과정에 기초한 2세 주간 보육계획 예시

주제		알록달록 가을이에요(6주)		1주		가을이에요	
구분		월	화	수	목	금	토
등원 및 맞이하기		아침에 먹고 온 음식 이야기해 보기					
일상생활	기본생활 안전	스스로 겉옷 벗어 보기 / 길을 잃었을 때는 제자리에서 기다리기					
	점심 및 간식	바르게 앉아서 먹어 보기 / 새로운 음식을 먹어 보기					
	낮잠	자고 나서 베개 정리하기					
	배변 활동	배변 후 선생님의 도움을 받아(스스로) 올려 보기 / 지퍼, 단추 잠가 보기					
실내자유놀이	신체	낙엽비가 내려요					
	언어	과일, 열매 까꿍놀이					
	감각 탐색	내 짝을 찾아 주세요					
	역할 쌓기	낙엽을 청소해요					
	미술	알록달록 가을나무 꾸미기					
	음률	열매 마라카스 흔들기					

구분		월	화	수	목	금	토
실외놀이		동물인형 목욕시키기					
귀가 및 연계	귀가	가을 날씨 이야기하며 귀가하기					
	가정 및 지역사회연계	가정과의 연계: 가족과 함께 공원 나들이하기 지역사회 연계: 공원으로 산책하기(어린이집에서 가까운 공원 산책하기)					

출처: 보건복지부(2013). 어린이집 표준보육과정에 기초한 영유아보육프로그램 2세. 1권. p.18

(4) 일일 보육계획

일일 보육계획은 주간 계획에 기초하여 영아가 보육시설에 등원하여 귀가할 때까지의 일과를 구성하는 것이다. 보육시설의 일과는 종일 진행되므로 일일 계획은 영아의 신체적 · 심리적 상태를 충분히 고려하여 무리 없이 구성해야 한다. 특히 영아는 보육시설에서 하루 종일 생활하므로 영아의 기본적인 욕구 충족과 신체적 보호를 위한 활동은 물론 양질의 교육 활동이 균형 있게 제공되어야 한다. 물론 보호와 교육은 실제 활동에서는 분리되는 것이 아니므로 일상생활 속에서 통합되어 이루어지도록 한다.

- 매일의 일과계획은 일관성이 있어야 한다. 일관성 있는 일과 운영은 영아가 쉽게 이해할 수 있어 안정감을 갖고 다음의 활동에 대한 기대나 준비를 할 수 있으며 스스로의 행동을 조절할 수 있게 해 준다. 일과는 교실 입구에 걸어 놓아서 영아가 쉽게 그날의 활동을 알 수 있게 한다.
- 일과 계획 속의 일정한 시간은 영아의 신체적인 욕구, 즉 화장실 가기와 간식 먹기가 반영되어야 한다. 놀이에 열중하게 되면 영유아는 자신의 배설욕구를 적절히 조절할 수 없게 되고, 피곤하거나 배가 고프면 쉽게 짜증을 내기 쉽다. 따라서 일과는 반드시 의도적으로 영아의 신체적 욕구를 조절할 수 있도록 계획되어야 한다.
- 일과활동의 내용과 순서는 활동 간의 균형을 고려하여야 한다.
    - 동적활동/정적활동

- 실내활동/실외활동
- 개별활동/소집단・대집단활동
- 교사 주도적 활동/유아 주도적 활동

• 일과활동은 다양한 유형의 상호작용이 일어날 수 있도록 계획한다. 즉, 교사와 개별 영아의 상호작용, 영아와 교구와의 상호작용, 교사와 영아(소집단 또는 대집단)의 상호작용, 영아 간의 상호작용, 영아와 교구와의 상호작용에 대한 경험이 골고루 이루어질 수 있도록 계획하여야 한다.
• 일과활동 계획은 융통성 있게 운영할 수 있도록 구성한다. 즉, 날씨의 변화, 영아의 흥미와 지속성 등을 고려하여 계획한 활동이라도 다른 것으로 대체하거나 활동시간을 길거나 짧게 조정해야 한다. 예를 들어, 야외나들이를 계획했더라도 날씨가 흐릴 경우 다른 것으로 대체해야 하므로 실내에서 할 수 있는 활동을 미리 계획해 두어야 한다.
• 계획한 다음 그 활동을 수행해 보고 평가가 이루어질 수 있도록 한다.

다음은 매일 반복되는 일과의 활동계획과 운영에 대하여 알아보기로 하겠다.

일일활동을 계획할 때 고려해야 할 것들

• 사전에 보호자와 협의하여 영아의 생리적 시간표를 파악하여 일일 계획과 운영에 반영한다.
• 일과의 일상적인 생활, 실내・외 자유놀이, 정리정돈, 간식, 낮잠, 짧은 집단활동 등을 포함하지만, 영아별로 융통성 있게 조직해야 한다. 영아가 일과를 예상할 수 있도록 일과 진행의 순서에 일관성이 있도록 주의한다.
• 일과 운영은 일상적인 활동과 보육활동이 균형 있게 구성되어야 한다.
• 영유아의 놀이활동은 거의 대부분 개인적으로 진행되어야 한다.

표준보육과정에 기초한 영아 일일 보육계획안의 예를 살펴보면 다음과 같다.

〈표 5-11〉 표준보육과정에 기초한 0세 일일 보육계획 예시

<table>
<tr><td>날짜</td><td colspan="2">5월 23일 수요일 날씨: 맑음</td><td colspan="2">작성자</td><td colspan="2">○○○</td><td rowspan="2">결재</td><td>담임</td><td>원장</td></tr>
<tr><td>주제</td><td colspan="2">기어요/ 선생님을 만져 보아요</td><td>정원</td><td></td><td>결석</td><td></td><td></td><td></td></tr>
<tr><td rowspan="4">교사의 준비 및 환경 점검</td><td>보육실 환기</td><td></td><td colspan="4">보육실 청결 및 세팅하기</td><td></td><td colspan="2">개선사항</td></tr>
<tr><td>수유용품 및 물 준비하기</td><td></td><td colspan="4">영아의 개별소지품 확인하기</td><td></td><td colspan="2" rowspan="3"></td></tr>
<tr><td>보육용품이나 비품의 모서리 보호대 점검하기</td><td></td><td colspan="4">위생용품 준비하기</td><td></td></tr>
<tr><td>전기콘센트, 플러그 정비하기</td><td></td><td colspan="4">일일보고서 작성 및 준비하기</td><td></td></tr>
</table>

<table>
<tr><td rowspan="2">구분</td><td colspan="2">활동내용</td><td rowspan="2">실행 기록</td></tr>
<tr><td>0~6개월(전기)</td><td>7~12개월(후기)</td></tr>
<tr><td>7:30~9:00
등원 및 맞이하기</td><td colspan="2">• 교사 및 친구들과 인사하기
• 영아의 기분과 건강상태 살피기</td><td></td></tr>
<tr><td>9:00~9:30
수유, 이유하기 및 기저귀 갈기/ 씻기</td><td colspan="2">• 교사의 도움을 받아 손 닦고 턱받이하고 먹기
• 음식에 관심을 갖고 즐겁게 이유식 먹어 보기
• 세면과 입 닦기, 기저귀 살피기
• 간식메뉴: 개별 수유 및 이유식</td><td></td></tr>
<tr><td rowspan="4">9:30~10:00
실내자유놀이</td><td colspan="2">〈신체〉</td><td></td></tr>
<tr><td>• 영아 근처에서 교사가 생쥐 모양 손인형을 끼우고 살금살금 걸어가는 흉내를 내 본다.
• 영아가 움직이는 생쥐 손인형에 관심을 보이면 영아에게 다가간 후 언어적 상호작용을 해 주며 간지럽힌다.</td><td>• 영아에게 생쥐 모양 손인형 끼워 주고 교사나 친구들을 간질여 보도록 한다.</td><td></td></tr>
<tr><td colspan="2">〈언어〉</td><td></td></tr>
<tr><td>• 영아의 사진 앨범 책을 읽어 보자는 신호로 책을 똑똑 두드리고 소리내며 영아의 관심을 유도한다.
• 문 그림을 열고 안에 사진을 보며 누구인지 영아와 이야기한다.</td><td>• 영아가 앨범 책에 관심을 가지고 탐색하거나 두들기면 교사가 다가가 상호작용한다.
• 영아를 도와 책의 문을 열고 사진을 함께 본다.</td><td></td></tr>
</table>

<table>
<tr><th>구분</th><th>0~6개월(전기)</th><th>7~12개월(후기)</th><th>실행
기록</th></tr>
<tr><td rowspan="2">9:30~10:00
실내자유놀이</td><td colspan="2">〈감각 탐색〉</td><td></td></tr>
<tr><td>• 다양한 촉감판을 길게 이어 붙여 영아의 관심을 유도한다,
• 영아에게 촉감판을 만져 보게 한다.
• 촉감을 나타내는 다양한 표현을 들려 주며 감촉을 느껴 보게 한다.</td><td>• 다양한 촉감판을 교실에 놓아 영아가 손으로 만져 보게 한다.
• 촉감판을 길처럼 이어서 영아가 기어가거나 교사의 손을 잡고 걸어 보도록 한다.
• 영아가 익숙해지면 배열을 다르게 하여 이동해본다.</td><td></td></tr>
<tr><td>10:00~10:30
실외활동</td><td colspan="2">• 유모차에 달린 바람개비를 살펴본다.
• 영아용 유모차에 바람개비를 달아 주고 앞뒤로 밀어 주며 바람개비가 돌아가는 것을 살펴본다.</td><td></td></tr>
<tr><td>10:30~12:00
수유 및 낮잠</td><td colspan="2">• 조용한 음악을 들으며 편안한 수유시간 갖기
• 개별매트와 이불에 누워 낮잠 준비하기
• 자장가 들으며 편안하게 낮잠 자기</td><td></td></tr>
<tr><td>12:00~13:00
수유및점심식사/
이 닦기</td><td>• 수유 및 이유식
• 기저귀 갈기/씻기/이 닦기</td><td>• 이유식
• 기저귀 갈기/이 닦기</td><td></td></tr>
<tr><td>13:00~14:30
실내자유놀이</td><td colspan="2">〈신체〉 아이 간지러워
〈언어〉 똑똑똑 곤지곤지 죔죔
〈감각 탐색〉 보들보들 촉감길</td><td></td></tr>
<tr><td>14:30~15:30
오후 수유 및
오후 낮잠</td><td colspan="2">• 조용한 음악 들으며 휴식하기
• 교사와 눈 맞추며 수유하기
• 자장가 들으며 편안하게 낮잠 자기
• 기저귀 갈기</td><td></td></tr>
<tr><td>15:30~16:00
실외 산책</td><td colspan="2">• 유모차 타고 산책 다녀오기
• 유모차 타고 주변 산책하기
• 유모차에 달린 바람개비 관찰하기</td><td></td></tr>
<tr><td>16:00~16:30
기저귀 갈기/
수유 및 낮잠</td><td colspan="2">• 손, 발 닦고 기저귀 살피기
• 손 닦고 턱받이 하며 이유식/오후 간식 먹기
• 얼굴과 손 닦기</td><td></td></tr>
<tr><td>16:30~17:30
실내자유놀이</td><td colspan="2">〈신체〉 아이 간지러워
〈언어〉 똑똑똑 곤지곤지 죔죔
〈감각 탐색〉 보들보들 촉감길</td><td></td></tr>
</table>

구분	0~6개월(전기)	7~12개월(후기)	실행 기록
17:30~18:30 수유 및 낮잠	• 조용한 음악 들으며 편안한 수유시간 갖기 • 영아용 개별 침대에 누워 낮잠 준비하기 • 자장가 들으며 편안하게 낮잠 자기		
18:30~19:30 세면 및 귀가지도	• 낮잠에서 일어나 세면 후 로션 바르기, 겉옷 입기 • 부모님이 오는 대로 부모에게 영아에 대해 이야기하고 귀가 인사 나누기		
일과평가			
특이사항 및 안전사고			
적응영아 관찰기록			

출처: 보건복지부(2013). 어린이집 표준보육과정에 기초한 영유아보육프로그램 0세. 1권. p. 27-28

〈표 5-12〉 표준보육과정에 기초한 1세 일일 보육계획 예시

반명	○○반	일시	20○○년 ○월 ○일 요일 / 날씨	담임	원장
주제	느낄 수 있어요				
소주제	만져보아요				
구분	계획				실행
7:30~9:20 등원/손 씻기 및 오전 간식	• 부모와 교사가 반갑게 인사하기 - 교사가 부모에게 인사하는 모습을 영아에게 보여 주며 영아와도 함께 인사 나누기 • 혼자서 양말을 벗어요 - 영아에게 혼자 양말을 벗어 볼 것을 제안한 뒤 쉽게 벗을 수 있도록 양말 끝을 잡는 것을 보여 주거나 도움을 줌 - 소독비누로 거품을 내서 씻도록 하고 물로 씻을 때 비누가 남지 않도록 도와주기 • 즐겁게 먹어요 - 간식을 먹으며 영아가 등원하면서 경험한 것, 가정에서의 일상을 물어 보며 관심 갖기				

구분	계획	실행
9:20~10:00 실내자유놀이	• 〈신체〉 둥근 고리 끼우기 놀이해요 - 영아들은 흥미가 지속되어 지난 주 활동을 반복하여 계획함 • 〈언어〉 울퉁불퉁 종이에 끼적여요 - 다양한 질감의 종이에 부드러운 영아용 크레파스로 끼적거리기 • 〈감각 탐색〉 누구의 기저귀일까? - 여러 가지 질감의 기저귀를 만져 보기 • 〈역할 · 쌓기〉 밀가루 반죽에 빨대를 꽂아요 - 지난 주에 밀가루 반죽을 소꿉 그릇에 담는 활동을 반복하면서 빨대를 꽂아 보는 활동을 첨가하여 계획함	
10:20~10:30 정리정돈 및 기저귀 갈기/ 배변활동	• 교사가 영역별, 영아 개별로 곧 정리할 것임을 알려 주고 노래를 부르며 정리를 시작함 • 친구들도 기저귀가 있어요 - 기저귀 갈기를 하기 전에 자신의 기저귀를 보고 또래들의 기저귀도 함께 보도록 제안하기 • 영아용 변기에서 소변 보기 - 월령이 높은 영아들 중 팬티형 기저귀를 입는 영아들은 영아용 변기에 앉아서 소변 볼 것을 권유하기	
10:30~11:45 실외놀이/정리, 손 씻기 및 이동	• 모래로 놀아요 - 체를 준비하여 교사가 모래를 체로 걸러 줄 때 떨어지는 모래를 만져 보기, 걸러진 부드러운 모래 만져 보기 • 정리, 손 씻기 및 이동	
11:45~13:00 점심 / 이 닦기 및 오후 자유선 택활동/기저귀 갈기	• 즐겁게 먹어요 - 점심을 먹으며 영아가 등원하면서 경험한 것, 주말에 집에서 지낸 일상을 물어 보며 관심 갖기 • 이 닦기 및 오후 자유선택활동 / 기저귀 갈기	
13:00~16:00 낮잠준비/낮잠	• 내 이불, 내 베개를 찾아요	
16:00 ~16:30 손 씻기 및 오후 간식	• 즐겁게 먹어요 - 호박 먹는 것을 낯설어하는 경우 탐색할 시간 주기	
16:30~18:00 오후 실내놀이 / 귀가	• 〈신체〉 둥근 고리 끼우기 놀이해요 - 오전에 실행한 것처럼 고리 끼우기 놀이와 함께 고리를 머리에 올리고 떨어뜨리는 놀이를 계획함 • 〈언어〉 울퉁불퉁 종이에 끼적여요 - 오전에 끼적거리기 한 종이를 바닥에 붙인 경우, 위에 투명 비닐을 덮어 주거나 벽면에 게시하여 함께 보도록 함 • 〈감각 탐색〉 누구의 기저귀일까? - 여러 가지 질감의 기저귀 만져 보기	

구분	계획	실행
16:30~18:00 오후 실내놀이 / 귀가	• 〈역할 · 쌓기〉 밀가루 반죽에 빨대를 꽂아요 - 오전에 했던 밀가루 반죽에 빨대를 꽂아 보고 생일 초 꽂기 놀이를 흉내를 내 보는 것을 계획함	
18:00~19:30 오후 통합보육	• 개인 소지품을 챙긴 뒤 교사와 함께 통합보육실로 이동하기 • 부모님이 오면 교사와 인사, 포옹한 뒤 귀가하기	
평가		
비고		

출처: 보건복지부(2013). 어린이집 표준보육과정에 기초한 영유아보육프로그램 1세. 1권. p.27-31

〈표 5-13〉 표준보육과정에 기초한 2세 일일 보육계획 예시

반명	○○반	일시	20○○년 ○월 ○일 요일/ 날씨	담임	원장
주제	알록달록 가을이에요				
소주제	가을이에요				
구분	계획			준비물 및 유의점	실행
7:30~9:20 등원	• 등원하는 영아 반갑게 맞이하기 • 영아의 기분과 건강상태 확인하기 • 스스로 소지품 정리할 수 있도록 도와주기 • 투약의뢰서 유무 확인하기 • 통합보육실에서 자유놀이하기			출석카드 투약의뢰서 일일연락장 영역별 놀잇감	
9:00~9:30 화장실 가기 및 오전 간식	• 화장실 다녀오기 및 손 씻기 • 준비된 간식 가지고 자리에 앉기 • 간식 먹은 후 함께 자리 정리하기			시리얼 우유	
9:30~10:50 오전 실내 자유놀이	• 새로운 영역활동 개별적으로 소개하기 • 관심 있는 역역에서 자유롭게 활동하도록 돕고, 긍정적 상호작용 나누기 • 교사의 도움이 필요한 놀이에 적절히 참여하기 〈신체〉 낙엽비가 내려요 - 이전의 산책활동을 통해 낙엽을 뿌리고 관찰한 경험을 회상하기				

구분	계획	준비물 및 유의점	실행
9:30~10:50 오전 실내 자유놀이	- 환경 인쇄물로 만든 낙엽을 위로 던지며 움직임 관찰하기 〈언어〉 과일 열매 까꿍카드 - 벽에 붙인 과일 · 열매 사진을 보고 함께 탐색하기 - 까꿍판에 같은 사진을 넣어 함께 열어 보고 탐색하기 - 벽에 붙인 사진과 까꿍판 같은 사진 고르기 〈역할 · 쌓기〉 - 종이 낙엽이 떨어진 바닥을 함께 빗자루로 쓸고 쓰레받기에 담아 보기	과일 · 열매 사진 까꿍판 환경 인쇄물 종이낙엽 영아용 빗자루와 쓰레받기 영역별 기본 놀잇감	
10:50~11:10 정리정돈 및 화장실 가기	• 놀잇감 바르게 사용하도록 안내하고 함께 정리하기 • 화장실 다녀오기		
11:10~11:50 실외놀이 및 손 씻기	• 동물인형 목욕시키기 - 전주에 했던 활동 회상 질문하기 - 좋아하는 동물인형을 스스로 선택하여 함께 목욕놀이하기(대체활동) - 실내에서 동물 인형 목욕시키기 • 화장실 다녀오기 및 손 씻기	동물인형 수조목욕의자 스펀지 비누 수건	
11:50~13:20 점심식사 및 이 닦기	• 골고루 음식 먹고 함께 정리하도록 안내하기 • 이 닦기 • 먼저 먹은 친구는 자유롭게 놀이하기	현미밥 맑은 콩나물국 채소치즈계란말이 연근조림 배추김치	
13:20~15:00 낮잠	• 편안한 분위기 느끼도록 낮잠 준비 • 편하게 낮잠 자기 • 개인이불 함께 정리하기		
15:00~15:30 화장실 가기 및 오후 간식	• 화장실 다녀오기 및 손 씻기 • 준비된 간식 가지고 자리에 앉기 • 간식 먹은 후 함께 자리 정리하기	간장비빔쌀국수 사과	
15:30~16:50 오후 실내놀이	• 원하는 영역에서 자유롭게 놀기 • 놀잇감 바르게 사용하도록 안내하고 함께 정리하기		

구분	계획	준비물 및 유의점	실행
16:50~17:30 실외놀이 및 손 씻기	• 실외놀이터에서 자유놀이 (대체활동) 실내 유희실에서 자유놀이 • 화장실 다녀오기 및 손 씻기		
17:30~19:30 귀가 및 통합보육	• 통합보육하면서 개별적으로 귀가하기 • 자신의 소지품 함께 정리해 보기 • 선생님과 친구에게 '안녕' 인사하기		
일일 평가			
비고			

출처: 보건복지부(2013). 어린이집 표준보육과정에 기초한 영유아보육프로그램 2세. 1권 . p. 23-25

2) 유아를 위한 교육계획

(1) 연 · 월간 교육계획

연간 교육계획안은 1년에 걸쳐 어떻게 전개되는지 한눈에 알 수 있는 교육계획안이다. 이러한 연간 교육계획안을 계획할 때에는 유아의 적응기간, 계절, 행사 등을 고려하고 교육과정 내용을 유아에게 전달할 수 있는 주제와 소주제를 정하여 활동을 선정하고 주제와 관련하여 견학, 부모참여 등의 특별활동을 연계성 있게 계획할 수 있도록 고려해야 한다. 연간 교육계획을 수립하면 1년 동안 배워야 할 교육내용의 흐름을 쉽게 알 수 있고 부족한 내용을 보완하여 효과적인 교육과정을 운영할 수 있다. 연간 교육계획에 의해 월간 교육계획안이 작성되고, 월간 교육계획안에 기초하여 주간 교육계획안을 작성하여 교육활동에 필요한 준비를 할 수 있게 된다. 그러므로 교육계획안은 연간 · 월간 · 주간 · 일일계획의 순으로 계열성과 연계성이 유지되도록 작성하여야 한다.

연간 교육계획안은 3월 새 학년이 시작되기 전 전체 교직원 회의를 통해 결정되며 전 학년도의 교육계획과 실천사항을 비교 · 평가하면서 새 학년도의 연간 교육계획과 행사계획을 세우고 이를 교육활동 자료로 이용한다. 연간 교육계획은 유아의 발달수준, 연령, 흥미, 계절 등에 따라 다양하게 수립할 수 있다.

월간 교육계획은 1개월을 단위로 하므로 연간 교육계획보다 더욱 실천과 결부된 구체성을 지닌다. 따라서 월간 교육계획은 유아의 흥미와 요구, 지역사회의 여건 및 시설환경에 따라 융통성 있게 변경할 수 있다. 월간 교육계획에서 구체적인 교육내용을 전개할 때는 유아가 친숙하게 접하고 있는 환경에서 구체적인 것을 선정하여 교육활동으로 구성하고 점차 추상적인 개념으로 확대시켜 나간다.

월간 교육계획은 별도로 작성하지 않고 연간 교육계획안에 포함시키거나 주간 교육계획안으로 대체되는 경우가 많으나, 월간 계획 중에서 행사 등과 관련된 중요한 일들을 중심으로 월간 교육계획안을 작성할 수 있다. 월간 교육계획안은 매월 셋째 주에 다음 달의 월간 교육계획안을 작성하며 월말에 가정으로 배부하기도 한다. 월간 교육계획안을 가정에 보내는 이유는 부모가 가정에서 연계성 있는 지도와 사전에 해당 달에 있을 주요 행사를 알고 준비하기 위한 것이다. 또한, 월간 교육계획안은 모든 교직원이 각자가 맡은 일을 책임감 있게 수행하기 위해 정해진 장소에 게시하는 것도 좋다.

이와 같은 점을 고려하여 작성된 연간 교육계획안의 예를 제시하면 다음과 같다.

〈표 5-14〉 연 · 월간교육계획안(예)

월	주	생활주제	주제
3	2	유치원과 친구	유치원의 환경
3	3	유치원과 친구	유치원의 환경
3	4	유치원과 친구	유치원에서 만난 친구
3	5	유치원과 친구	함께 만드는 유치원
4	1	봄	봄의 날씨 알기
4	2	봄	봄 풍경 즐기기
4	3	봄	따뜻한 봄 지내기
4	4	나와 가족	나의 출생과 성장
5	1	나와 가족	소중한 나
5	2	나와 가족	행복한 우리 가족
5	3	나와 가족	행복한 우리 가족
5	4	우리 동네	우리 동네 모습
5	5	우리 동네	우리 동네 생활
6	1	우리 동네	우리 동네 사람들
6	2	동식물과 자연	궁금한 동식물
6	3	동식물과 자연	동물과 우리의 생활
6	4	동식물과 자연	식물과 우리의 생활
7	1	여름	여름철 날씨와 우리의 생활
7	2	여름	여름 풍경 즐기기
7	3	여름	즐거운 여름방학

월	주	생활주제	주제
9	1	우리나라	우리나라 사람들의 생활
9	2	우리나라	우리나라 사람들의 생활
9	3	우리나라	우리나라의 자랑거리
9	4	교통기관	교통기관의 종류
10	1	교통기관	교통기관의 변천과정과 구조
10	2	교통기관	교통통신과 교통생활
10	3	가을	가을의 날씨 알기
10	4	가을	가을 풍경 즐기기
10	5	가을	풍성한 가을 지내기
11	1	건강과 안전	즐거운 운동과 휴식
11	2	건강과 안전	맛있는 음식과 건강
11	3	생활도구	다양한 생활도구
11	4	생활도구	도구를 움직이는 힘이 있어요
12	1	겨울	겨울의 날씨 알기
12	2	겨울	겨울 풍경 즐기기
12	3	겨울	추운 겨울나기
1	4	겨울	즐거웠던 겨울방학
2	1	즐거웠던 유치원	즐거웠던 해님반
2	2	즐거웠던 유치원	수료를 축하해요

(2) 주간 교육계획

주간 교육계획은 월간 교육계획을 기초로 주 단위로 작성되기 때문에 한 주의 교육활동 흐름을 쉽게 파악할 수 있다. 주간 교육계획을 수립할 때에는 전 교직원이 함께 참여하여 협의 후 작성하는 것이 효과적이다. 이는 교사들이 다음 주에 할 모든 교육활동에 대해 구체적으로 생각하고 준비하고 있기 때문이다. 예를 들어, 자유선택활동 시간에 각 흥미영역에서 개별 또는 소집단으로 할 수 있는 활동을 선택하거나 이야기 나누기, 신체활동, 게임, 음악, 동시, 동화 등의 활동을 선정하여 적절히 운영할 수 있다.

주간 교육계획을 작성할 때 고려되어야 할 것들

- 주간 교육계획안은 매주 금요일에 전체 교사회의를 통하여 작성하도록 한다. 주간 교육계획을 수립할 때에는 먼저 전 주의 교육 실제에 대한 평가를 하고 다음 주의 교육계획을 의논해야 한다. 전주에 계획했던 활동 중에 하지 못한 것이 있거나 충분히 하지 못한 활동이 있을 때 다음 주까지 연장할 것인지, 종료할 것인지, 다른 주제(생활주제)에 포함시킬 것인지를 결정해야 한다. 또한 여러 학급이 같은 활동을 동시에 하면 교구 · 교재 및 기구 등을 충분히 확보할 수 없는 경우가 있으므로 학급 간 활동이 중복되지 않도록 사전에 협의할 필요가 있다.
- 주간 교육계획안은 연 · 월간 교육계획안에 기초하여 작성한다. 연 · 월간 교육계획안에 명시된 각 생활주제의 시작과 종료, 특정 견학이나 행사가 있는 날짜와 일치하도록 주간 교육계획안을 작성해야 한다. 또한 전 학년도 주간 교육계획안과 실행결과에 대한 평가를 기초로 하여 주간 교육계획을 수립해야 한다.
- 누리과정 5개 영역의 활동들이 골고루 안배된 통합적 주간 교육계획을 세우고 유아의 전인적인 발달을 이룰 수 있도록 도와주어야 한다. 그러나 누리과정 5개 영역과 발달영역을 동시에 포함해야 하는 것은 아니다.

- 주간 교육계획안 작성 시 유아의 특성과 능력, 유아교육기관 및 지역사회의 요구에 따라 필요한 활동을 선정할 수 있다.
- 주간 교육계획안은 요일별로 자유선택활동 시간 동안의 각 흥미영역 활동들, 일과 중에 이루어지는 집단 활동들을 구체적으로 명시해야 한다.

기타 주간 교육계획은 생활의 주제와 유아의 요구, 흥미, 교사의 판단에 따라 동일 집단이라도 각 반에 따라 조금씩 다르게 계획할 수 있고 수립된 계획은 교사가 잘 볼 수 있는 곳에 게시하는 것이 좋다.

주간 교육계획안의 예를 제시하면 다음과 같다.

〈표 5-15〉 주간 교육계획(예)

<table>
<tr><td colspan="2">반이름</td><td colspan="2">○○반(만 3, 4세)</td><td>시기</td><td colspan="2">20○○년 ○월 ○일</td></tr>
<tr><td colspan="2">생활주제</td><td colspan="2">가을</td><td>주제</td><td colspan="2">가을의 날씨 알기</td></tr>
<tr><td rowspan="2">목표</td><td>3세</td><td colspan="5">• 가을 날씨 변화를 느낀다.
• 가을철에 알맞은 옷차림을 한다.</td></tr>
<tr><td>4세</td><td colspan="5">• 가을 날씨 변화를 느낀다.
• 가을에 나타나는 기후현상에 관심을 갖고 알아본다.</td></tr>
<tr><td colspan="2">날짜/요일</td><td>○/○(월)</td><td>○/○(화)</td><td>○/○(수)</td><td>○/○(목)</td><td>○/○(금)</td></tr>
<tr><td rowspan="2">소주제 활동</td><td>3세</td><td rowspan="2">가을 날씨에 관심 가지기</td><td rowspan="2">가을의 변화 느끼기</td><td rowspan="2">가을의 기후 현상에 관심 가지기</td><td rowspan="2">가을의 날씨 표현하기</td><td rowspan="2">가을 날씨 느끼기</td></tr>
<tr><td>4세</td></tr>
<tr><td rowspan="4">자유 선택 활동</td><td>쌓기놀이 영역</td><td colspan="5">가을동산을 꾸며 봐요(3, 4)</td></tr>
<tr><td>역할놀이 영역</td><td colspan="5">가을 날씨 기상캐스터놀이(3, 4)</td></tr>
<tr><td>언어 영역</td><td colspan="5">• 동화 듣고 그림카드 순서대로 놓기(3) • 가을에 볼 수 있어요(4)</td></tr>
<tr><td>수·조작 영역</td><td colspan="5">• 가을동산에 놀러가요(3, 4) • 인형에게 가을 옷 입히기(3)
• 가을 옷 패턴 늘어놓기(4)</td></tr>
</table>

날짜/요일		○/○(월)	○/○(화)	○/○(수)	○/○(목)	○/○(금)
자유선택활동	과학 영역	• 봄, 여름, 가을, 겨울 나무책 관찰하기(3, 4)			• 나뭇잎 반쪽을 찾아 주세요(4)	
	미술 영역	• 가을 나무 꾸미기(3)			• 나뭇잎 분무기 그림(4)	
	음률 영역	마른 낙엽으로 소리내기(3, 4)				
대·소집단활동	이야기 나누기		가을이 왔어요(3, 4)	가을의 알맞은 옷차림(3, 4)		가을 날씨를 느껴요(3, 4)
	동화/동시/동극	아기곰 푸푸의 가을소풍(3, 4)	바람이 불었어(3, 4)	〈동시〉가을은 요술쟁이(3, 4)	〈동극〉바람이 가져다 준 소리선물 (3, 4)	〈동화〉구름놀이(4)
	음악	〈음악감상〉 비발디의 「사계」중 '가을'(3, 4)		♬소리나는 편지(4)	★♬감홍시(3, 4)	
	신체/게임		〈게임〉나뭇잎 색깔 바꾸고 돌아오기(3)			★독서골든벨(3, 4)
	미술/요리			〈미술〉가을 하늘 그리기(3, 4)	동극 소품 꾸미기(3, 4)	
바깥놀이활동		가을동산으로 나들이가요/ ★나뭇잎 투포환놀이(3,4)	가을의 색깔을 찾아요(3, 4)	가을 바람을 느끼며 달려봐요(3, 4)	★거미줄 놀이(3, 4)	가을동산에서 간식 먹기(3, 4)
간 식		송편, 우유	쌀과자, 우유	믹스너트, 우유	아몬드,우유	시리얼, 우유
인성 교육		활동할 때 친구가 끝나기를 기다리기				
안전 교육		먹을 수 없는 약물 구별하기				

(3) 일일 교육계획

일일 교육계획은 효과적인 교육과정 운영에 영향을 미치는 가장 중요한 요소 중의 하나이다. 일일 교육계획은 하루 동안 이루어지는 모든 활동을 순서적으로 계획한다. 일일 교육활동계획안은 주간 교육계획안에 기초하여 수립한다. 일일

교육계획안에는 생활주제, 교육목표, 활동명과 활동에 관한 각종 정보(소요시간, 준비물 전개방법, 유의사항 등)와 유아가 등원하여 귀가할 때까지 일어나는 모든 교육활동을 구체적으로 명시한 것으로 유아의 등원, 실내 · 외 자유선택활동, 정리정돈, 간식(점심), 대집단활동, 소집단활동, 휴식, 평가 및 귀가지도 등의 활동들을 기록한다. 자세하게 작성된 일일 교육계획안은 일과를 운영하는 데 있어서 교사, 보조교사, 교육실습생, 학부모 모두에게 매우 유용한 자료이다. 교사마다 일일 교육활동계획안의 작성요령이나 양식은 다양하다. 현직 교사들은 많은 일일 교육계안을 수집하고 비교 · 분석하여 자신에게 적절한 것을 개발할 필요가 있다.

일일 교육계획을 작성할 때 고려되어야 할 것들

- 일일 교육계획안은 운영에 영향을 주는 요인, 즉 수업시간(반일제, 방과후, 종일제), 인적 자원(교사, 보조교사, 교육실습생, 학부모 자원 등), 물적 환경(교실, 실외놀이터, 실내 놀이실, 기타 부속실 등), 시기(학기 초, 학기 중반, 학기 말) 등을 고려하여 상황에 적합하게 계획을 세운다.
- 일관성이 있어야 한다. 이는 일과에 일종의 패턴이 있음을 의미하는 것으로 유아로 하여금 무엇을, 언제, 어디서, 어떻게 해야 하는가를 알게 하므로 유아가 안정감을 가지고 자신의 행동과 요구를 조절하며 능동적으로 활동할 수 있게 해 준다. 일과활동을 알려 주는 순서판을 교실 입구에 걸어 놓아 유아들이 등원하면서 그날의 활동을 볼 수 있게 해 준다.
- 여러 활동 유형 간의 다양한 상호작용이 일어날 수 있도록 계획한다. 즉, 교사와 개별유아의 상호작용, 교사와 대 · 소집단 유아와의 상호작용, 유아와 유 아간의 상호작용, 유아와 교구와의 상호작용 등의 기회를 골고루 제시할 수 있어야 한다.
- 활동의 계획과 실행에 대한 평가를 한다. 효과적인 일일 교육계획은 실행 및 평가를 통하여 완성된다.

혼합연령반의 일일 교육계획안의 예를 제시하면 다음과 같다.

〈표 5-16〉 일일 교육계획안(예)

<table>
<tr><td colspan="2">반이름</td><td>○○반
(만 3세/만 4세)</td><td>시기</td><td>20○○년 ○월 ○일</td><td>지도교사</td><td>○○○</td></tr>
<tr><td colspan="2">생활주제</td><td>가을</td><td>주제</td><td>가을의 날씨 알기</td><td>소주제</td><td>가을의 날씨에 관심 가지기</td></tr>
<tr><td rowspan="2">목표</td><td>만 3세</td><td colspan="5">• 가을의 날씨에 대해 관심을 가진다.
• 나뭇잎을 이용한 자연놀이에 즐겁게 참여한다.</td></tr>
<tr><td>만 4세</td><td colspan="5">• 가을의 날씨를 안다.
• 나뭇잎의 변화에 관심을 가지고 나뭇잎을 이용한 놀이를 즐긴다.</td></tr>
<tr><td colspan="2">일과 시간표</td><td colspan="2">09:00~10:20 등원 및 자유선택활동 및 개별 간식
10:20~10:40 정리정돈 및 아침모임
10:40~11:00 동화(단풍잎의 가을밤)
11:00~12:00 바깥놀이활동(나뭇잎 투포환 놀이)</td><td colspan="3">12:00~12:50 점심
12:50~13:30 바깥놀이활동
13:30~13:50 음악감상(비발디의 「사계」 중 '가을')
13:50~14:00 평가 및 귀가</td></tr>
<tr><td colspan="2">시간/활동명</td><td>활동목표</td><td colspan="2">활동내용</td><td>자료</td><td>평가 및 유의점</td></tr>
<tr><td rowspan="2">09:00
~
10:20
등원 및 자유선택활동 및 개별간식</td><td rowspan="2">3~4세</td><td>친구와 선생님께 반갑게 인사한다.</td><td colspan="2">• 등원하는 순서대로 교실에 들어와 선생님, 친구들과 반갑게 인사를 나눈다.
• 오늘 날짜를 알아보고 출석도장을 찍는다.
• 사물함에 가방을 정리하고 겉옷을 옷걸이에 정리한다.
• 먼저 온 친구들과 반갑게 인사를 나눈다.
• 자유선택활동을 계획한다.
• 자유선택활동을 하며 개별적으로 손을 씻고 간식을 먹는다.</td><td>옷걸이, 옷걸이대, 원아수첩, 출석도장, 오늘의 간식(송편, 우유)</td><td>아침식사 여부, 건강 상태 등을 확인한다.</td></tr>
<tr><td>다양한 블록으로 가을동산을 창의적으로 꾸며볼 수있다.</td><td colspan="2">〈쌓기놀이 영역〉가을동산 꾸미기
• 가을동산 사진을 보며 이야기 나눈다.
- 들판에 어떤 것들이 날아다니나요?
- 들판의 색깔이 어떤 색인가요?
• 친구와 함께 가을동산을 어떻게 구성할지 이야기 나눈다.
- 가을동산에 어떤 것들이 있는지 잘 생각해 보고 이 블록을 이용하여 어떤 것을 만들 수 있을까요?
• 여러 가지 블록과 소품을 이용하여 가을동산을 만든다.</td><td>다양한 블록, 가을동산 사진</td><td>유아 모두 적극적으로 개별활동에 참여하도록 한다.</td></tr>
</table>

<table>
<tr><th colspan="2">시간/
활동명</th><th>활동목표</th><th>활동내용</th><th>자료</th><th>평가 및
유의점</th></tr>
<tr><td rowspan="3">09:00
~
10:20
등원
및
자유
선택
활동
및
개별
간식</td><td rowspan="2">3
~
4
세</td><td>• 가을날씨에 관심을 가진다.
• 다양한 가을 날씨의 특징을 알고 다양한 언어로 표현한다. 역할을 정하여 가을 날씨를 알리는 기상캐스터놀이를 경험한다.</td><td>〈역할 놀이 영역〉가을 날씨 기상캐스터놀이
• 짧은 기상 캐스터 동영상을 본다.
• '가을 날씨를 알리는 기상 캐스터' 놀이를 할 것을 알려준다.
• 놀이를 하기 위해 준비한 재료를 탐색한다.
• 놀이를 하기 위해 준비한다.
• 친구들과 함께 기상캐스터놀이를 한다.</td><td>마이크,
가을 일기
예보 사진,
기상 캐스터
동영상과 사진
손가락 모양
막대
일기예보 사진</td><td></td></tr>
<tr><td>• 가을에 볼 수 있는 것들에 대해 알아본다.
• 친구와 함께 규칙을 지키며 놀이에 참여한다.</td><td>〈수 · 조작 영역〉가을동산에 놀러 가요
• 돌림판을 살펴보며 그림의 이름을 말해본다. (사과, 수박, 고추잠자리, 코스모스, 개나리, 쌀, 배 등)
• 가을에 볼 수 있는 것들을 찾아본다.
• 그림을 보고 계절에 따라 분류해 본다.
• 말을 정하고 돌림판을 돌리며 규칙에 따라 게임을 한다.</td><td>게임판
돌림판
말 2개</td><td></td></tr>
<tr><td>4
세</td><td>가을에 볼 수 있는 것들에 대해 관심을 가진다.</td><td>〈언어 영역〉가을에 볼 수 있어요
• 가을 날씨 사진을 살펴본다.
• 가을에 볼 수 있는 것들에 대해 이야기를 나눈다.
• 활동방법을 알아본다.
- 글자 돌림판을 돌려 나온 글자와 같은 그림을 찾아 퍼즐을 완성한다.</td><td>가을 날씨 사진,
가을 관련
글자 돌림판
그림퍼즐</td><td></td></tr>
<tr><td colspan="2">10:20~10:40
정리정돈
및 아침모임</td><td>• 자기 주변을 정리할 수 있다.
• 날짜와 요일에 관심을 갖는다.</td><td>• 정리시간 5분 전에 미리 예고한다.
• 정리음악이 들리면 영역을 정리한다.
• '아침 인사 노래'를 부르며 다 함께 인사를 나눈다.
• 날짜와 날씨를 함께 알아본다.
• 일과를 소개한다(궁금한 점이 있으면 질문한다).
• 자유선택활동 평가를 한다.</td><td>정리음악
날짜판
이름카드
일과표</td><td>다른 친구의 이야기에 귀를 기울이는 태도를 형성하도록 한다.</td></tr>
</table>

시간/ 활동명		활동목표	활동내용	자료	평가 및 유의점
10:40 ~ 11:00 동화	3 ~ 4 세	• 바른 태도로 동화를 듣는다. • 계절의 변화를 느끼고, 주변의 자연 현상에 관심을 갖는다. • 낙엽을 이용하여 다양하게 놀이하는 방법을 안다	〈아기 곰 푸푸의 가을 소풍〉 • 여름과 가을의 날씨가 어떻게 달라졌는가에 대해 이야기 나눈다. • 가을의 날씨 변화와 함께 주변 자연은 어떻게 변하고 있는지 이야기 나눈다. • 동화의 제목을 보고 내용을 예측해본다. • 바른 자세로 앉아 동화를 주의 깊게 듣는다. • 그림만 다시 보며 동화의 내용을 회상한다. • 동화의 재미있었던 점을 이야기 나눈다. - 만약 가을 숲으로 소풍을 간다면 어떤 놀이를 할 수 있을까?	큰 그림동화	
11:00 ~ 12:00 바깥 놀이 활동	3 ~ 4 세	가을 자연의 아름다움을 느끼고 즐긴다.	〈가을동산으로 나들이를 가요〉 • 아침에 등원하며 본 가을 풍경에 대해 이야기 나눈다. - 유치원에 올 때 날씨가 어땠나요? - 올 때 길에서 어떤 것들을 보았나요? • 산책을 가기 전 지켜야 할 약속을 정한다. - 유치원 주변을 산책할 때 어떤 약속들이 필요할까요? - 예쁜 나뭇잎이나 꽃을 보고 가지고 싶다면 어떻게 해야 할까요? • 유치원 주변으로 산책을 간다. • 가을이 되어 변화된 자연의 모습을 관찰한다. - 여름에 봤던 것과 무엇이 달라졌나요? - 가을동산으로 변한 유치원을 보니 기분이 어떤가요? • 떨어진 나뭇잎과 열매를 주워 본다. • 교실로 돌아와 가을동산을 보며 느낀 점을 이야기 나눈다.	나뭇잎 또는 열매를 담을 바구니	유아가 안전하게 이동할 수 있도록 안전 규칙을 충분히 숙지한다.

시간/ 활동명	활동목표	활동내용	자료	평가 및 유의점
12:00~12:50 점심식사	• 화장실을 바르게 사용한다. • 자기 수저를 스스로 챙긴다. • 음식을 남기지 않고 골고루 먹는다.	• 줄을 서서 화장실에 다녀온다. • 손을 씻고 수저와 물통을 꺼내 점심식사를 준비한다. • 점심 급식차에서 식판을 받고 배식하는 방법을 알아본다. • 차례대로 줄을 서서 식판과 음식을 받은 후 자리에 앉는다. • 바른 자세로 앉아 음식을 맛있게 먹는다. • 자신의 칫솔을 찾아 깨끗하게 이를 닦는다. • 칫솔과 양치컵을 정리한다.	수저, 물통, 양치컵, 칫솔, 치약	양치컵과 칫솔을 사용한 후 깨끗이 씻어서 정리할 수 있도록 지도한다.
12:50~13:25 바깥놀이	• 바깥놀이터에서 지켜야 할 약속을 지킨다. • 친구와의 놀이에 즐거움을 느끼고 사이좋게 지낸다. • 나뭇잎을 이용하는 바깥놀이에 즐겁게 참여한다.	• 질서를 지켜 신발을 신은 후 바깥놀이터로 이동한다. • 모래놀이 도구의 안전한 사용법에 대해 알아 본 후 안전하게 놀이한다. • 탬버린 소리가 들리면 모래 놀이 도구를 깨끗이 정리한다. 〈녹색성장교육※나뭇잎 투포환놀이〉 • 나무와 나뭇잎을 관찰한다. - 나무의 모습이 어떻게 바뀌었나요? - 나뭇잎의 색깔은 어떻게 되었나요? - 나무 주변에 어떤 것들이 떨어져 있나요? - 손으로 만져 보니 어떤 느낌인가요? • 주변의 나뭇잎을 관찰한다. • 나뭇잎으로 투포환놀이를 한다. ① 바닥에 떨어진 나뭇잎을 하나씩 주운 다음 입으로 불어 멀리 보낸다. ② 가장 멀리 날릴 수 있는 나뭇잎 하나를 선택한다. ③ 한 사람씩 나뭇잎을 불어서 멀리 보내는 놀이를 한다. ④ (만 4세의 경우) 한 사람이 나뭇잎을 불어 떨어진 자리에 다음 사람이 나뭇잎을 분다. - 어떤 나뭇잎이 가장 멀리 갈 수 있을까? - 다 함께 나뭇잎을 멀리 보내기 위해서는 어떻게 해야 할까요? • 신발과 옷에 묻은 모래를 털고 질서를 지켜 교실로 들어간다.	모래놀이 도구, 탬버린	• 친구들과 협동하여 놀이가 이루어지도록 한다. • 친구에게 모래를 뿌리지 않도록 한다. • 곤충이나 뾰족한 열매 등을 만지지 않도록 하며 안전사고에 대비한다.

<table>
<tr><th colspan="2">시간/
활동명</th><th>활동목표</th><th>활동내용</th><th>자료</th><th>평가 및
유의점</th></tr>
<tr><td>13:25
~
13:50
음악
감상</td><td>3
~
4
세</td><td>• 즐거운 마음으로 음악을 감상한다.
• 음악 감상을 통해 느낀 가을을 다양한 방법으로 표현한다.</td><td>〈비발디의 「사계」 중 '가을'〉
• 가을에 대한 경험과 느낌을 자유롭게 이야기 나눈다.
• 음악 감상 후 느낌을 이야기 나눈다.
- 음악을 들어 보니 어떤 느낌이 드나요?
- 이 곡은 무엇을 표현한 것 같나요?
- 계절과 비교한다면 어느 계절일까요?
- 그렇게 생각한 이유는 무엇인가요?
• 음악을 소개한다.
- 이 곡은 이탈리아의 음악가 비발디의 「사계」 중 '가을'이에요.
- 비발디는 사계절을 음악으로 표현하였는데, 봄, 여름, 가을, 겨울이란 음악이 있어요.
• 가을 풍경을 떠올리며 음악을 다시 한 번 감상한다.
• 음악을 듣고 느낀 것을 그림으로 그린다.
〈★인성교육※활동을 할 때 친구가 끝나기를 기다리기〉
• 다른 친구들이 그림을 완성할 때까지 기다려 준 후 다 함께 자리를 정리해 본다.</td><td>비발디 사계 중 '가을' 음원, 색연필, 활동지</td><td>음악을 그림으로 표현하는 것이 어려울 수 있으므로, 다양한 표현 방법을 미리 제시한다.</td></tr>
<tr><td colspan="2">13:50
~
14:00
평가 및 귀가</td><td>• 바른 자세로 인사한다.
• 정해진 길로 안전하게 귀가 한다.</td><td>〈하루 활동 회상하기〉】
• 오늘 해님반에서 한 놀이활동에 대해 생각해 보고 일과에 대해 평가한다.
• 일과 회상 후 칭찬하고 싶은 친구를 찾는다.
• 다음 주의 활동에 대해 이야기한다.
• 옷을 입고 가방을 챙긴다.
• 귀가 시 지켜야 할 안전 규칙에 대해 이야기 나눈다.
• 바른 자세로 인사한다.</td><td></td><td></td></tr>
<tr><td rowspan="2">총
평</td><td>만
3세</td><td colspan="4">• 일과 동안 여러 활동을 통하여 가을의 날씨에 관심을 가지게 되었는가?
• 나뭇잎을 이용한 자연놀이에 즐겁게 참여하였는가?
• 가을동산을 나들이하며 가을 자연의 아름다움을 느끼고 즐기는가?</td></tr>
<tr><td>만
4세</td><td colspan="4">• 일과 동안 여러 활동을 통하여 가을의 날씨를 알게 되었는가?
• 가을 날씨에 따른 나뭇잎의 변화를 알고 나뭇잎을 이용한 놀이에 즐겁게 참여하였는가?
• 가을동산을 나들이하며 가을 자연의 아름다움을 느끼고 즐기는가?</td></tr>
<tr><td colspan="2">유아평가사항</td><td colspan="4">• 가을의 날씨에 대해 관심을 가지는지 평가하기
• 나뭇잎을 이용한 놀이가 수준에 적절한지 평가하기
• 스스로 할 수 있는 일을 하면서 참여하는지 평가하기
• 산책활동에서 지켜야 할 규칙을 지키는지 평가하기</td></tr>
</table>

요약

영유아 개개인은 각기 다른 존재로 이들 모두에게 보편타당한 기본적인 욕구를 충족할 수 있는 단 하나의 보육계획을 만드는 것은 불가능하다. 그러나 교사는 영유아를 세심하게 관찰하고 관찰한 내용을 토대로 영유아와 관련된 기본적인 정보를 토대로 영유아에게 적합한 교육을 계획하고 운영하도록 해야 한다. 본 장에서는 교육계획이 무엇이며 그것이 갖는 의미와 교육을 계획함에 있어 기본이 되는 원리, 0~2세 보육계획과 운영, 3~5세의 교육계획 및 운영에 대해 실제적인 내용을 살펴보았다.

생각해 볼 문제

1. 표준보육과정을 기초로 하여 창의적인 보육계획안을 작성해 보자.
2. 누리과정을 기초로 창의적인 교육계획안을 작성해 보자.
3. 교육계획안을 작성할 때 고려되어야 할 것들이 무엇인지 이야기 나누어 보자.

CHAPTER 06

영유아교육과정의 운영과 평가

1. 영유아교육과정의 운영

1) 일과계획과 운영

(1) 일과의 특성

영유아가 하루 동안 시간을 어떻게 보낼 것인지에 대한 내용을 일과라고 한다. 일과는 정해진 시간을 보다 효과적으로 보내기 위한 기준을 제시하는 것으로 일과가 잘 계획되어 있는 교육과정에서는 영유아가 심리적으로 안정감을 느끼고, 교육의 효과성도 높아진다.

유아교육기관에서 유아가 경험하는 일과의 특징은 다음과 같다(이경미, 2009).

첫째, 우리나라의 대표적인 유아교육기관인 유치원과 어린이집의 교육목표를 달성하기 위해 일과를 운영한다. 유치원의 경우, 3~5세 누리과정에서 제시한 교육목표를 반영한 일과를 운영하고, 어린이집의 경우, 0~5세 표준보육과정에서 제시한 보육목표를 반영한 일과를 운영하고 있다.

둘째, 영유아가 보내는 일과는 그들의 발달특성이 반영된다. 영유아의 발달과 학습은 통합적이고 연속적이기 때문에 그 특성이 일과에도 반영되어야 한다. 따라서 이러한 발달에 대한 지식을 통해 유아교육기관에서는 지엽적 발달이 아닌 전인발달을 목표로 하여 놀이중심, 활동중심, 생활중심, 과정중심의 일과를 운영해야 한다. 그리고 개인차를 고려하고 안전과 건강, 영양면에서도 충분히 배려하면서 다양한 표상활동을 할 기회를 제공해야 한다.

셋째, 통합이라는 측면에서 일과를 계획한다. '통합'이란 유아의 전인발달과 효율적 학습을 위하여 유아의 경험, 흥미 및 요구와 교육내용을 통합하고, 교과목들을 통합적으로 재조직하여 가르치는 방법으로 정의할 수 있다. 우리나라의 유치원과 어린이집에서의 교육 · 보육과정은 영유아의 발달특성을 고려하여 통합적 교육과정으로 구성되어 있다.

통합적 · 총체적 일과를 위해 유아교육기관의 교실 환경은 다양한 흥미영역으로 구성하고, 각 흥미영역 간의 통합이 일어나도록 한다. 또한 일과의 교육내용과 활동 역시 통합되어 유아가 생활 속에서 경험할 수 있도록 구성한다. 이를 위해 대부분의 영유아가 경험할 수 있는 생활주제를 내용으로 선정하고, 그 내용을 영유아가 구체적 · 직접적으로 경험할 수 있도록 개별활동 혹은 집단활동으로 구성하여 교육한다.

요약하면, 생활주제와 주제를 중심으로 환경구성, 자유선택활동, 집단활동 등이 통합적으로 구성되기 때문에 일과 구성의 각 활동들은 서로 분리된 교과목이 아니라 생활주제를 중심으로 상호관련된 활동으로서 통합적으로 연결되는 것이다.

(2) 일과운영의 기본 원리

일과를 계획하여 어떤 활동을 제공할 것인지의 문제는 효과적인 영유아교육과정 운영에 가장 중요한 요소가 될 수 있다. 질 높은 영유아교육과정 운영의 기초가 되는 일과를 계획하기 위해 반드시 고려해야 하는 운영의 기본 원리는 다음과 같다(Decker & Decker, 2005).

- 효과적인 일과계획은 영유아가 등원할 때 교사가 비형식적으로 따뜻하게 맞아들이는 것에서 시작한다. 교사는 개별적으로 영유아와 대화하고, 영유아의 기분과 건강상태를 파악한다.
- 일과계획은 일정한 시간을 영유아의 신체적 욕구(배변훈련, 화장실 가기, 급·간식 먹기 등)가 반영되도록 구성한다. 영유아는 놀이에 열중하게 되면 배설욕구를 적절히 조절할 수 없고, 피곤하거나 배가 고프면 짜증을 내기가 쉽다. 그러므로 의도적으로 신체적 욕구를 조절할 수 있게 계획해야 한다.
- 일과계획은 균형적으로 구성되어야 한다. 그 예로 동적인 활동과 조용한 활동, 실내활동과 실외활동, 개별활동과 대·소집단 활동, 교사주도 활동과 유아주도 활동 간의 균형이 필요하다.
- 일과 계획은 각 프로그램의 철학에 근거해야 하며, 개인이나 집단의 욕구를 반영하여 다양하게 전개해야 한다.
- 일과계획은 융통성이 있어야 한다. 즉, 날씨의 변화, 유아의 흥미 지속성 등을 고려하여 계획한 활동이라도 상황에 따라 다른 것으로 대체하거나 활동시간을 길거나 짧게 조정할 수 있어야 한다.
- 효과적인 일과계획은 영유아가 쉽게 이해하고, 안정감을 갖고 다음 활동을 파악할 수 있게 구성되어야 한다.
- 효과적인 일일 활동계획은 활동을 계획한 다음 그 활동을 수행해 보고 활동의 평가가 포괄적으로 이루어질 수 있게 한다. 즉, 영유아가 하루에 무엇을 성취했다는 성취감과 함께 하루를 평가할 수 있는 시간을 갖는다.

(3) 영아를 위한 일과의 구성

유아교육기관의 일과는 다양한 놀이경험, 창조적·지각적인 경험, 운동 기회, 식사, 휴식, 일과(routine), 계획되지 않은 자발적 행동 등을 모두 포함하여 구성한다. 특히 연령이 어릴수록 일과 운영은 먹기, 자기, 기저귀 갈기, 씻기 등 영아의 일상생활이 중심이 되며, 그 밖의 신체, 언어, 탐색활동 등이 균형 있게 병행되도록 해야 한다.

만 3세 미만의 영아 학급의 일과는 〈표 6-1〉과 같다(보건복지부, 2013).

〈표 6-1〉 만 3세 미만 영아의 일과

시간	주요 일과	
	0~6개월	7~12개월
07:30 ~ 09:00	등원 및 맞이하기	
09:00 ~ 09:30	이유식/ 기저귀 갈기/ 씻기	오전간식(이유식) 기저귀 갈기/ 씻기
09:30 ~ 10:30	오전 실내자유놀이	
10:30 ~ 11:00	오전 수유 및 낮잠 준비	
11:00 ~ 12:00	오전 낮잠	오전 낮잠 또는 오전 실내 자유놀이
12:00 ~ 13:00	수유 및 이유식/기저귀 갈기/ 씻기/이 닦기	
13:00 ~ 14:30	오후 실내자유 놀이 또는 산책	휴식 또는 오후 낮잠
14:30 ~ 16:00	오후 수유 및 오후 낮잠	산책 및 실외놀이
16:00 ~ 16:40	기저귀 갈기/ 손, 발 닦기/ 이유식	기저귀 갈기/ 손, 발 닦기/ 오후간식(이유식)
16:40 ~ 17:20	오후 실내자유놀이	
17:20 ~ 19:30	귀가 및 통합보육	

시간	주요 일과
	만 1세
07:30 ~ 09:00	등원 및 맞이하기
09:00 ~ 10:00	오전 실내자유놀이
10:00 ~ 10:20	기저귀 갈기 및 손 씻기
10:20 ~ 10:50	오전 간식
10:50 ~ 11:40	오전 실외놀이 및 손 씻기
11:40 ~ 12:40	점심식사 및 이 닦기
12:40 ~ 14:40	낮잠 준비 및 낮잠
14:40 ~ 15:20	기저귀 갈기 및 손 씻기
15:20 ~ 16:00	오후 간식
16:00 ~ 17:20	오후 실내자유놀이
17:20 ~ 19:30	귀가 및 통합보육

시간	주요 일과
	만 2세
07:30 ~ 09:00	등원 및 통합보육
09:00 ~ 10:20	오전 실내자유놀이
10:20 ~ 10:50	화장실 가기 및 오전 간식
10:50 ~ 11:40	오전 실외놀이 및 손 씻기
11:40 ~ 12:40	점심식사 및 이 닦기
12:40 ~ 14:20	낮잠 준비 및 낮잠
14:20 ~ 15:00	화장실 가기 및 오후 간식
15:00 ~ 16:20	오후 실내자유놀이
16:20 ~ 16:30	전이활동 (2세 후반 경)
16:30 ~ 17:20	오후 실내놀이 및 손 씻기
17:20 ~ 19:30	귀가 및 통합보육

영아를 위한 일과를 계획할 때는 다음의 사항을 고려해야 한다(장영희, 2004).

- 영아의 개별적 · 집단적 요구, 교사의 목표, 어린이집의 정책 등을 반영하면서 이들 간의 균형을 맞출 수 있어야 한다.
- 일과는 월별주제를 기초로 계획 · 운영하되, 영아의 발달과 흥미를 중심으로 일과 순서를 정하고 각 활동에 대해 계획한다.
- 영아의 배변시간이나 낮잠시간 등을 파악하여 계획과 운영에 참고한다.
- 교육활동과 일상적 생활을 구분하지 않으며, 신체활동과 일상생활 속에서 놀이중심으로 한 활동을 함께 운영하도록 한다.
- 정적활동과 동적활동, 개별활동과 집단활동, 실내놀이와 실외놀이 등 다양하고 균형 있게 계획하도록 한다.
- 교사와 영아, 영아와 영아, 영아와 교구 등 여러 유형의 상호작용이 일어날 수 있도록 계획하되 효과적인 수행을 위해 활동 수행 후 평가 · 계획한다.
- 영아가 심리적으로 안정감을 가지 수 있도록 계획하여야 한다.
- 영아의 초기 적응시기에는 가능한 일과를 단순히 계획하여야 한다.

이러한 일과계획은 각 영아의 발달특성과 신체리듬에 따라 융통성 있게 운영되어야 하는데, 이때 교사가 고려해야 할 사항은 다음과 같다.

- 교사가 볼 수 있는 곳에 일과를 적어 놓아 각 활동이 일어나는 시간을 교사에게 상기시켜 줄 수 있도록 한다.
- 매일 일정한 순서로 일어나는 일과(예: 식사, 간식, 낮잠 등)를 영아의 눈높이에 맞게 그림이나 사진을 이용해서 붙여 놓음으로써 영아 자신이 다음 활동을 예측할 수 있도록 한다.
- 교사는 영아가 옷의 지퍼를 열고, 양말을 신고 벗으며, 이불을 꺼내오는 등 여러 가지 일에 참여하는 기회를 주고 스스로 하도록 기다려 준다.
- 영아는 개별적 상호작용과 배려를 더 필요로 하기 때문에 대집단활동보다

소집단활동을 실시한다.

- 일과 안에서 여러 차례 실외활동을 하는 것이 좋다. 실외놀이는 영아에게 대근육 운동기술을 훈련하고 발달시킬 수 있는 많은 기회를 제공한다. 영아는 실외에서 에너지를 발산하고, 맑은 공기를 마시며, 실내 경험과는 또 다른 환경을 탐색할 수 있다.
- 낮잠 준비는 규칙적으로 하되 영아가 집에서 가져온 이불이나 장난감을 가지고 잘 수 있도록 배려한다.
- 영아를 위한 매일의 활동시간을 개개인의 욕구를 충족시킬 수 있도록 융통성 있게 운영한다. 즉, 교사는 예측 가능한 일과를 계획하고 운영하되 영아 개인의 요구를 고려하여 융통성 있게 운영해야 한다.

어린이집 영아 학급의 일과의 특성을 구체적으로 살펴보면 다음과 같다.

① 등원

어린이집의 일과는 영아가 어린이집에 도착하면서부터 시작한다. 보호자와의 대화를 통해 등원 이전의 영아의 심리상태 또는 건강상태를 확인하게 되고, 그날 필요한 정보를 상호교환하여 일과 지도에 참고한다. 이 과정에서 영아가 교사로부터 환영받는 느낌을 받을 수 있고, 친구들과 만나 인사를 나누는 과정에서 사회적 관계를 맺는 기술도 배우게 된다.

② 실내자유놀이

영아의 발달적 수준에 적합한 교재・교구를 충분히 제공하고 영아에게 탐색의 기회를 충분히 주도록 한다. 영아가 선택한 놀잇감과 놀이방법을 인정하고, 일방적 상호작용보다 영아의 반응을 수용하고 확장하는 양방향적 상호작용을 통해 놀이를 촉진시킨다. 놀이과정에서 교사는 관찰을 통해 영아의 놀이수준을 파악하고, 영아의 관심을 활용하여 다양하고 심화된 놀이로 확장하도록 다양한 전략을 시도한다.

③ 실외자유놀이

영아는 햇볕과 바람, 흙이 있는 실외에서 하루 중 1시간 이상은 지내야 하며, 상황에 따라 여러 차례 실외놀이를 실시할 수도 있다. 영아를 위한 실외놀이 환경은 동적인 요소와 정적인 요소, 인공적 요소, 자연적 요소가 골고루 포함되어 있어야 한다. 영아는 실외의 개방된 공간에서 자유롭게 지낼 때 실내에서의 긴장감을 풀고 하루를 즐겁게 보낼 수 있다(김희진 · 김언아 · 홍희란, 2004).

④ 정리정돈

영아에게 정리정돈은 일생의 습관을 이루는 시기라는 점에서 매우 중요하다. 자신이 한 일을 스스로 마무리하는 과정에서 책임감과 사회성을 기르며, 협력하는 태도를 형성하게 된다. 또한 정리를 하기 위해 원래 있던 장소를 기억해야 하고, 같은 놀잇감끼리 정리하면서 분류의 개념이 생기고, 제자리에 정리하는 과정에서 일대일 대응에 대한 개념 등을 익히게 된다.

⑤ 집단활동

집단활동은 구성원끼리 서로 관계를 맺으며 의견을 교환하는 것으로 영아가 함께 모여서 하는 활동을 말한다. 그러나 영아를 대상으로 하는 교육 프로그램의 경우, 대집단으로 활동을 진행하는 것은 효과적이지 않고, 특히 탐색적이고 조작적인 활동들을 계획할 때에는 대집단활동이 부적절하다. 따라서 집단활동은 집에 가기 전 1회 정도로 운영하는 것이 좋다.

⑥ 간식 및 점심

영아의 경우 월령 및 개인차에 따라 수유 및 이유식, 간식 및 점심이 달라질 수 있다. 그러므로 영아의 섭식량이나 음식물, 시간간격 등을 개별적으로 파악하고 이에 적절하게 제공해야 한다. 더불어 급 · 간식 시간에 먹는 즐거움을 느끼고 바른 식습관을 형성하도록 돕는다.

⑦ 낮잠 및 휴식

낮잠은 오전의 활동으로 인한 피로를 풀게 하고, 정서적으로 안정감을 갖게 하는 등 휴식을 위한 일상적인 활동이다. 일과 중 주로 점심시간 이후에 계획하지만, 개별적인 상황에 따라 융통성 있게 적용할 수 있다. 개인 기록카드와 면담을 통하여 영아의 잠자는 습관, 수면시간, 잠버릇, 깨어난 후의 정서상태 등을 파악하여 낮잠시간을 배려한다.

⑧ 전이시간

어린이집의 전이시간은 주로 놀이를 정리할 때, 집단활동을 준비할 때, 점심시간 전후, 한 장소에서 다른 장소로 이동할 때로 구분한다. 일과 중 짧은 시간이기는 하지만, 전이시간이 잘 계획되지 않으면 혼란이 야기될 수 있다. 따라서 교사는 전이시간을 어떤 활동으로 구성할 것인지에 대해 사전에 준비하고, 전이과정에서 교사는 영아에게 다음에 어떤 활동을 할 것인지, 어느 장소로 이동하게 될 것인지에 대해 이야기해 주고, 준비하도록 도와야 한다.

⑨ 배변 및 씻기

영아의 경우 배변훈련 및 기본생활습관을 형성하는 것은 중요한 시간이며, 위생습관을 형성하기 위한 좋은 기회가 된다. 간식과 점심 전후, 실외놀이 후, 낮잠 전후에 배변과 씻기 활동 시간을 마련할 수 있다. 이들 활동을 즐거운 활동으로 경험할 수 있도록 부모와 협력해야 한다.

⑩ 하루 마무리 및 귀가

일과를 마무리하면서 특별한 변화가 없었는지 영아를 잘 살펴보고, 일일보육일지의 기록을 마친다. 보호자가 도착하면 일지의 기록과 영아관찰을 바탕으로 영아의 일과에 대해 대화하고 귀가를 지도한다.

실외활동 시간과 운영을 위해 고려할 사항(보건복지부, 2015)

- 일과 중 반드시 실외활동 시간이 포함되어야 하며, 오전 또는 오후 일과 중 매일 1시간 이상 실외활동을 운영하는 것이 바람직하다.
- 실외활동 시간은 매일 계획하되, 계절, 영유아의 건강상태, 감염병 유행 등을 고려하여 융통성 있게 운영한다. 즉, 여름철에는 오전이나 온도가 낮은 오후에 실외활동을 계획하고, 겨울에는 햇살이 따뜻한 시간에 밖에 나가도록 한다. 또한 비가 오거나 황사 등 실외활동을 하기 어려운 경우에는 실내에서 신체활동을 하는 등 대체활동을 계획하여 운영하는 것이 필요하다.
- 실외활동 공간이 없을 경우에는 근처에 있는 지역사회 놀이터나 공원 등을 활용할 수도 있다.
- 실외에서 할 수 있는 활동으로는 자전거 타기나 미끄럼 타기, 달리기 등의 대근육 활동 뿐 아니라, 술래잡기, 그림자 따라 다니기, 바람개비 돌리기, 인형 옷 빨아서 말리기, 모래 파고 담기, 수로 만들기, 물로 그림 그리기, 사계절 꽃과 나무 또는 곤충 관찰하기, 식물 그리기 등이 있으며, 연령에 따라 다양하게 이루어지도록 계획하고 운영하는 것이 바람직하다.

(4) 유아를 위한 일과의 구성

영아기를 지나 유아기, 즉 만 3세 이후가 되면 이전보다 생리적 욕구에 대한 통제력이 발달하고, 독립적으로 수행할 수 있는 활동이 많아진다. 또한 연령이 증가하면서 주의집중시간이 증가하고, 주의의 선택성이 향상되어 개별활동뿐만 아니라 대·소집단 형태의 일과도 포함할 수 있다.

만 3~5세 유아의 일과 구성의 예시를 살펴보면, 다음의 〈표 6-2〉, 〈표 6-3〉과 같다(보건복지부, 2012).

〈표 6-2〉 만 3~4세 유아의 일과(예)

시간	활동명
7:30~9:00	등원 및 통합보육 / 오전 간식
9:00~10:30	오전 자유선택활동
10:30~10:50	정리정돈 및 화장실 가기
10:50~11:20	대 · 소집단활동
11:20~12:20	실외활동 / 손 씻기
12:20~13:20	점심식사 및 이 닦기
13:20~14:00	조용한 활동 / 정리정돈 및 낮잠 준비
14:00~15:40	동화 듣고 낮잠 및 휴식하기
15:40~16:10	낮잠 깨기 및 정리정돈
16:10~16:30	오후 간식
16:30~17:40	오후 자유선택활동
17:40~18:00	귀가 준비
18:00~19:30	귀가 및 가정과의 연계

〈표 6-3〉 만 5세 유아의 일과(예)

시간	활동명
7:30~9:00	등원 및 통합보육
9:00~10:20	오전 자유선택활동
10:20~10:50	화장실 가기 / 손 씻기 / 오전 간식
10:50~11:20	대 · 소집단활동
11:20~12:10	실외활동 / 손 씻기
12:10~13:20	점심식사 / 이 닦기
13:20~13:40	대 · 소집단 활동
13:40~15:00	오후 자유선택활동
15:00~15:30	화장실 가기 / 손 씻기 / 오후 간식
15:30~16:20	실외활동 / 손씻기
16:20~17:30	오후 자유선택활동
17:30~17:50	대 · 소집단활동
17:50~19:30	귀가지도 및 통합보육

유아교육기관의 유아가 경험하는 일과의 특성을 구체적으로 살펴보면 다음과 같다(Decker & Decker, 2001).

① 등원

부모 및 유아와 대면하여 유아의 심리상태나 건강상태를 확인한다. 일과를 시작하면서 유아가 환영받는 느낌으로 교사와 만나고 사회적 관계를 맺는 기술을 관찰하고 실행해 보는 기회가 될 수 있다. 교사가 기다려 주는 동안 유아 스스로 자기 물건을 관리하고 해야 할 일들을 스스로 하는 기회로 삼을 수 있다.

② 자유선택활동

유아가 놀이에 대한 본능적 욕구를 학습으로 연결시킬 수 있는 시간으로, 일과 중 핵심이 되는 시간이다. 유아의 자율성과 주도성이 요구되는 시간이자 집단생활을 경험하는 사회생활 시간이다.

③ 화장실 가기와 손 씻기

유아의 위생습관을 형성하는 시간으로 삼을 수 있다. 교사의 최소한의 도움으로 유아 스스로 자조기술을 형성할 수 있다.

④ 간식과 점심

식사의 즐거움을 경험하고 바른 식습관을 형성하며, 식사예절을 배우는 기회로 계획할 수 있다.

⑤ 낮잠과 휴식

활동량이 많은 유아가 일정시간대에 일정한 시간 동안 휴식함으로써 신체를 회복하고 심리적인 안정감을 느낄 수 있다. 유아가 신체적 · 심리적으로 스트레스를 적게 하려면 일과 계획에 낮잠과 휴식 시간이 적정하게 포함되어야 한다.

⑥ 대 · 소집단활동

대 · 소집단활동을 통해 유아는 동일한 활동을 동일한 속도로 진행하게 된다. 유아들이 상호 협력하고 조정하는 경험을 가질 수 있다.

⑦ 실외활동

유아에게 있어 실외놀이는 필수적이다. 오전과 오후에 실내활동과 교차로 배치하며, 가능한 한 매일 실외놀이를 해야 할 것이다. 안전 및 자기 조절을 배우도록 계획할 수 있다.

⑧ 귀가지도

일과 종료 후 함께 모여 하루 동안 지낸 일들을 돌아보고 정리하는 시간을 갖는다. 즐거웠던 일, 속상했던 일, 친구를 칭찬해 주고 싶은 일 등에 대해 이야기를 나누고 전달사항이나 가정통신문을 배부한다. 보호자가 도착하면 유아의 일과에 대해 대화하고 귀가지도를 한다.

유아교육법 제13조 제2항에 의하여 고시된 유치원 교육과정(교육부, 2015)을 보면, 1일 4~5시간을 기준 편성으로 제시하고 있어 유아기에 형식적 교육기관을 통한 기본과정 교육시간을 시사하고 있다. 또한 시대적 · 사회적 요구에 따라 질 높은 방과후 과정을 운영하기 위해 유아에 적합한 교육과 안전, 영양 및 건강을 위한 서비스까지 포괄하는 통합적 프로그램을 계획 · 운영해야 한다. 방과후 과정의 오후 일과는 오전의 교육내용을 반복하거나 지식전달이나 기술 함양에 초점을 두기보다 편안한 휴식과 함께 바깥놀이와 개별 유아의 특성을 충분히 고려한 놀이중심의 활동으로 구성해야 한다. 아울러 지역의 특수성과 유치원의 실정, 유아의 실태를 고려하여 융통성 있는 집단구성이 필요하며, 방과후 과정 운영에 대한 지식과 운용능력을 갖춘 방과후 과정 전담 인력이 배치될 필요가 있다.

2) 교수 · 학습

(1) 교수 · 학습의 원리

교수 · 학습은 교수(教授)와 학습(學習)의 합성어이다. 이 중 교수는 교사가 학습자에게 지식이나 기술을 전달하고 제 능력(諸能力)이나 가치관을 형성시키는 교육활동을 의미하고, 학습은 연습이나 경험의 결과 일어나는 행동의 지속적인 변화를 의미한다(문미옥, 2014).

교수 · 학습은 교육과정 구성에서 핵심적이고, 교육과정이 가장 실제적으로 활용되는 영역이다. 교육의 목표와 내용의 실천적 의미가 조직을 이루고, 구체적으로 활용될 수 있도록 일과계획 및 활동계획이라는 결과물로 나타날 수 있는 것이다.

유아교육에 있어 교수 · 학습을 계획할 때, 가장 먼저 고려해야 하는 것은 유아가 어떻게 학습해 나가고, 발달하는지에 관한 것이다. 이와 관련하여 NAEYC(1991)가 제시한 교수 · 학습의 기본 원리는 다음과 같다.

- 유아는 신체적 욕구가 충족되고 심리적으로 안정을 느낄 때 가장 잘 학습한다. 유아에게 적합한 교육과정으로 유아의 생리적 욕구를 무시하기보다 존중한다. 예를 들어, 바람직한 프로그램에서는 대부분의 시간을 유아가 앉아서 성인의 설명을 듣거나 학습지를 하도록 요구하지 않는데, 그 이유는 그러한 활동은 유아의 신체적 욕구에 적합하지 않기 때문이다.
- 유아는 스스로 지식을 구성한다. 유아는 사람과 사물의 능동적인 상호작용 경험을 통해 스스로 지식을 구성한다. 유아의 능동적인 실험에서 중심이 되는 것은 많은 실수를 경험하는 것이다. 성인의 관점에서 볼 때 정확하지 않고 틀리는 이런 실수들은 유아가 관계를 이해하고 자신의 경험에 기초하여 개념을 형성하고자 하는 시도를 반영하는 것이다.
- 유아는 성인과 다른 유아와의 사회적 상호작용을 통해 학습한다. 유아의 건강한 발달은 다른 사람과의 관계 속에서 시작된다. 부모-자녀 관계는 매우

어릴 때부터 사회적 상호작용을 통해 유아가 발달하고 학습해 가는 기초적인 예가 된다. 학습의 원리는 먼저 유아가 도움을 받을 수 있는 상황 내에서 어떤 것을 할 수 있으며, 그 후에는 독립적이고 다양한 상황에서 무엇인가를 스스로 할 수 있게 되는 것이다. 성인과 보다 유능한 또래의 지지는 유아가 독립적인 기능의 다음 수준으로 발달해 나갈 수 있도록 필수적인 조력 혹은 '비계설정(scaffolding)'을 해 준다. 교사의 역할은 단순히 지식의 전달자로서가 아니라, 발달과 학습을 지지 · 안내 · 촉진하는 것이다. 사회적 상호작용은 지적 발달을 위해 필수적이기도 하지만, 유아의 사회적 유능감과 자아 존중감을 발달시키기 위해서도 필수적이다.

- 유아의 학습은 인식에서 시작하여 탐색, 탐구, 활용으로 이동하는 순환적 주기를 따른다. 어떤 것을 새로 배우기 위해서는 먼저 그 현상에 대한 인식이 이루어져야 한다. 인식은 경험으로부터 만들어진다. 탐색은 가능한 수단을 동원하여 학습하려고 하는 것의 구성요소를 이해하는 과정이다. 탐구란 유아가 자신의 행동이나 개념을 사회에서 관찰한 것과 비교 · 분석해 가는 과정이다. 학습 주기의 마지막 측면은 활용으로, 유아는 자신이 배운 것을 여러 가지 목적으로 사용할 수 있고 새로운 상황에 적용시킬 수 있다. 이러한 주기는 순서적으로 일어나는 것은 아니며 동시에 일어날 수도 있다.
- 유아는 놀이를 통해 배운다. 유아의 자발적인 놀이는 지식 구성에 필수적인 탐색, 실험, 조작을 위한 기회를 제공한다. 놀이는 표상적 사고의 발달에도 기여한다. 놀이를 하는 동안 유아는 감정 조절, 타인과의 상호작용, 갈등 해결 방법 등을 배운다. 가장 중요한 것은 놀이를 통해 상상력과 창의력을 발달시킬 수 있다는 것이다. 또한 유아의 놀이는 새로 습득한 기술이나 지식을 다양한 상황에서 자발적으로 연습할 수 있는 기회를 제공한다.
- 유아의 흥미와 '알고자 하는 욕구'는 학습 동기를 부여한다. 유아는 자신의 능력을 연습하고 경험을 이해하려는 타고난 내적 욕구를 가지고 있다. 교사는 환경을 계획하고 새롭고 자극적인 사물, 사람, 경험 등을 소개함으로써 유아의 흥미를 촉진하고, 유아의 흥미에 기초한 활동은 학습을 위한 내

적 동기를 제공한다. 유아의 흥미와 이해하고자 하는 내적인 동기에 기초한 교육과정은 창의성, 호기심, 자기-주도, 근면성, 유능감, 학습애(love of learning) 등의 바람직한 성향과 느낌을 촉진한다.

인간의 발달과 학습은 개개인에 따라 다양하다. 지금까지 유아라는 용어와 함께 언급된 학습에 관한 기본적인 가정들은 마치 유아 모두에게 똑같이 적용되는 일반적인 것처럼 보인다. 그러나 어떠한 발달과 학습도 개인의 다양성의 원리에 대한 논의 없이는 완전할 수 없다. 각 개인은 개인의 학습 유형뿐만 아니라 성장과 발달에 있어서도 개별적인 형태와 시기, 속도를 가진다. 개개인의 가족 경험과 문화적 배경 또한 다양하다. 개인의 다양성에 대한 인식은 교육과정 결정에 있어서도 가능한 한 개별화할 것을 요구한다.

한편, 교육과학기술부 · 보건복지부(2013)에서 제시한 유아교육의 교수 · 학습 원리는 놀이중심의 원리, 생활중심의 원리, 통합의 원리, 활동 간 균형의 원리, 개별화의 원리, 흥미 · 몰입중심 원리, 상호작용의 원리이다.

〈표 6-4〉 표준보육과정 · 누리과정에서 제시한 교수 · 학습방법

표준보육과정	누리과정
주도적인 놀이를 중심으로 교수 · 학습활동이 이루어지도록 한다.	놀이를 중심으로 교수 · 학습활동이 이루어지도록 한다.
흥미를 중심으로 활동을 선택하고 지속할 수 있도록 한다.	유아의 흥미를 중심으로 활동을 선택하고 지속할 수 있도록 한다.
생활 속 경험을 소재로 하여 지식, 기술, 바람직한 태도를 기르도록 한다.	유아의 생활 속 경험을 소재로 하여 지식, 기능, 태도 및 가치를 습득하도록 한다.
교사와 신뢰감을 형성하고 개별적인 활동이 이루어지도록 한다.	유아와 교사, 유아와 유아, 유아와 환경 간에 능동적인 상호작용이 이루어지도록 한다.
교사, 환경, 또래와 능동적인 상호작용이 이루어지도록 한다.	주제를 중심으로 여러 활동이 통합적으로 이루어지도록 한다.
주제를 중심으로 여러 활동이 통합적으로 이루어지도록 한다.	실내 · 실외활동, 정적 · 동적활동, 대 · 소집단활동 및 개별활동, 휴식 등이 균형 있게 이루어지도록 한다.

표준보육과정	누리과정
만 0~1세아, 만 2세아는 일상생활 및 개별 활동, 휴식 등이 균형 있게 이루어지도록 한다.	유아의 관심과 흥미, 발달이나 환경 특성 등을 고려하여 개별 유아에게 적합한 방식으로 학습하도록 한다.
만 3~5세아는 실내 · 실외활동, 정적 · 동적활동, 대 · 소집단활동 및 개별활동, 일상생활 및 휴식 등이 균형 있게 이루어지도록 한다.	

위에서 살펴본 NAEYC(1991)와 우리나라 국가 수준의 교육과정에서 제시한 교수 · 학습 원리, 영유아교육자들이 일반적으로 동의하는 영유아 교수 · 학습 원리를 정리해보면 다음과 같다.

- 놀이환경과 놀이활동을 중심으로 계획하고 지도한다.
- 영유아가 친숙한 일상생활 및 경험을 통해 사물과 상황에 대한 지식, 기술, 태도를 학습하도록 한다.
- 개별 영유아의 흥미 및 발달수준에 따라 학습경험을 선정하고 조직한다.
- 영유아가 자기 내부의 원인과 힘에 의하여 학습하고 스스로 지식을 구성해 나갈 수 있도록 한다.
- 예측하지 못했던 영유아의 흥미, 요구, 사건 등에 순발력 있고, 융통성 있게 반응하여 학습자 중심교육, 발현적인 교육이 이루어지도록 한다.
- 학습이 효과적으로 이루어질 수 있도록 인식-탐색-탐구-활용의 순환적인 학습주기를 고려한다.
- 영유아는 특성상 신체적 편안함과 심리적 안정을 느낄 때 가장 잘 학습할 수 있다.
- 교사-영유아, 영유아-영유아 간 사회적 상호작용을 통해 구성원 간에 역동적인 힘과 영향을 주고받을 수 있도록 한다.
- 영유아 중심의 학습환경을 구성한다.

(2) 교수 · 학습 모형

일과 계획에 따른 유아교육기관의 다양한 일과에서는 영유아의 놀이특성을 고려하고, 발달에 적합한 놀잇감을 제시하여 흥미를 갖고 탐색할 수 있도록 배려해 주어야 한다. 이때 영유아는 탐색을 충분히 하고 난 후 놀이로 연결하고 점차 놀이를 확장해 나가게 되므로 이를 위한 구체적인 교수 · 학습방법의 단계가 필요하다. 유아를 대상으로 4단계 순환학습모형과 이에 따른 교사의 역할은 다음과 같다(Bredekamp & Rosegrant, 1995; 박나리, 2011 재인용).

① 1단계: 인식하기

교사가 학습 환경을 조성하고 문제 상황을 제시해 유아가 낯선 개념과 새로운 문제 상황 간에 인지 갈등을 느끼는 단계이다.

② 2단계: 탐색하기

관찰, 탐구, 정보 수집 등의 경험을 통해 유아가 새롭게 제시된 문제를 해결하는 단계이다.

③ 3단계: 조사하기

유아가 새로운 문제를 해결하기 위해 구체적인 계획을 세우고 이전 단계의 정보, 교사의 교수 등을 통해 문제를 해결하는 단계이다.

④ 4단계: 활용하기

이전 단계에서 학습한 개념과 원리 또는 사고 양식을 다시 새로운 상황과 문제에 적용시키고 활용하는 단계이다.

위의 4단계를 구체적으로 살펴보면, 1단계의 인식하기는 사건, 사물, 사람이나 개념 같은 학습의 기본 특성을 폭넓게 인식하는 과정으로 노출과 경험을 통해 이루어진다. 2단계의 탐색하기는 사건, 사물, 사람이나 개념의 구성요소나 특성을 알아가는 과정으로 어린 유아는 탐색하는 동안 모든 감각을 활성화시키고 자신의 경험에 대한 개인적 의미를 만들어 간다. 인식과 탐색은 완전한 이해를 위해서는 불충분하지만, 개인적인 의미화는 문화나 사회에서 공유되는 의미로 조정되어야 한다. 3단계의 조사하기는 유아가 자신의 개념적 이해를 점검하고 자신의 개념적 이해와 타인의 개념적 이해나 객관적 실제를 비교하는 동안의 조정 과정이다. 조사를 통해 유아는 사건, 사물, 사람이나 개념에 걸친 공통성에 대한 이해를 개발하고, 개인적인 개념을 일반화하고, 사고와 행동을 보다 성숙하게 조정한다. 4단계의 활용하기는 유아가 사건, 사물, 사람이나 개념에 대한 자신의 이해를 적용하거나 사용하게 되는 학습의 기능적 단계이다. 이때 학습은 다양한 목적을 위해 보다 유용해진다.

순환학습은 유아가 지식, 기술이나 기질을 활용할 때 알거나 이해하지 못하는 것에 대한 새로운 인식을 하게 될 때 비로소 순환적으로 반복된다. 순환학습을 위해 유능한 성인이 일하는 모습이나 자신보다 나이가 많은 다른 유아가 노는 모습을 관찰하는 것이 유아에게 매우 바람직하며, 이때 기술들과 의미 있는 방법으로 상호작용하기 위해 완벽하게 습득해야 하는 기술들의 특성뿐 아니라 사물의 근거에 대하여 바르게 인식하게 된다.

교사는 유아가 순환학습의 어느 단계에 있는지에 따라 행동을 조절할 수 있을 뿐 아니라, 유아의 단계를 확인하고 이에 따라 계획하고 상호작용할 수 있어야 한다. 유아가 새로운 기술과 지식을 획득할 때는 어느 때이든, 어떤 영역이든지 이러한 학습의 순환과정을 통해 지식을 습득하고 구성하게 되며, 순환학습의 각 단계에서 이루어지는 교수는 다음 〈표 6-5〉와 같다.

〈표 6-5〉 순환학습과 교수

단계	구분	유아의 활동	교사의 역할
1단계	인식하기 탐색하기	- 관찰하고 경험하기 - 흥미를 갖고 교재 탐색하기 - 정보 수집하고 발견하기 - 창조하기 - 집중하여 요인들을 알아내기 - 자신의 이해를 구성하기 - 자신의 규칙을 적용하기 - 개인적 의미를 만들기 - 자신의 의미를 표상하기	- 흥미를 촉진하기 - 탐색을 지원하고 강화하기 - 능동적 탐색을 위해 새로운 문제나 기회 제공하기 - 개방적 질문하기※무엇을 더 할 수 있을까?" - 유아의 사고와 규칙 체계 존중하기 - 구성적 실수를 허용하기 - 놀이 확장하기
2단계	설명하기	- 검사하기 - 조사하기 - 설명을 제안하기 - 초점 두기 - 자신의 생각과 다른 사람의 생각을 비교하기 - 일반화하기 - 이전의 학습과 연결하기 - 관습적인 규칙 체계에 적용하기	- 유아의 활동을 설명하기 - 유아가 이해를 개선하도록 돕기 - 유아를 이끌고, 집중에 초점을 두기 - 보다 집중된 질문하기※"이와 같은 것이 또 뭐가 있을까?", "만약 …면 무슨 일이 일어날까?" - 요청을 받을 때 정보를 제공하기※"어떻게 적는가 하면…?" - 유아가 관계를 맺도록 돕기 - 실제 세계에서 적용하기 위한 수단 만들기
3단계	확장하기 활용하기	- 많은 방법으로 학습을 사용하기; 기능적 측면에서의 학습 - 다양한 방법으로 학습을 표상하기 - 새로운 상황에 학습을 적용하기	- 유아가 새로운 상황에서 학습을 적용하도록 돕기 - 의미 있는 상황을 제공해 학습을 사용하도록 돕기 - 부족한 학습을 위해 도움 제공하기
4단계	평가하기	- 결과물을 정리하고 추론하기 - 새로운 가설을 세우고 순환을 반복하기	- 다양한 방법의 평가 제공하기 - 새로운 순환학습으로 연결하기

출처: Bredekamp & Rosegrant(1992). Reaching potential appropriate curriculum and assessment for young children (Vol 1, pp. 24–25). Washington, D.C.:NAEY에서 발췌함.

순환학습에서 의미 있는 교육과정이란 첫째, 유아가 전체 학습과정을 학습하고 숙고하는 방법에 근거해야 하며, 둘째, 유아의 총체성을 회복시키고 아동 중심의 입장을 재정립시켜야 하고, 셋째, 즐거운 경험을 통해 깊이 있는 사고와 개념 발달을 증진시키고, 넷째, 유아의 필요와 흥미를 기반으로 개별 유아에게 적절해야 하고, 다섯째, 훈련에 기초한 지식에서 도출한 지적인 통합을 가져와야 하며, 여섯째, 상호적 교수를 통해 이루어져야 하고, 일곱째, 순환적인 학습을 통해 이루어져야 한다(Bredekamp & Rosegrant, 1992; 박나리, 2011에서 재인용).

위의 4단계는 보건복지부(2013)가 영아를 위한 놀이중심의 구체적인 교수 · 학습방법으로 제시한 아래의 〈표 6-6〉에서도 유사한 맥락으로 살펴볼 수 있다.

〈표 6-6〉 영아를 위한 교수 · 학습방법

단계	구분	교수 · 학습방법
1단계	제시하기	영아 연령에 적합한 보육실 환경과 놀잇감 등을 제시하고 또래와 어린이집 내의 다양한 구성원 등 주변환경에 관심과 흥미를 갖도록 안내한다.
2단계	탐색하기	영아에게 놀잇감을 제시하고 난 후 보다 적극적인 교수전략을 사용하여 탐색을 유도하고 격려한다. 영아가 자유롭게 탐색을 시도하면 교사가 계획한 놀이활동으로 전이되도록 시범 보이기 등을 통해 다양한 방식으로 탐색하고 경험해 볼 수 있는 분위기를 만들어 준다.
3단계	놀이하기	영아가 탐색한 놀잇감 중 스스로 선택하여 자유롭게 놀이하도록 적극적으로 안내하고 유도한다. 놀이 단계에서 개별 영아가 창의적으로 탐색한 경험을 놀이로 통합하도록 유도하고, 또래와 놀이경험을 공유하도록 격려한다.
4단계	놀이 확장하기	영아의 놀이를 관찰하면서 또래와의 놀이로 확장하거나 다른 영역의 놀잇감을 추가로 제시하여 놀이를 통합 · 확장하도록 돕는다. 또는 영아의 이전 놀이 경험과 연결시켜 주거나 또래와 함께해 보도록 격려한다.

(3) 활동별 교수 · 학습방법

① 자유선택활동

자유선택활동은 교실에 준비된 여러 가지 흥미영역을 스스로 주도하여 선택하고 자율적으로 참여하는 활동으로, 개별 유아의 독립된 활동뿐만 아니라 다양한 형태의 집단활동이 자연스럽게 일어난다. 일반적으로 자유선택활동이 이루어지는 흥미영역을 구분하면 쌓기놀이 영역, 언어 영역, 역할놀이 영역, 수 · 조작 영역, 과학 영역, 음률 영역, 미술 영역 등으로 제시한다. 각 흥미영역별 계획과 운영지침은 다음과 같다(교육과학기술부 · 보건복지부, 2013; 김미선, 2012).

쌓기놀이 영역

쌓기놀이 영역에서는 다양하고 정교한 구조물을 만들 수 있도록 여러 가지 소재, 모양, 색, 크기, 형태의 블록을 제공하여 유아가 일상생활에서 보고 들은 것이나 상상하는 것을 구성해 볼 수 있는 공간이다. 유아의 쌓기놀이를 활성화하고 확장하도록 돕기 위해서는 블록의 종류와 수량을 학급의 인원 수와 발달수준에 맞춰 적절히 준비해 주어야 하고 충분한 공간을 제공해야 한다.

또한 키가 낮은 장을 이용하거나 바닥에 테이프 등을 붙여 다른 영역과 구분해 주거나 구획을 지어 주는 것이 좋으며, 생활주제에 따라 적절한 소품을 준비하여 놀이를 확장시켜 주는 것이 좋다. 블록을 쌓고 넘어뜨리면서 생기는 소음을 줄이기 위해 바닥에는 카펫을 깔아 주는 것도 좋다.

[그림 6-1] 쌓기놀이 영역

언어 영역

언어 영역은 '듣기', '말하기', '읽기', '쓰기' 등의 활동이 이루어지는 공간이다. 생활주제, 유아의 흥미와 경험에 기초하여 자료를 정기적으로 교체해 주어 유아가 지속적으로 언어활동에 참여하도록 격려해야 한다. 이 영역에서는 주로 그림책 보기와 읽기, 테이프를 이용하여 다양한 소리 듣기나 동화, 동시 듣기가 이루어지며, 손인형, 융판용 자료, 그림 동화 등 간단한 매체를 활용하여 동극 상연하기가 이루어지고, 글과 동시 쓰기 등의 활동이 이루어진다.

언어 영역에는 유아의 발달수준을 고려하여 다양한 그림책, 즉 정보를 위한 책과 문학 작품 등을 준비해 주어 그림책 읽기 활동이 활발하게 이루어지도록 한다. 이름 카드, 그림 카드 등과 다양한 종류의 쓰기 도구나 종이를 비치해 준다. 그 밖에도 작은 융판이나 인형극 틀과 자료들을 제공한다.

[그림 6-2] 언어 영역

역할놀이 영역

역할놀이 영역은 다양한 사람이나 사건에 대해 유아가 보고 경험하거나 희망과 욕구를 담아 상상하거나 생각한 것 등을 행동으로 표현해 볼 수 있는 공간이다. 5세 유아의 경우, 복잡한 수준의 역할놀이에 참여할 수 있으므로 생활주제, 유아의 경험 및 견학과 관련한 자료를 준비하여 놀이가 확장되도록 한다. 특히, 역할놀이 영역의 놀잇감은 상품화된 것보다 가정에서 사용하는 물건을 재활용할 수 있으며, 다양한 직업과 역할놀이에 적합한 자료를 제공한다.

[그림 6-3] 역할놀이 영역

수 · 조작 영역

수 · 조작 영역은 수 세기, 분류하기, 순서 짓기, 측정 및 패턴에 대한 수 활동 경험하는 공간이다. 생활주제와 유아의 발달수준에 적합한 조각그림 맞추기, 끼우기, 바느질하기, 그룹 게임 등의 다양한 놀잇감을 비치해 주고, 유아 간의 상호작용이 이루어질 수 있도록 유아가 또래와 함께할 수 있는 판 게임이나 카드 게임과 같은 그룹 게임 자료를 제공한다.

[그림 6-4] 수 · 조작 영역

● 과학 영역

과학 영역은 다양한 물체와 물질, 동물과 식물 등의 자연환경, 간단한 도구와 기계 등에 대해 호기심을 가지고 지속적으로 탐구하는 태도를 기르며 이에 대한 기초 지식을 얻고 탐구하는 능력을 기르는 공간이다. 과학 영역에는 생활 주변에서 흔히 볼 수 있는 자료 중에서 직접 만져 보고 관찰하고 실험해 볼 수 있는 자료를 충분히 준비해 주어야 한다. 또한 관찰하거나 쓸 수 있는 기록 용지와 쓰기 도구가 비치될 수 있다.

[그림 6-5] 과학 영역

음률 영역

음률 영역은 악기 연주, 노래 부르기, 음악감상과 창의적인 신체표현을 경험하는 공간이다. 음률 영역에는 동요, 전래동요, 민요, 국악, 서양고전음악, 왈츠, 종교음악 등 다양한 종류의 음악을 듣고 감상할 수 있는 재료와 도구를 비치한다. 또한 쉽게 연주해 볼 수 있는 타악기도 비치하고, 수건이나 보자기 등 여러 가지 도구와 유아의 모습을 비춰볼 수 있는 거울을 걸어 주는 것도 좋다.

[그림 6-6] 음률 영역

미술 영역

미술 영역은 그리기 같은 평면 작업뿐만 아니라 만들기, 꾸미기 등의 입체 조형을 통한 창의적 표현 활동이 이루어지는 공간이다. 다양한 재료와 도구를 비치하여 유아가 좋아하고 원하는 것을 선택할 수 있게 해 준다. 자료의 종류가 단조로우면 창의적인 놀이가 제한되며, 반대로 지나치게 다양하게 제공되면 유아의 선택을 어렵게 할 수도 있다. 따라서 미술 영역의 놀이를 위한 재료의 종류나 양은 유아의 욕구나 발달수준, 흥미 등을 고려하여 제시해 준다. 또한 유아의 작품을 소중하게 다루고, 작품카드를 준비하여 이름과 제목을 기록하고 전시한다.

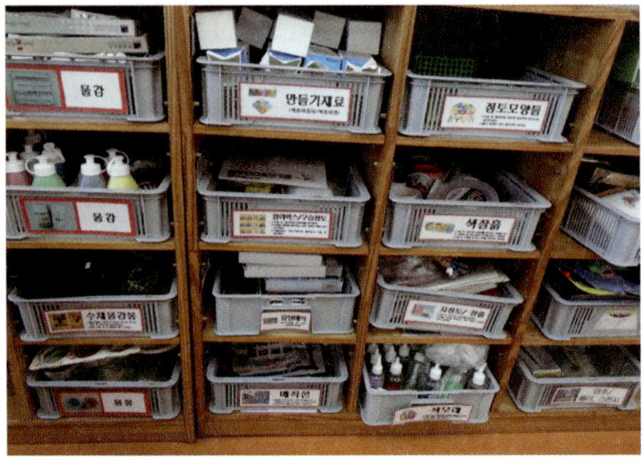

[그림 6-7] 미술 영역

② 대 · 소집단활동

대 · 소집단활동은 전체 유아를 모두 한 집단으로 모아서 활동을 진행하거나 여러 개의 소집단으로 나누어 실시하는 집단활동이다. 대집단으로 활동하는지, 소집단으로 활동하는지에 따라 유아들의 자리배치와 활동의 특성이 달라지게 된다. 특히 대집단 활동은 교사중심으로 진행하는 특성이 강하므로 교사의 입장에서 준비하는 다양한 교수매체와 교사의 언어 등 교사중심의 교수학습이 중요하게 고려되어야 한다(김정원 · 김유정 · 이효정, 2013). 대 · 소집단활동은 교사와 유아들이 함께 모여서 활동하는 시간이며, 대부분의 프로그램에서 일과 중에 1~2회, 20~30분 정도 구성되어 이루어진다. 일과계획, 이야기 나누기, 문학활동(동화 · 동시 · 동극), 음악활동(노래 · 악기), 게임, 음률활동, 신체활동, 간식이나 점심 등의 활동으로 나누어 볼 수 있으며, 유아들이 참여하기는 하지만 주로 교사 주도적으로 이루어진다(김진영 · 백혜리 · 최윤정, 2006).

다음은 대 · 소집단활동 유형별 교수 · 학습방법이다(교육과학기술부 · 보건복지부, 2012; 심주연, 2012).

이야기 나누기

이야기 나누기는 교사와 유아가 함께 모여 앉아 서로 주제에 대하여 정보를 교환하거나 서로의 생각을 공유하거나 의사를 결정하는 것이다. 유아가 모이는 장소, 활동내용과 유아의 수에 따라 원형, 반원형, 두 줄 반원형 형태로 앉을 수 있고, 노래 부르기나 손유희, 소란스러울 때 목소리 작게 하기, 노래 점점 작게 부르기 등의 방법으로 주의를 집중시킬 수 있다. 이야기 나누기는 매일 하는 활동은 아니며 생활주제와 관련하여 필요한 시간에 마련하는 것으로, 주제는 주로 하루의 일과계획 및 평가, 날씨, 계절의 변화, 주변 사물이나 사회현상, 사람들의 활동 등 일상생활에 관련된 것과 진행 중인 교육주제와 관련된 것으로 선정하여 이루어진다. 또한 이야기 나누기를 진행할 때 교사는 일방적으로 가르쳐 주고, 지시하는 시간이 아니라 유아가 자신의 경험을 이야기하고, 의견을 제시하며 결과를 함께 생각해 보는 시간으로 유아 주도적인 학습이 일어나도록 유아에게 기회를 많이 부여해야 한다.

동화 · 동시 · 동극

유아는 동화나 동시를 듣거나 읽고, 동극을 보거나 직접 연출하고 상연하는 과정을 통해 문학적 경험을 하게 된다. 유아는 이러한 경험을 통해 언어의 울림과 리듬의 아름다움을 맛보고 즐기며 사고력과 상상력, 어휘력을 넓힌다. 동화 · 동시 · 동극은 매일의 일과에 골고루 구성되어야 하며, 생활주제와 관련된 동화 · 동시 · 동극을 선정하는 것이 좋다. 동화 · 동시 · 동극을 선정할 때는 동서양 등 여러 문화권의 문학작품을 고루 선정하는 것이 바람직하다. 특히 우리나라 고유의 전래동화나 우리나라 작가의 창작과 생각을 나타내는 문학 작품을 적절하게 안배하는 것이 매우 중요하다.

동화를 들려줄 때 유아의 흥미를 유발하고 동화 내용을 잘 이해할 수 있는 다양한 매체를 활용하며, 유아가 모두 잘 볼 수 있도록 유아의 눈높이에 맞추어 동화를 제시한다. 동시는 유아에게 자신의 경험과 감정을 짧은 글로 표현하는 것으로 소개한다. 동시 짓기를 통해 유아의 생활 속에서 자신의 경험과 감정을 자유롭게 표현해 보도록 하며, 동시 낭송은 다양한 시간을 사용하여 이루어질 수 있다. 동극은 교사가 들려준 동화의 내용을 극화하는 활동으로 지도한다. 동극을 위한 동화는 내용이 단순하고 반복적이며 전체 내용이 길지 않은 것을 선정하여 동극에 참여하는 모든 유아가 경험해 보도록 배역의 수를 조절하고, 관람하는 유아의 태도에 대해서도 이야기를 나눈다.

게임

대·소집단활동으로 활용하기 좋은 게임으로는 편을 나누어 하는 놀이와 술래를 정해서 하는 놀이로 나눌 수 있다. 편놀이란 집단을 나누어서 하는 경기로 승자와 패자라는 결과가 있는 놀이이며, 술래를 정해서 하는 놀이란 술래가 다른 유아를 쫓거나 선택하여 새로운 술래로 바꾸는 것을 연속해서 하는 놀이를 말한다.

편놀이는 놀이의 유형에 따라 수개념이나 질서의식, 공간적·시간적 지식을 내포하고 있으며, 유아의 운동능력을 발달시키고 자제력이나 건전한 운동정신을 가질 수 있도록 돕는다. 또한 양쪽 편의 경쟁에 대해서도 경험하며 생각해 볼 수 있는 기회를 제공하여 집단의 일원으로서 규칙을 지키고 공통된 목적을 달성하기 위하여 같은 편의 유아들과 협력하는 공동체 의식도 기르게 된다. 술래를 정하여 하는 놀이는 상대방이 예측할 수 없는 일을 한다든지, 다른 사람의 입장에서 생각할 수 있는 기회를 제공한다.

게임활동에서는 승패 결과를 강조하기보다 게임을 즐기는 것에 중점을 두고 게임에 이기고 지는 것에 지나치게 집착하지 않도록 지도하며, 유아가 규칙이나 질서를 잘 지키면서 게임을 마무리할 수 있도록 한다.

음률활동

음률활동은 노래 부르기, 음악 감상하기, 악기 연주 등의 활동을 포함한다. 노래 부르기는 따로 시간을 정하거나 활동 전이 시간을 활용할 수 있다. 동요, 전래동요, 민요, 국악 및 서양음악 등 다양한 음악에 대한 경험을 제공한다. 유아에게 있어서 음률활동은 하나의 놀이인 동시에 유아의 심미적이고, 감성적인 경험을 도와주는 활동이다. 즉, 음률활동을 통해 유아는 즐거움을 느끼며, 소리의 빠르기, 세기, 장단, 높낮이, 리듬과 멜로디나 노랫말 등을 경험하며, 자신의 생각과 느낌, 감정을 발산할 수 있는 기회를 얻는다. 또한 또래와 함께 음률활동을 하며 즐거움을 공유하고 다른 사람의 음악적 표현을 존중할 수 있는 태도도 길러주게 된다.

● 신체활동

신체활동은 몸을 움직이는 활동으로 크게 기본 운동활동과 창의적 신체표현을 포함한다. 유아는 항상 몸을 움직이며, 유아가 몸을 활발하게 움직이는 것은 살아있고 건강하다는 하나의 표현으로 볼 수 있다. 유아는 손, 손가락, 손목, 팔, 팔꿈치, 어깨, 다리, 무릎, 발목, 발 등 신체의 부분들을 활용하여 몸을 움직이고 이 과정에서 자신의 신체를 조절하거나 도구와 운동 시설을 활용하며, 힘조절력과 균형감, 리듬감 등을 기른다. 신체활동은 매일 계획하며, 따로 시간을 정하거나 기관에 등원한 직후, 바깥놀이, 하원하기 전과 같은 시간에 계획할 수 있다. 신체활동을 위한 넓고 안전한 공간을 마련해 주며, 신체표현을 촉진하는 다양한 도구들을 활용할 수 있다.

3) 환경구성

(1) 환경구성의 원리

유아교육기관의 환경은 영유아의 성장과 발달에 매우 중요한 요소이다. 환경구성에 고려해야 할 원리는 다음과 같다(Decker & Decker, 2001).

- 프로그램 유형에 상관없이 모든 시설은 영유아를 중심으로 구성되어야 한다.
- 건물의 형태는 영유아의 발달수준이나 발달적 요구에 적합하고, 지역 특성을 고려하여 결정해야 한다.
- 영유아의 안전과 시설 종사자들의 안전을 최우선적으로 중시한다.
- 건물의 효율성을 높이기 위해 공간과 교구의 배열에 변화를 준다.
- 시설이나 설비를 계획할 때 융통성을 고려한다. 이는 고려내용에 따라 개별공간이나 집단공간으로 사용이 가능하도록 설계되어야 한다.

- 기관이 시설이나 설비를 계획할 때 비용을 고려한다. 최소의 경비로 최대의 효과를 가져올 수 있는 좋은 시설을 갖추도록 사전에 많은 연구와 검토를 해야 한다.
- 설립 시 시설의 위치를 고려한다. 행정상의 편의나 비용을 우선적으로 고려하기보다는 영유아의 필요나 요구를 충족시킬 수 있고 교육목표를 달성하는 데 도움이 될 수 있는지 고려한다.

이와 같은 원리를 적용하여 환경을 구성하게 되면, 영유아가 심리적으로 안정된 상태로 놀이에 몰입할 가능성이 증가한다. 또한, 물리적으로 구분된 영역구성은 해당 영역에서 보다 구체적인 경험으로 확장될 가능성이 있고, 영유아 개인의 흥미와 발달특성에 따른 개별화된 학습 경험이 가능하다.

(2) 실내환경

① 실내환경 구성

유아교육기관의 실내환경은 다음과 같은 점이 고려되어 계획 · 설계되어야 한다(문미옥, 2014).

- 영유아가 활동할 수 있을 만큼 넓은 공간이어야 한다.
- 채광 정도를 조절할 수 있는 커튼, 블라인드 등의 장치가 필요하다. 창문의 면적은 바닥 면적의 1/5 정도가 바람직하고, 창틀의 높이는 60㎝ 정도로 유아들이 밖을 내다보기 쉬운 것이 좋다. 자연채광으로 부족한 경우, 부분 조명의 밝기는 전체 조명보다 3배 정도인 것이 좋다.
- 소음방지를 위해 천장과 벽면은 방음재로 시공한다. 이중창, 커튼 및 깔개를 깔고 책상과 의자 다리에는 고무를 끼우고, 영역 간의 소음은 교구장으로 방지한다.

- 실내온도는 20~22℃가 적절하고, 습도는 50~65%를 유지하는 것이 좋다.
- 밀폐된 실내는 바깥보다 유해물질이 14배나 많으므로 환기가 되도록 한다.
- 실내 설비와 교구는 키와 연령 및 신체발달에 적합하고, 견고하고 가벼우며, 모서리는 둥근 것, 교육적으로 가치 있는 것으로 한다.

[그림 6-8] 실내환경 구성

한편, 영유아 교실 환경의 특성으로 융통성, 프라이버시, 시각적 연결 등을 강조하거나 안전, 건강, 편안함, 유아의 신체 크기, 융통성, 움직임, 선택 등의 개념을 중시하기도 하고(Kostelnik, 2005). 안전, 건강, 편안함, 융통성, 움직임, 도전, 자존감, 통제, 부드러움, 질서, 사생활, 시각적 연결과 같은 환경행태적 개념을 제시하기도 한다(이연숙, 1997). 이러한 다양한 요소를 재분류하여 개발한 유치원의 물리적 구성요소는 다음의 〈표 6-7〉과 같다(심우경 · 김민경 · 2013, 재인용).

〈표 6-7〉 유치원의 물리적 구성요소

구성요소	하위요소	평가항목
안전성	공간의 안전성	발달에 따른 안전한 공간 공간의 적합성, 움직임 활동에 따른 안전한 공간 신체의 불균형에 따른 안전한 공간
	시설, 설비의 안전성	가구 및 벽과 기둥 모서리 마감재 안전소재, 재료 및 완성도 신뢰감과 안전감 제공
쾌적성	쾌적성	쾌적한 공간(온도, 공기, 습도, 소음, 환기 등)
	휴식성 (안락성)	휴식과 재충전의 기회 제공 낯선 곳에서 느끼는 불안감 최소화, 친숙하고 편안한 분위기 형성
	청결성	깨끗하고 정돈된 환경(청결, 위생조건)
융통성	구조의 융통성	가변적인 공간 배치 (활동에 따른 변경 가능성, 공간구조의 가변성)
	활용성	자료의 제시(제시된 자료에 대한 접근)
	교류성	자료의 교류(영역 간 자료의 공유와 개방, 선택 가능한 자료 이용)
편의성	편리성	편리한 공간 및 시설(학습 · 놀이공간의 배치, 가구 배치, 시설완비, 이용의 수월성, 자유롭게 접하는 공간 조성)
	다양성	다양한 공간 및 가구(크기 및 형태의 다양화, 선택 가능성)
	적합성	각 연령에 알맞은 인체공학적 시설, 설비 비품 및 교재, 교구, 각종 가구의 디자인, 선택 가능성
자존성	자아존중감	사적 공간(자기주도적 공간구조, 조용하고 사색하는 공간), 전용공간의 존중 분위기 조성
	영역성	다양한 형태의 경계 표시
이동성	역동성	동적인 공간 배치(유도 공간, 커뮤니케이션 공간)
	접근성	실내 · 외 자유롭게 움직일 수 있는 충분한 공간(움직임 허용 공간)
	소통성	모든 형태의 소통 가능(개방된 커뮤니케이션)
심미성	아름다움	아름다운 분위기(실내 · 외 배색, 색채, 조경, 그림 등)
	조화로움	조도와 배색 등의 조화(채광, 벽, 바닥의 색깔, 재질 등)

출처: Kostelnik(2005), Sanoff(1995), 이연숙(1997) 등의 환경특성을 참고하여 재정리

② 흥미영역 구성

흥미영역(interest center or corner)은 학습내용이나 학습활동의 성격에 따라 각종 교재·교구나 자료들을 유사한 범주끼리 구획별로 구분·정리해 놓은 것으로서 학습영역(learning center or corner) 혹은 활동영역(activity center or corner)이라고도 부른다. 또한, 분리대라든가 기타의 방법으로 경계를 암시하도록 설비함으로써 분명히 구분짓게 되는 교실의 각 영역들을 총칭한다(Seefeldt, 1980).

프로스트와 키싱어(Frost & Kissinger, 1976)에 의하면, 교실 내부의 공간구성을 건조하고 조용한 곳, 활동적이고 건조한 곳, 조용하고 물이 있는 곳, 활동적이고 물이 있는 곳으로 [그림 6-9]와 같이 네 가지 공간으로 구분하였다.

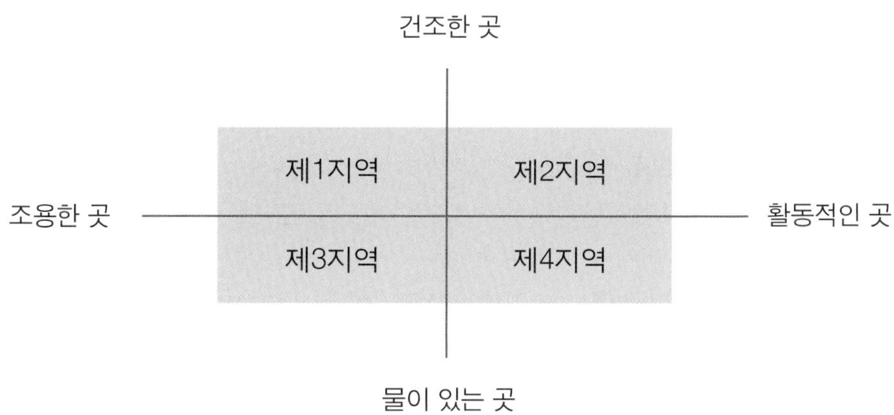

- 제1지역: 책 보기, 듣기, 이야기 나누기, 동화, 쓰기, 게임과 소집단활동
- 제2지역: 대근육활동, 쌓기놀이, 목공놀이, 역할놀이, 음률활동
- 제3지역: 요리하기, 간식 먹기, 가위로 오리고 풀로 붙이기, 점토 만지기 등의 미술활동
- 제4지역: 실외활동과 물놀이, 모래놀이, 손 씻는 곳, 물감그림, 물을 사용하는 과학실험

[그림 6-9] 실내공간 구성기준

여기서 물이 요구되는 활동은 건조한 활동과 격리되도록 하며, 활동적인 영역은 되도록 조용한 영역에서 멀리 떨어져 설치하도록 해야 한다. 또한 물을 필요로 하는 지역에는 바닥이 젖지 않게 깔개를 해 주고, 건조한 지역에는 유아가 바닥에 앉아서 활동을 할 수 있게 하며, 소음을 줄이기 위하여 부분 카펫 등을 깔아 주어야 한다.

한편, 영아를 위한 보육실은 여러 명의 영아가 함께 생활하며 같은 시간에 여러 가지 놀이를 하는 장소이다. 따라서 보육실에는 연령과 발달특성을 고려하여 기본적인 욕구를 충족해 줄 수 있는 일상생활 공간과 영아가 선택한 활동을 자유롭게 할 수 있도록 놀이공간을 적절하게 배치해야 한다.

흥미영역은 놀이와 활동특성에 따라 보육실 공간을 나누고, 각 놀이 특성에 따라 자료들을 모아서 영역별로 배치하는 것을 의미한다. 보육실의 크기와 영아의 연령에 따라 흥미영역의 수와 구성을 정하는 것이 좋고, 각 영역은 적어도 3~4명 이상의 영아가 활동할 수 있는 크기의 공간을 확보하는 것이 바람직하다. 연령별 보육실 내 흥미영역의 구성의 예는 다음과 같다(보건복지부, 2013).

〈표 6-8〉 영아반 보육환경 구성

구분	일상생활 영역		놀이 영역					
0세반	수유	기저귀 갈기	신체	언어	감각 · 탐색	-	-	-
1세반	수유	기저귀 갈기	신체	언어	감각 · 탐색	역할 · 쌓기	-	-
2세반	-	-	신체	언어	감각 · 탐색	역할 · 쌓기	미술	음률

보육실 내 흥미영역을 적절히 배치하여 영아가 서로 방해받지 않고 영역별 놀이나 활동을 할 수 있도록 한다. 즉, 조용하고 움직임이 적은 놀이공간과 시끄럽고 움직임이 많은 영역을 적절한 거리를 두어 분리하여 배치하면 방해하는 정도를 줄일 수 있다.

영아를 위한 환경구성 과정에서는 다음의 네 가지 원리를 함께 고려할 필요가 있다.

- 일상생활 영역과 놀이 영역을 함께 구성한다.

0~1세반은 수유, 기저귀 갈기 등 일상생활이 편안하게 이루어지도록 일상생활 영역과 함께 놀이활동 영역을 구성하고, 2세반은 놀이활동 영역을 중심으로 구성한다.

- 영아의 놀이 특성을 반영하여 탐색과 놀이활동이 충분히 이루어지도록 다양한 놀이 영역을 구성한다.

0세반에서 2세반으로 갈수록 놀이 영역의 수를 늘린다. 특히 영아의 특성상 신체활동이 활발하게 일어나고 실내외로 자주 이동하기 어려운 점을 감안하여 신체영역을 보육실 내로 구성한다. 놀이 영역은 조용한 놀이와 시끄러운 놀이를 구분하여 배치한다.

- 보육실을 포함한 실내외 시설 · 설비는 영아의 크기에 적절하고 안전하도록 구성한다.

책상과 의자 · 침대 등은 영아의 신체 크기를 고려하여 배치한다. 특히, 책상이나 교구장 등의 모서리가 날카롭지 않도록 하고, 영아가 삼킬 수 있는 직경 3.5㎝ 이하 작은 크기의 물건이나 놀잇감(예: 블록이나 구슬, 솜공 등)은 제공하지 않는다.

- 영아가 안락하고 편안하게 쉴 수 있는 휴식공간을 제공한다.

조용한 영역깔개와 쿠션 등을 마련해 주고, 영아 눈높이의 벽면에 영아나 가족, 또래, 친숙한 동물 사진 등을 붙여 준다. 영아의 개인 사물함이나 물건에는 이름이나 사진을 붙여 주어 자신의 존재를 확인하고 친숙함을 느끼도록 해 준다.

또한, 유아를 위한 환경구성 과정에서 교사에게 필요한 절차는 다음과 같다.

● 연령과 보육실 크기를 기초로 흥미영역의 종류와 수를 정한다.

만 5세 단일 연령반이라면 이 연령대의 욕구를 충족하기 위해서는 환경을 어떻게 구성하고 유아가 성장함에 따라 환경을 어떻게 변경해 나갈 것인지, 혼합 연령반이라면 모든 연령의 유아의 발달을 어떻게 극대화할 수 있을지를 생각한다. 또한 보육실이 협소할 경우에는 수학 영역과 과학 영역을 통합하여 탐색 영역으로 운영하거나 조작 영역과 함께 배치할 수 있다.

● 활동의 성격을 고려하여 흥미영역의 위치를 정한다.

흥미영역의 종류를 결정한 다음에는 각 영역의 배치를 결정한다. 예를 들어, 언어 영역과 같이 정적이고 조용한 영역과 음률 영역처럼 동적이고 소음이 많은 영역을 서로 반대편에 배치하면 영유아가 서로 방해받지 않고 활동에 참여할 수 있다. 또한 과학 영역이나 미술 영역 등 물을 필요로 하는 영역은 싱크대 가까이에 설치하고, 역할놀이 영역과 쌓기 영역은 놀이의 확장이 가능하도록 서로 가까이 두는 것이 바람직하다.

각 흥미영역의 위치가 정해진 다음에는 영역별로 필요한 공간의 넓이를 결정한다. 영역에 따라 넓이가 달라질 수 있지만 모든 영역에는 적어도 동시에 4~5명의 유아가 자유롭게 활동할 수 있을 만큼의 공간이 있어야 한다. 흥미영역의 크기가 정해지면 낮은 교구장이나 소파, 쿠션, 책꽂이, 부분카펫, 매트 등을 이용하여 영역의 경계를 설정하다. 이러한 경계는 유아의 놀이가 방해받지 않도록 해주며 각 흥미영역에 필요한 교구를 물리적으로 분리해 준다. 그러나 경계가 교사의 시야를 가려서는 안 되며, 교실 전체를 교사가 한눈에 관찰할 수 있도록 개방적으로 배치해야 한다.

● 활동의 목적과 기능에 부합한 흥미영역별 환경을 구성한다.

각 흥미영역이 갖고 있는 고유한 목적과 기능에 따라 활동에 기본적으로 필요한 설비 및 자료를 배치해야 한다. 예를 들어, 언어 영역은 듣기 · 말하기 · 읽기 · 쓰기 활동을 통해 의사소통 능력을 길러주기 위해 콘센트가 있는 벽 쪽에 반원 책상을 붙여 놓고 부분 조명 장치를 할 수 있다. 또한 책 표지가 보이고 쉽게 책을 꺼낼 수 있는 책꽂이로 공간을 분리하거나 소파나 흔들의자, 매트리스 등을 이용하여 편안한 분위기에서 책을 읽을 수 있도록 하고, 교구장에는 다양한 책과 단어카드 및 그림카드, 필기도구, 손인형 등의 기본적인 자료를 비치할 수 있다.

● 연간 주제를 반영하여 흥미영역별 환경을 구성한다.

흥미영역의 기본적인 배치가 이루어지면 현재 진행 중인 생활주제를 반영하여 흥미영역을 구성할 수 있다. 예를 들어, 연간 주제가 '지구와 환경'인 경우 과학 영역은 태양계 모형으로 꾸미고, 역할 영역에는 우주탐험놀이를 할 수 있는 장비를 비치하고, 조작 영역에는 별자리를 이용한 게임 판을 두고, 언어 영역에는 별과 관련된 동요나 동시 자료 등을 제공함으로써 교실 전체의 컨셉트를 우주로 통일할 수 있다. 이상과 같이 구성한 흥미영역은 고정된 것이 아니라 유아의 욕구나 계절 및 생활주제 등에 따라 일부 흥미영역을 확장이나 축소 또는 통합이나 추가하는 등 계속적으로 재구성해야 한다.

(3) 실외환경

실외놀이는 실외에서 이루어지는 유아의 놀이활동으로 유아교육현장에서 실외놀이의 명칭은 여러 가지로 다양하게 불리는데, '안'이 아닌 '밖'에서 이루어지는 놀이라는 뜻으로 바깥놀이라고 부르기도 한다(교육부, 2009)

실외놀이는 유아의 성장과 발달에 있어 매우 중요하며, 유아가 실외놀이를 통해 얻는 경험이 중요함을 인식하게 되면서 최근 실외놀이의 의미와 가치가 한층 더 부각되고 있다. 국가수준의 유치원평가지침에서는 일과 중 바깥놀이활동이 충분히 지속적으로 포함되어 있는지를 평가하고 있으며(교육과학기술부, 2011), 누리과정의 신체운동 · 건강 영역에서도 유아에게 기구를 이용하여 신체활동을 할 것과 규칙적으로 바깥에서 신체활동을 할 것을 강조하고 있다(교육과학기술부, 2012).

실외환경을 구성할 때 고려해야 할 사항과 준비해야 할 사항은 다음과 같다(임재택, 2002).

- 햇볕이 잘 들고 유아가 자유롭게 뛰어놀 수 있는 넓은 장소가 있어야 하며 양지와 음지가 적절히 배치되어 있어 유아가 뛰어놀다가도 쉴 수 있는 공간을 준비해야 한다.
- 유아가 다양한 놀이에 활용할 수 있도록 모래밭, 풀밭뿐만 아니라 낮은 언덕이나 자갈길, 자전거를 사용할 수 있는 딱딱한 길, 물놀이와 모래놀이를 할 수 있는 곳 등 다양한 특성을 가진 지표면을 가지고 있어야 한다.
- 실외놀이에 필요한 다양한 놀잇감을 보관하고 유아가 스스로 정리하기에 용이한 창고가 있어야 하며 유아가 자연과 근접한 곳에서 동·식물을 자유롭게 관찰할 수 있는 화단과 동물 우리가 있어야 한다.
- 유아가 다양하게 활용할 수 있는 놀이시설을 갖추고 있어야 한다. 즉, 유아가 자유롭게 오르내릴 수 있는 놀이기구뿐 아니라 모래놀이, 물놀이에 필요한 놀잇감도 갖추어야 한다.
- 무엇보다 유아의 안전과 위생이 중요하므로 놀이시설 및 놀잇감을 정기적으로 점검하며, 실외놀이 후 유아가 깨끗하게 닦을 수 있도록 세면시설이 잘되어 있어야 한다.

대부분의 실내활동들이 실외공간에서 실시가 가능할 뿐 아니라, 실외의 공간은 개방되어 있기 때문에 유아가 마음껏 움직일 수 있어 행동의 제약이 없고, 소음에 긴장하지 않아도 되는 이점을 갖고 있다(Seefeldt, 2000). 따라서 실내에서 공간적 제약, 상황적 제약으로 인해 실시하기 어려운 활동까지도 실외에서 다양하게 이루어질 수 있는 것이다.

이와 같은 실외활동이 갖는 강점이 유아에게 효과적으로 적용되려면, 실외에서도 유아가 여러 가지 놀이 속에서 자신이 원하는 놀이를 스스로 선택할 수 있도록 실외놀이 환경에서도 흥미영역을 구성해 줄 필요가 있다. 대개 실외놀이 공간을 생각하면 복합놀이대, 미끄럼틀, 그네, 시소 등의 고정적 놀이기구를 생각하지만, 유아들이 교육적으로 의미 있는 활동을 할 수 있도록 하기 위해서는 놀이기구를 통한 한정적인 활동 이외의 다양한 경험을 할 수 있도록 지원해 주어야 한다.

이를 위해 실외놀이가 효율적으로 이루어지기 위해서는 실외놀이터도 실내놀이와 마찬가지로 몇 개의 영역으로 나누어 구성하는 것이 바람직하다. 구체적으로 살펴보면, 실외놀이 공간의 1/3은 조용히 앉아 휴식할 수 있는 그늘이나 독서, 조형활동, 극놀이를 할 수 있는 정적인 공간으로 만들고, 2/3는 유아가 자유롭게 뛰어놀 수 있고 대근육을 활용하여 놀이할 수 있는 동적인 공간으로 구성하여 서로의 활동이 방해받지 않는 곳에 배치한다. 또한 실외놀이의 특성을 살리는 대근육운동놀이, 물 · 모래놀이, 동 · 식물 관찰하기, 산책하기 등의 활동을 배치하여 유아가 실외놀이 시 자신이 원하는 것을 스스로 선택하고 적극적으로 놀이할 수 있도록 해야 하며 실외놀이에서도 실내놀이에서 하는 활동이나 대 · 소집단활동에서 하는 활동이 가능하도록 공간에 구애받지 않고 융통성 있게 활용해야 함을 강조하였다.

[그림 6-10] 실외환경 구성

4) 교사의 역할

유아교육기관의 0~2세 영아기와 만 3~5세 유아기는 발달의 양상에 있어 두드러진 변화가 존재하는 시기이므로 교사의 역할에서도 접근하는 방법과 태도의 차이가 있다. 이러한 점에 기초하여 교사의 역할을 영아 교사와 유아 교사로 구분하여 살펴보고자 한다.

(1) 영아 교사의 역할

영아 교사는 영아의 연령이 어릴수록 기본적인 양육자의 역할과 온화하고 수용적인 역할이 요구되며, 이와 함께 영아의 발달과 가능성을 촉진시켜 주는 역할에도 노력을 기울여야 한다. 영아 교사에게 기대되는 역할을 보다 구체적으로 살펴보면 다음과 같다.

첫째, 영아기가 정서발달과 신체발달의 가장 중요한 시기라고 보고, 교사는 부모를 대신해 영아와 안정된 애착을 형성하도록 노력하며, 급속한 신체 성장과 발달을 돕기 위해 영아와의 신체적 · 정신적인 상호작용이 이루어져야 한다. 영아기야말로 부모와의 애착형성이 무엇보다 중요하므로 영아 교사는 사랑과 부모와 같은 마음을 담아 영아를 돌보는 것이 담당 교사의 역할이라고 할 수 있겠다.

영아와 안정된 애착을 형성하고, 정서적 유대감을 형성하기 위하여 교사-영아 상호작용 시 교사의 역할을 살펴보면 〈표 6-9〉와 같다(이기숙 · 심성경, 2005).

〈표 6-9〉 교사-영아 상호작용 시 교사의 역할

상호작용 시 교사의 역할	해석
우는 영아에게 즉각 반응하고, 불편해하는 이유를 살펴보고, 영아의 기분이 나아지도록 노력한다.	교사가 영아의 울음이나 요구에 즉각 반응하고 해결해 줄 때 영아는 안정감을 느끼고 자신을 돌보아 주는 성인에게 신뢰감을 배운다.
영아와 함께 바닥에 앉아서 놀아 주고 책을 읽어 주고 노래를 불러 준다.	영아와 눈높이를 맞출 때 상호작용이 더 잘 이루어지고 존중받는다고 느낀다.
영아를 자주 안아 주고 감싸 주며 얼굴을 보면서 웃고 이야기한다.	밀접한 신체접촉은 교사와의 안정된 애착을 돕고 신뢰감을 갖게 한다. 눈맞춤, 미소를 통해 영아는 다른 사람과 의사소통하는 것을 학습한다.
영아가 낯선 사람에게 보이는 공포를 인식하고, 놀란 영아를 달래 준다.	영아기는 낯선 사람과 장소에 두려움을 갖는다. 교사는 영아를 편안하게 안아주고 달래주며 새로운 사람에게 익숙해질 때까지 영아 곁에 머문다.
교사는 영아가 의사소통하려는 것에 반응해 준다. 유아의 몸짓, 첫 단어, 울음 등에 말로 반응해 준다.	교사가 영아의 몸짓이나 목소리 등 의도하는 바에 반응할 때 자신의 요구와 생각을 다른 사람에게 전달하고자 시도하고 적절한 방법을 학습한다.
영아가 모방할 수 있는 사회적 놀이와 행동을 한다.	영아는 교사와의 상호작용을 통해 행동을 관찰하고 모방함으로써 주변 세계를 이해하고 바람직한 행동을 학습한다.
영아가 스스로 하려는 것을 격려하고, 때로는 교사의 일을 돕도록 요청한다.	안전한 환경에서 영아의 탐색을 장려하고 간단한 도움에 참여하는 것은 친사회적 행동과 긍정적인 자아개념을 발달시킨다.
영아에게 선택할 수 있는 기회를 제공한다. "우유를 먹을까, 물을 먹을까?" "자동차를 타고 싶니, 인형놀이를 할까?"	영아에게 선택권을 주는 것은 영아가 자기조절의 기회를 주고 선호하는 것을 표현하고 자아존중감을 발달시킬 수 있다.
영아에게 하지 말아야 할 것과 해도 될 것을 말해 준다.	영아는 자신의 의지대로 행동하려는 경향이 있다. 요구를 긍정적으로 진술할 때 영아는 행동의 한계가 무엇인지 인식하게 되고 교사의 요구를 수용한다. 해서는 안 될 일보다 할 수 있는 일을 배운다.
영아의 느낌, 감정을 언어로 표현해 주어 어려움을 해결할 수 있도록 돕는다.	문제를 서술하고 영아가 느낄 감정을 진술하고 대안을 제시하는 것은 자신의 감정이 존중되고 중요한 것임을 배우게 된다.
영아가 좋아하는 놀잇감이나 담요를 갖고 편안하게 있도록 배려한다.	집에서 가져온 물건을 가까이 갖고 있는 것은 영아에게 안정감을 준다.

출처: 이기숙 · 심성경 공역(2005). 효과적인 영유아교육과 보육, 어떻게 할 것인가. 서울: 이화여대출판부.

둘째, 영아기에는 발달상의 개인차가 뚜렷한 시기이므로 교사는 영아의의 개별적인 특성들을 고려하여야 한다. 따라서 집단의 계획표에 영아를 맞추려 하기보다는 영아 개개인의 발달 속도와 기질 등을 고려해 최대한 개별적인 보육을 하는 것이 바람직하다.

셋째, 영아기에도 많은 것을 배울 수 있는 능력이 있음을 인식하고 가정과 같이 따뜻한 분위기의 효과적인 물리적 환경으로 배치하고 스스로 학습경험을 선택해 볼 수 있는 기회를 주는 것이 중요하다. 대다수의 사람은 '영아가 무엇을 할 수 있을까?'라고 인식하고 있다. 하지만 영아도 주어진 환경 안에서 배울 수 있는 기회를 제공하고 스스로 학습할 수 있도록 교사가 그것을 인지하고 유아들에게 적합한 환경이 제공되어야 한다.

넷째, 영아의 언어 능력이 미숙하여 의사표현에 한계가 있으므로 교사는 부모와 원활하고 긴밀한 의사소통이 이루어져야 한다. 특히, 영아의 문제행동을 지도할 때에는 부모와 보육교사 간에 충분한 의사소통을 통해 일관되고 협력적인 노력이 이루어져야 한다. 이는 부모와 교사와의 상호교류가 원만히 이루어져 영아의 발달을 도와야 하는 것 또한 영아 교사의 역할이기 때문이다.

이와 같이 영아 교사는 가정에서 생활하는 것처럼 영아를 돌보아 주는 양육자의 역할을 해야 함과 동시에 영아의 발달을 도울 수 있는 교육자의 역할을 수행해야 한다.

(2) 유아 교사의 역할

유아 교사의 역할은 교육과정 설계자, 일과활동계획 및 수행자, 상담자 및 조언자, 연구자, 행정업무 및 관리자의 다섯 가지로 제시할 수 있다.

● 교육과정 설계자

유아 교사는 기관 철학에 근거한 교육목적으로 교육활동에 필요한 교육을 계획하고, 유아의 흥미와 경험에 기초하여 발달적으로 적합한 학습내용을 선정 ·

조직하여야 한다. 또한 지역사회의 특성, 초등학교와의 연계성을 고려하여 교육내용을 선정하고 조직할 때 융통성을 부여하고 여러 가지 교육활동을 통합적으로 조직하여야 한다. 교육목표, 내용, 방법의 일치 정도를 고려하여 다양한 교수전략을 모색하고 평가유형 및 방법을 계획하여야 하며, 실내 · 외 환경구성에 대한 계획 및 유아의 요구에 적합한 활동실 구성을 계획한다.

일과활동계획 및 수행자

체계적이고 균형 잡힌 일과활동을 계획할 때 활동의 융통성과 다양성을 고려하고, 이를 유아의 흥미와 개인차에 따라 전개하며, 활동 후 일과를 평가하여야 한다. 전이시간을 적절히 하며, 문제가 발생하면 내용에 따라 적절히 개입 · 중재하며, 유아와 긍정적인 상호작용을 도모하여야 한다. 효과적인 교수 · 학습방법을 통하여 학습활동을 촉진시켜야 하므로 필요한 교재 · 교구를 계획하고 활용한다.

상담자 및 조언자

유아와의 지속적인 상호작용을 통하여 유아에게 신뢰감을 쌓을 수 있도록 하여야 하며 유아에게 관심과 애정을 표현하고 유아의 개별성을 인정한다. 항상 유아의 정서 상태를 파악하여 문제 발생 시 조언 및 중재해야 하고 특별한 요구를 지닌 유아에게 지원해 줄 수 있어야 하며, 또한 부모협의회를 운영하여야 한다.

연구자

유아의 성장과 발달에 대한 이해를 증진하며 문제행동의 원인을 분석한다. 그리고 프로그램 평가에 대한 계획을 세우고 이를 잘 시행하며, 적절하고 다양한 평가 기술을 습득하여 유아의 학습 정도를 파악하고 유아에 대한 평가 결과를 교육과정에 반영할 수 있어야 한다. 교사는 현장을 기초로 한 연구를 수행함으로써 새로운 이론 및 활동을 현장에 적용해 보고 현장의 문제 및 실태를 파악함으로써 교육현장 개선을 위한 노력을 하여야 한다. 교수기술을 향상시키기 위해 항상 노력하고, 이를 위해 자기 장학 및 동료 장학에 참여하고, 전문가 단체 및 협회에 참여하여 자신의 교육관 및 가치를 탐구하고 정립해 나가야 한다. 교사는 이론적인 지식과 기술에 대해 소극적으로 수행하기보다 반성적인 실천가가 되도록 한다.

● 행정업무 및 관리자

유아의 영양 및 건강에 대한 기본 지식을 갖추고 유아에게 영양과 건강에 대한 기본교육을 실시하여야 한다. 또한 모든 교육적인 행사를 준비하고 실시하며, 원아모집에 대한 계획과 실행을 하여 학급 편성을 하고, 유아에 대한 각종 기록을 보관하며, 교직원에 대한 문서의 기록 및 보관을 위한 갖추는 것을 포함한다. 아울러 교재 · 교구를 기준에 따라 목록화하고 교재 · 교구 구입에 대한 계획 수립 및 실내 · 외 시설의 안전성에 대한 일상적 점검과 시설 설비에 대한 계획 수립에도 참여하여야 한다. 또한 교사는 원장과 원만한 관계, 장학사 및 인근 학교 교사와의 유대관계, 학부모와 상호협조관계를 원만하게 맺을 수 있어야 하며, 필요시 활용할 수 있도록 부모와의 긴밀한 연락체계도 수립하여야 한다.

2. 영유아교육과정의 평가

1) 평가의 개념

평가란 사물이나 일에 대해 가치를 판단하고 평정하는 것이다(교육과학기술부, 2009). 가치를 판단하기 위해서는 평가의 준거와 기준이 있어야 한다. 평가의 준거는 평가대상과 평가내용을 말하며, 평가기준은 평가방법을 말한다. 평가의 개념도 시대와 학자들의 견해에 차이가 있으나 유아교육평가란 유아교육과정 및 프로그램의 운영만이 아니라 유아의 발달이나 행동에 관한 전반적인 범위를 평가하는 것이다. 광의의 의미로 유아의 전인적인 성장발달을 돕기 위한 모든 유아교육활동들의 효율성을 알아보는 것이며, 협의의 의미로는 유아교육활동의 전과

후를 나타내는 유아의 발달과정의 자료를 수집하여 유아를 이해하고 지도할 수 있도록 도움을 주는 것이라고 할 수 있다. 즉, 유아평가는 평가활동을 통해 유아의 특징과 개별성을 이해함으로써 적절한 교육적 가치를 제공해 주기 위한 중요한 수단이라고 할 수 있다.

결론적으로, 교육과정 평가는 교육과정의 적절성과 타당성에 중점을 두고 있고, 유아평가는 교육과정의 실효성에 중점을 두기 때문에 교육과정 평가는 교육과정의 개선에 중요한 역할을 하며 유아평가는 유아에 대한 이해와 유아 지원을 위한 의사결정 과정에 중요한 영향을 미친다.

현행 국가수준 교육과정인 누리과정과 표준보육과정에서 제시하고 있는 평가의 대상은 다음과 같다.

(1) 누리과정 평가

① 운영평가

- 운영 내용이 누리과정의 목표와 내용에 근거하여 편성·운영되었는지 평가한다.
- 운영 내용 및 활동이 유아의 발달수준과 흥미·요구에 적합한지를 평가한다.
- 교수·학습방법이 유아의 흥미와 활동의 특성에 적합한지를 평가한다.
- 운영 환경이 유아의 발달특성과 활동의 주제, 내용 및 효율성 등을 고려하여 구성되었는지를 평가한다.
- 계획안 분석, 수업 참관 및 모니터링, 평가척도 등 다양한 방법을 활용하여 평가한다.
- 운영평가의 결과를 반영하여 운영계획을 수정·보완하거나 이후 누리과정 편성·운영에 활용한다.

② 유아평가

- 누리과정 목표와 내용에 근거하여 유아의 특성과 변화 정도를 평가한다.
- 유아의 지식, 기능, 태도를 포함하여 평가한다.
- 유아의 일상생활과 누리과정 활동 전반에 걸쳐 평가한다.
- 관찰, 활동 결과물 분석, 부모면담 등 다양한 방법을 사용하여 종합적으로 평가하고, 그 결과를 기록한다.
- 유아평가 결과는 유아에 대한 이해와 누리과정 운영 개선 및 부모 면담 자료로 활용할 수 있다.

(2) 표준보육과정 평가

① 운영평가

- 어린이집 표준보육과정의 목표와 내용에 근거하여 보육내용이 적절히 편성·운영되는지 평가한다.
- 어린이집 표준보육과정의 운영 내용 및 활동이 영유아의 발달수준과 흥미, 요구에 적합한지 평가한다.
- 영유아의 발달수준, 흥미, 요구에 적합한 경험 및 학습을 촉진할 수 있는 다양한 활동과 교수·학습방법이 계획되고 통합적으로 운영되는지 평가한다.
- 일과 운영 및 보육활동 구성 시 놀이활동과 일상생활활동의 양과 내용이 영아 및 유아 각 연령의 발달에 적합하게 계획·운영되는지 평가한다.
- 만 0~1세아, 만 2세아는 집단활동보다 개별적인 상호작용과 교수법을 중심으로 상호작용이 진행되는지를 평가한다.
- 어린이집 표준보육과정 운영평가 결과를 수시로 반영하여 보육과정 운영계획을 수정·보완하거나 다음 연도의 계획 수립 및 운영에 반영하는지 평가한다.

② 영유아평가

- 어린이집 표준보육과정의 목표와 내용에 근거하여 영유아의 특성과 변화 정도를 평가한다.
- 지식, 기술, 태도 등을 평가한다.
- 일상생활과 보육과정활동 전반에 걸쳐 평가한다.
- 관찰, 활동 결과물 분석, 부모면담 등 다양한 방법을 사용하여 종합적으로 평가하고, 그 결과를 기록한다.
- 평가 결과는 영유아에 대한 이해와 어린이집 표준보육과정운영 개선 및 부모 면담 자료로 활용한다.

2) 영유아 평가

(1) 평가의 목적

유아평가는 유아교육 평가의 핵심적인 영역으로 유아의 발달수준, 유아의 개별적 능력 및 특성, 특정 프로그램의 효과 등에 대한 평가를 포함한다. 유아평가를 위해 교사는 유아평가의 이유와 그 목적을 분명히 해야 한다. 유아평가는 일반적으로 유아의 발달수준과 교육·보육활동의 개선방안을 모색하며 부모와의 의사소통을 위해 실시하지만, 궁극적으로는 이러한 기능을 통해 유아의 개인적 발달을 도와주는 것이 이루어져야 한다고 밝히며 유아평가의 목적을 아래의 네 가지로 제시하였다(교육과학기술부, 2012; 보건복지부, 2012).

● 유아의 개인적 요구와 발달수준 파악

동일 연령이라 해도 발달 정도는 유아마다 다르다. 영역별 발달 정도가 균등하지 않아서 또래에 비해 일찍 발달한 발달 영역이 있는가 하면 늦은 발달 영역도 있다. 또한 유아마다 흥미와 개인적 요구가 다양하여 학습 양식도 서로 다르고 경험을 확장해 나가는 방법도 다르다. 교사는 유아의 현재 발달수준, 흥미와 개인적 욕구, 강점과 약점을 파악함으로써 유아를 이해하고 발달에 적합한 아동중심 프로그램을 계획하고 운영해야 한다.

유아의 교육 · 보육 목표 성취 여부 파악

교육과정을 실시하면서 영역이나 활동에서 개별 유아의 수행과 결과를 평가한다. 이를 통해 개별 유아가 교육 · 보육 목표를 성취하였는지, 달성하지 못한 목표가 무엇인지 분석하여 유아를 위한 교육 · 보육 계획을 재구성하는 데 기초 자료로 사용한다.

교육 · 보육활동의 개선 방안 모색

유아평가는 개별 유아에게 적합한 목표를 설정하고 경험이나 활동을 제공하여 환경을 구성하며 아울러 적절한 교수 전략을 세우는 등 교육 · 보육활동을 개선하기 위해 필요하다. 유아의 발달 정도 및 학습 준비도 수준에 관한 객관적인 정보는 유아를 위한 누리과정을 계획하고 수정 · 보완하는 등 유아에 관한 의사결정의 기초가 된다.

부모 및 관련 분야 전문가들과의 정보 공유

부모의 이해 정도를 높여 주고 가정에서도 유아의 발달에 맞는 지도를 실시하도록 도와준다. 또한 초등학교 진학이나 특별한 도움이 필요하여 외부 기관에 의뢰해야 할 경우 유아에 관한 정확한 정보를 제공하여 최적의 발달을 도모 한다.

이와 같이 교육과정에서 유아평가의 목적은 개별 유아에 대한 이해를 높이고 유아의 발달과 학습 수준을 평가하여 이를 교육과 보육에 반영함으로써 유아가 최적의 발달을 할 수 있도록 도와주는 과정이다. 또한 유아의 전인적인 성장과 발달변화에 적합한 경험의 질을 향상시키고 유아를 올바르게 이해하는 점에 기초해야 할 것이다.

(2) 평가의 방법

유아평가의 자료수집 방법은 규준화의 여부에 따라 형식적 평가와 비형식적 평가로 구분할 수 있다. 첫째, 형식적 평가는 구체적이고 제한된 범위의 유아행동에 대한 평가로 창의력검사, 준비도검사, 신체검사 등을 예로 들 수 있다. 둘째, 비형식적 평가는 개인의 성장 및 진보를 살펴보기 위한 것으로 유아의 행동관찰, 작업표본, 부모 · 유아 면담 비디오나 사진 자료 등이 해당된다.

유아를 평가할 수 있는 방법은 다양하며 각 평가도구의 특징 및 장점도 각기 다르므로 평가시 적절한 평가방법을 활용해야 한다.

유아평가의 구체적인 방법은 다음과 같다(교육과학기술부 · 보건복지부, 2012).

- 일과 속에서 유아가 하는 놀이와 일상활동을 주의깊게 관찰하고 체계적으로 자료를 수집하여 유아를 평가한다.
- 유아의 작업 결과물을 통해 유아를 평가한다. 유아가 놀이나 활동에서 그린 그림이나 글, 만든 구조물의 사진, 언어나 음률활동의 동영상, 언급한 말 등 작업 결과물을 수집하고, 기록함으로써 유아발달의 객관적인 증거를 파악한다.
- 생활기록부나 가정환경 조사서, 부모와의 면담을 통해 유아에 관한 정보를 가지고 있으며, 유치원과 어린이집에서 보이는 행동과는 다른 측면의 유아의 모습을 알려 준다. 이를 통해 유아 행동의 원인을 이해할 수 있고 , 유아의 발달을 총체적으로 파악할 수 있다.
- 특정 영역을 평가하는 표준화된 검사나 질문지 등을 사용하여 유아의 발달 정도를 파악한다. 형식적인 평가보다는 관찰 같은 비형식적인 평가가 기본적이다.

① 관찰법

관찰은 전문적인 훈련 과정을 거치지 않더라도 누구나 쉽게 사용할 수 있는 방법이다. 그러나 관찰의 객관성을 확보하기 어려운 단점이 있다. 따라서 관찰 목적, 관찰 장면이나 행동, 관찰 결과의 분석 등을 체계적으로 계획하는 과정이 선행되어야 한다. 특히 관찰 내용의 분석이 해당 유아의 진보를 도울 수 있는 자료로 활용되지 않는다면, 관찰 자체만으로는 의미가 없다(교육과학기술부, 2012).

또한 급격한 발달적 변화 및 의사소통의 어려움으로 신뢰할 수 있고 타당한 평가를 위한 자료수집이 어려운 영유아 평가에는 직접적이고 지속적인 관찰평가가 요구된다. 유아평가 방법 중에 가장 오랜 역사를 지닌 것으로 행동이 묘사된 장면을 객관적으로 살펴보는 과정이다. 관찰법이 지닌 장·단점을 비교하면 〈표 6-10〉과 같다(임재택, 1997).

〈표 6-10〉 관찰법의 장·단점

장점	단점
• 교사는 어떤 특별한 훈련 없이 쉽게 관찰할 수 있다. • 시간적·상황적 구애를 받지 않고 관찰할 수 있다. • 다른 측정방법과 병행하여 사용 가능하다. • 집단적 혹은 개별적으로 관찰 가능하다. • 어떤 발달영역에서도 적용 가능하다.	• 타당도가 관찰자의 능력에 달려 있다. • 관찰자의 편견이 개입될 수 있다. • 시각적으로 보여지는 행동유형에 의해 부정확하게 측정될 우려가 있다. • 교수행위와 동시에 관찰을 진행할 경우, 전체적 맥락을 파악하기 어렵다.

관찰한 내용을 기록화할 때에는 일화기록, 시간·사건표집법, 체크리스트, 평정척도법의 양식이 있다. 각 양식이 가진 특성을 구체적으로 살펴보면 다음과 같다.

● 일화기록(anecdotal record)

일화기록은 개인의 특성을 이해하기 위하여 그 개인이 나타낸 구체적인 행동 사례나 어떤 사건에 관련된 관찰기록을 상세히 기록하는 방법으로 유아교육현장에서 가장 많이 활용되고 있다(황해익, 2004). 또한 사건이나 행동을 기술함에 있어서 마치 사진을 보는 것과 같이 사실적으로 묘사하는 글이라 하여 '글로 묘사된 사진'이라고 표현하기도 한다(이은해, 1995). 반면 관찰자의 편견이 들어갈 수 있으며 교사가 이 양식에 익숙하지 않을 경우 정확하게 기록하기만 해서 정작 평가의 자료로서 활용하지 못할 수도 있다는 단점을 가진다.

시간 · 사건표집법(time/event sampling)

표집법은 행동을 측정할 수 있도록 미리 정한 범주를 사용하는 관찰기술이다. 행동을 상세히 기술하는 것보다 행동의 표본을 '표본추출' 하기 위한 방법으로 시간 · 사건표집법이 대표적이다.

시간표집법은 미리 선정된 관찰대상의 행동들을 일정한 시간 간격으로 잠시 행동을 관찰하여 그 결과를 기록하는 것으로 비교적 짧은 시간 사이에 행동이 얼마나 발생하는가를 양적으로 측정하는 방법이다. 반면, 사건표집법은 자연스러운 상태에서 일어나는 행동의 원인과 결과를 알고자 하거나 특정행동이 얼마나 자주 일어나는지를 알아보고자 할 때 유용한 관찰방법이다. 시간표집법은 시간을 정해 놓고 관찰하는 반면에 사건표집법은 관찰하고자 하는 행동이 일어날 때까지 기다렸다가 기록한다는 차이가 있다.

체크리스트(check list)

체크리스트는 행동목록법이라고도 부른다. 교사나 관찰자가 단순히 어떤 기술이나 행동 혹은 발달특성이 나타나는지 알아보고 싶을 때 쓰이는 방법으로 행동 유무를 확인하는 것이다. 관찰하고자 하는 행동의 목록을 사전에 만들어서 해당 사항에 체크하는데, 행동목록들은 이미 만들어진 자료를 사용하거나 필요한 경우에는 교사가 직접 제작하여 사용할 수도 있다. 이 방법은 행동목록을 가지고 관찰하므로 행동 발생 유무를 쉽게 파악할 수 있다는 장점이 있으나, 행동의 발생빈도나 질적수준에 대한 정보를 얻을 수 없다는 단점이 있다.

평정척도법(rating scale)

평정척도는 관찰하려는 행동에 대해 어떤 질적 특성의 차이를 몇 단계로 구분하여 판단하고자 할 때 사용되며, 관찰항목과 함께 몇 단계의 척도로 구성된다. 그 단계는 대개 3단계에서 7단계의 척도까지 구성되며 각 단계를 구별할 수 있는 준거가 제시된다. 평정척도는 작성하기가 비교적 용이하고 수량화하기에 편리한 점 그리고 행동의 질적 분석까지 가능한 장점 때문에 다양한 범위의 행동연구에 많이 사용되지만 관찰내용을 직접현장에서 기록하는 것이 아니라 관찰결과에 따른 판단을 요구하므로 개인적 편견이나 오류의 개입 가능성을 배제하기 어려운 단점이 있다(이은해, 1995).

② 포트폴리오

포트폴리오 평가란 단순한 자료철(folder)이나 유아의 작업 표본을 수집해 놓은 것만을 의미하는 것이 아니라 수집된 기록물들을 근거로 하여 유아의 학습 및 수행력을 향상시키거나 모니터하기 위해 고안된 평가의 한 유형이다. 포트폴리오 속에 건강기록, 이전 양육기관에서의 기록들, 일화기록, 연속기록, 발달 체크리스트, 다양한 양식의 부모 참여 자료, 영아기 차트, 사건/시간 표집, 평정척도, 표준화된 검사의 평가 결과, 유아의 사진, 유아가 만든 물건의 사진, 작업 표본, 유아 글쓰기의 표본들, 유아의 언어, 읽기, 음악에 대한 녹음 자료 등을 포함할 수 있다(Helm, Beneke & Steinheimer, 1998).

③ 면접법

면접자가 피면접자인 유아와 대화를 나누면서 정보를 수집하는 방법이다. 유아의 응답이 불충분하거나 부정확할 때 추가로 질문을 하여 심층적이고 다양한 정보를 얻을 수 있다. 질문 문항과 함께 사진이나 그림 자료를 함께 사용하여 면접을 하기도 한다. 이러한 면접법은 면접 대상의 상황에 따라 융통성 있게 질문을 하고 질문에 응답할 뿐만 아니라 비언어적 행동이나 주변 환경과 같은 정보도 함께 관찰할 수 있으므로 다양한 정보를 많이 얻을 수 있고, 다른 평가방법에 비해 응답률이 높으며, 면접 대상이 잘 이해하지 못하는 부분에 대해서는 설명이나 추가 질문이 가능하다.

④ 검사법

검사법은 표준화 검사와 교사제작 검사법으로 구분할 수 있다. 먼저, 표준화 검사는 검사의 목적, 내용, 대상, 실시절차와 채점 및 결과해석이 표준화되어 있으므로 유아의 발달특성을 객관적으로 평가하는 데 유용하다. 그러나 점수화된 평가결과는 집단 내 서열화로 이어져 평가 자체의 본질보다는 유아와 학부모에게 스트레스를 유발하는 요인이 될 수 있다. 교사제작 검사법은 표준화된 검사를 교사가 제작하는 것이다. 현장의 필요에 의해 교사가 개발과정에 직접 관여한다는 것은 의미 있고 적절한 일이 될 수 있으나, 검사도구의 신뢰도와 타당도를 확보하는 일이 쉽지 않은 한계가 있다.

3) 교육과정 평가

좁은 의미의 교육과정 평가를 의미하는 것이 아니라 교육 전반에 걸쳐 내용적 · 물리적 요인 모두를 평가하는 것을 의미한다. 이는 한 기관의 교육과정 운영이 원활한지에 대한 것을 평가하는 것으로, 기관의 질을 평가하는 데 도움을 준다(문미옥, 2014). 최근에는 국가수준의 교육과정 평가가 기관평가라는 형태로 이루어지고 있다. 따라서 유치원 평가지표(교육부, 2014)와 보육시설 평가인증지표(한국보육진흥원, 2015)를 살펴봄으로써 교육과정의 평가항목과 내용을 알아보고자 한다.

(1) 유치원 평가지표

① 유치원 평가의 목적

- 누리과정을 충실히 운영할 수 있는 유치원 운영체계 구축 및 유치원의 책무성 제고를 통한 유치원 교육 서비스의 질적 수준 제고
- 유치원 운영 전반을 체계적 · 종합적으로 점검하고 평가결과 환류 및 맞춤형 지원을 통해 유치원 운영 개선
- 평가 결과 공개를 통해 학부모의 알 권리 및 유치원 선택권 보장으로 학부모의 유치원 교육에 대한 만족도 제고

② 유치원 평가의 공통지표(교육부, 2014)

평가영역(배점)	평가지표(배점)	평가요소
Ⅰ. 교육과정(30)	1. 교육목표 및 교육계획 수립의 적절성(10)	1) 교육목표는 국가수준의 교육과정과 교육청의 운영지침을 근거로 유아의 전인발달, 교육을 지향하고 있다. 2) 연간(월간), 주간, 일일 교육계획의 목표와 내용이 적절하며 연계성이 있다. 3) 일일 교육계획안에는 소주제, 목표, 활동시간 및 내용, 자료, 평가 등이 포함되어 있다.
	2. 일과운영 및 교수 · 학습방법의 적합성(15)	1) 교육계획에 따라 일과를 통합적이며 균형 있게 운영하고 있다. 2) 교육내용, 활동에 적합한 교수 · 학습방법 및 매체를 사용하고 있다. 3) 교사-유아 간에 질적인 상호작용이 이루어지고 있다.
	3. 평가방법 및 활용의 적절성(5)	1) 유아평가 실시방법과 활용이 적절하다. 2) 교육과정(누리과정) 운영 평가의 실시방법과 활용이 적절하다.
Ⅱ. 교육환경 (15)	4. 실 · 내외 교육환경 구성 및 활용의 적합성(10)	1) 실내 공간에는 흥미영역의 구성이 적합하며 전시 및 게시가 교육적이다. 2) 실외 공간에는 각종 놀이기구를 비롯하여 다양한 활동영역이 있다. 3) 실내 · 외 시설 및 설비가 유아의 발달수준 및 유아교육 특성에 적합하다.

평가영역(배점)	평가지표(배점)	평가요소
II. 교육환경 (15)	5. 교재,교구의 제공 및 관리의 적절성(5)	1) 유아의 발달수준과 주제가 적합한 교재 · 교구를 충분히 구비하여 제공하고 있다. 2) 교재 · 교구의 사용이 용이하도록 정리, 관리하고 있다.
III. 건강 및 안전(15)	6. 유아의 건강관리 및 지도의 적절성(10)	1) 유아를 대상으로 청결, 위생지도 등 건강교육을 실시하고 있다. 2) 균형 있는 영양을 고려한 다양한 급 · 간식을 위생적으로 제공하고 있다. 3) 유아를 대상으로 식습관 지도를 하고 있다.
	7. 유아의 안전관리 및 지도의 적절성 (5)	1) 유아와 교사를 대상으로 안전교육을 실시하고 있다. 2) 유아, 교직원 및 시설에 대한 보험에 가입하고 있다. 3) 실내 · 외 시설 및 설비를 안전하게 설치 · 관리하고 있다.
IV. 운영 관리(30)	8. 교직원의 근무여건 및 전문성 제고(10)	1) 교직원 관련 규정(인사, 보수, 복지)이 있으며, 이를 준수하고 있다. 2) 교직원의 전문성 제고를 위한 연수 기회를 부여하고 있다. 3) 원장은 기관을 민주적으로 운영하고 개선을 위하여 노력하고 있다.
	9. 예산편성 및 운영의 적절성(5)	1) 예 · 결산서를 운영위원회 심의, 자문을 거쳐 확정하고, 대내외적으로 공개하고 있다. 2) 입학금과 수업료 외의 기타 경비 관련 규정을 마련하여 준수하고 있다.
	10. 가정 및 지역사회와의 연계(5)	1) 부모교육 및 참여활동을 체계적으로 계획 · 운영하고 있다. 2) 유치원의 교육활동 및 유아 발달상황을 학부모에게 안내하고 있다. 3) 지역사회와의 협력을 도모하고, 지역사회의 인적 · 물적 자원을 활용하고 있다.
	11. 방과후 과정 운영의 적절성(10)	1) 국가 및 시도교육청의 방과후 과정 운영지침에 따라 활동 및 프로그램을 적절하게 계획하여 운영하고 있다. 2) 방과후 과정을 위한 기본 시설, 설비가 구비되어 있다. 3) 방과후 과정에 전담인력이 배치되어 있다.

(2) 어린이집 평가인증지표

보육서비스의 중요성이 부각되면서 국가 보육정책은 보육서비스 질적 수준의 제고와 유지방안에 관심이 증가되었다. 그리하여 어린이집 질적 수준 관리 기제의 필요성이 제기됨에 따라 정부에서는 2003년 '어린이집 평가인증제 모형' 개발 및 2004년 영유아보육법 제30조에 '어린이집 평가인증'의 법적 근거를 마련하고 2005년 시범운영을 거쳐 2006년부터 평가인증제도를 본격적으로 확대시행하기 이르렀고, 현재 3차 지표 시범사업을 진행 중이다.

따라서 본 장에서는 한국보육진흥원(2015)에서 발간한 2015 어린이집 평가인증 안내서에서 발췌한 제2차 어린이집 평가인증지표를 통해 살펴보고자 한다.

① 어린이집 평가인증의 목적

- 보육서비스의 질적 수준을 향상시켜 영유아가 안전한 보육환경에서 건강하게 양육될 권리를 보장할 수 있도록 한다.
- 어린이집이 보육서비스의 질적 수준을 높이고자 준비하고 노력하는 과정을 통해 원장과 보육교직원의 전문성이 증진되도록 한다.
- 보육서비스의 질적 수준에 대한 정보를 제공하여 부모들이 합리적으로 어린이집을 선택할 수 있도록 한다.
- 보육정책 수립의 주체인 정부가 보육현장을 효율적으로 지원하고 관리하는 체계를 확립한다.

② 어린이집 규모 및 유형에 따른 평가인증지표 구성

구분	영역 및 항목
40인 이상	6개 영역 70항목
39인 이하	5개 영역 55항목
장애아전문	6개 영역 75항목

〈표 6-11〉 40인 이상 어린이집 평가인증지표(6개 영역 70항목)

영역	하위영역
영역1. 보육환경 (11항목)	가. 어린이집 환경(3항목) 나. 보육활동 자료(5항목) 다. 보육지원 환경(3항목)
영역2. 운영관리 (12항목)	가. 어린이집의 운영관리(3항목) 나. 보육인력(3항목) 다. 가족과의 협력(4항목) 라. 지역사회와의 협조(2항목)
영역3. 보육과정 (14항목)	가. 보육활동 계획과 구성(7항목) 나. 보육활동(7항목)
영역4. 상호작용과 교수법 (11항목)	가. 일상적 양육(3항목) 나. 교사의 상호작용(6항목) 다. 교수법(2항목)
영역5. 건강과 영양 (12항목)	가. 청결과 위생(8항목) 나. 질병관리(2항목) 다. 급식과 간식(2항목)
영역6. 안전 (10항목)	가. 실내 · 외 시설의 안전(5항목) 나. 영유아의 안전 보호(5항목)

〈표 6-12〉 39인 이하 어린이집 평가인증지표(5개 영역 55항목)

영역	하위영역
영역1. 보육환경 및 운영관리 (11항목)	가. 어린이집 환경(3항목) 나. 어린이집 운영관리(3항목) 다. 보육인력(3항목) 라. 가족과의 협력(2항목)
영역2. 보육과정 (11항목)	가. 보육활동 계획과 구성(4항목) 나. 보육활동과 자료(7항목)
영역3. 상호작용과 교수법 (11항목)	가. 일상적 양육(3항목) 나. 교사의 상호작용(6항목) 다. 교수법(2항목)
영역4. 건강과 영양 (12항목)	가. 청결과 위생(8항목) 나. 질병관리(2항목) 다. 급식과 간식(2항목)
영역5. 안전 (10항목)	가. 실내 · 외 시설의 안전(5항목) 나. 영유아의 안전 보호(5항목)

〈표 6-13〉 장애아전문 어린이집 평가인증지표(6개 영역 75항목)

영역	하위영역
영역1. 보육환경 (14항목)	가. 어린이집 환경(4항목) 나. 보육활동 자료(7항목) 다. 보육지원 환경(3항목)
영역2. 운영관리 (13항목)	가. 어린이집의 운영관리(4항목) 나. 보육인력(3항목) 다. 가족과의 협력(4항목) 라. 지역사회와의 협조(2항목)
영역3. 보육과정 (15항목)	가. 보육활동 계획과 구성(7항목) 나. 보육활동(8항목)
영역4. 상호작용과 교수법 (10항목)	가. 일상적 양육(3항목) 나. 교사의 상호작용(6항목) 다. 교수법(1항목)
영역5. 건강과 영양 (13항목)	가. 청결과 위생(8항목) 나. 질병관리(3항목) 다. 급식과 간식(2항목)
영역6. 안전 (10항목)	가. 실내 · 외 시설의 안전(5항목) 나. 영유아의 안전 보호(5항목)

③ 평가인증지표의 항목별 평가기준

구분	평가기준
3점	'우수한 수준'으로 바람직한 실제를 기술
2점	'부분적으로 우수한 수준'으로 최소한의 기준에 부합되는 부분적으로 우수한 실제를 기술
1점	'미흡한 수준'으로 바람직하지 못한 실제를 기술

요약

1. 유아교육기관의 하루는 다양한 놀이경험, 창조적이고 지각적인 경험, 운동 기회, 식사, 휴식, 일과(routine), 계획되지 않은 자발적 행동 등을 모두 포함하여 구성한다. 특히 연령이 어릴수록 일과운영은 먹기, 자기, 기저귀 갈기, 씻기 등 영아의 일상생활이 중심이 되며, 그 밖의 신체, 언어, 탐색활동 등이 균형 있게 병행되어야 한다.
2. 어린이집의 일과는 영아가 어린이집에 도착하면서부터 시작한다. 보호자와의 대화를 통해 등원 이전의 영아의 심리상태 또는 건강상태를 확인하고, 그날 필요한 정보를 상호교환하여 일과 지도에 반영하도록 한다.
3. 교수・학습은 교수(教授)와 학습(學習)의 합성어로 교수는 교사가 학습자에게 지식이나 기술을 전달하고, 제 능력(諸能力)이나 가치관을 형성시키는 교육활동을 의미하고, 학습은 연습이나 경험의 결과 일어나는 행동의 지속적인 변화를 의미한다.
4. 유아교육의 교수・학습 원리는 놀이중심의 원리, 생활중심의 원리, 통합의 원리, 활동 간 균형의 원리, 개별화의 원리, 흥미・몰입중심 원리, 상호작용의 원리이다.
5. 흥미영역은 학습내용이나 학습활동의 성격에 따라 각종 교재・교구나 자료들을 유사한 범주끼리 구획별로 구분・정리해 놓은 것으로서 학습영역 혹은 활동영역이라고도 한다.
6. 유아평가의 자료수집 방법은 규준화의 여부에 따라 형식적 평가와 비형식적 평가로 구분할 수 있다. 첫째, 형식적 평가는 구체적이고 제한된 범위의 유아행동에 대한 평가로 창의력검사, 준비도검사, 신체검사 등을 예로 들 수 있다, 둘째, 비형식적 평가는 개인의 성장 및 진보를 살펴보기 위한 것으로 유아의 행동관찰, 작업표본, 부모・유아 면담 비디오나 사진 자료 등이 해당된다.
7. 포트폴리오 평가란 단순한 자료철(folder)이나 유아의 작업 표본을 수집해 놓은 것만을 의미하는 것이 아니라 포트폴리오 수집과 구분되는 개념으로 수집된 기록물들을 근거로 유아의 학습 및 수행력을 향상시키거나 모니터하기 위해 고안된 평가의 한 유형이다.

생각해 볼 문제

1. 하루일과 운영의 기본원리는 어떤 것이 있나요?
2. 영아학급과 유아학급의 일과운영은 어떤 차이점이 있나요?
3. 영유아를 위한 바람직한 실외활동 운영을 위해 무엇을 고려해야 하나요?
4. 유아를 대상으로 4단계 순환학습과 각 단계별 교사의 역할은 무엇인가요?
5. 유치원의 물리적 구성요소는 어떤 것이 있나요?
6. 유아 교사의 역할은 어떤 것이 있을까요?
7. 관찰에 기초한 기록양식은 어떤 유형이 있나요?

✠ 참고문헌 ✠

강숙현 · 최미숙(1995). 발달에 적합한 유아교육의 실제. 전남대출판부.

강인애(1997). 객관주의와 구성주의; 대립에서 대화로. 교육공학연구, 13(1), 3-19.

곽병선(1993). 교육과정. 서울: 배영사.

교육개혁위원회(1997). 세계화 · 정보화 시대를 주도하는 신교육 체제 수립을 위한 교육개혁 방안(IV). 제5차 대통령 보고서. 1997.6.2.

교육과학기술부(2007). 2007 개정 유치원 교육과정.

교육과학기술부(2008). 유치원 교육과정 해설 II 건강생활 · 사회생활.

교육과학기술부(2008). 유치원 교육과정 해설 III 표현생활 · 언어생활 · 탐구생활.

교육과학기술부(2008). 유치원 교육과정 해설 I 총론.

교육과학기술부(2008). 유치원 지도서 I 총론. (주) 두산.

교육과학기술부 · 보건복지부 보도자료(2012.7.6.일자). [3~5세 연령별 누리과정] 완성, 고시.

교육과학기술부 · 보건복지부(2012). 5세 누리과정.

교육과학기술부 · 보건복지부(2012a). 5세 누리과정 해설서. (사) 한국시각장애인연합회.

교육과학기술부 · 보건복지부(2012b). 5세 누리과정 교사용 지침서. (사) 한국시각장애인 연합회.

교육과학기술부 · 보건복지부(2012c). 3~5세 연령별 누리과정 지원을 위한 시 · 도(교육)청 강사요원 중앙연수 자료집. 육아정책연구소.

교육과학기술부 · 보건복지부(2013). 3~5세 연령별 누리과정 교사용 지침서, 교육과학기부 · 보건복지부.

교육과학기술부 · 보건복지부(2013a). 3~5세 연령별 누리과정 해설서. (사) 한국시각장애인 연합회.

교육과학기술부 · 보건복지부(2013b). 3~5세 연령별 누리과정 교사용 지침서. (사) 한국시작장애인연합회.

교육부 유아교육정책과(1998). '98 지역별 종일반 유치원 현황. 미간행.

교육부(2007). 제7차 유치원 교육과정.

교육부(2014). 제 3주기 2014학년도 유치원 평가 매뉴얼. 대구광역시유아교육진흥원.

교육부(2015). 누리과정 총론. 교육부.

권미량(2009). 유아교육과정. 서울: 청목출판사.

김경철 · 김영호 · 엄익명 · 조옥희(2001). 영유아 교육과정. 서울: 학지사.

김규수(2012). 유아교육과정 자율화의 과제와 전망. 한국유아교육학회 춘계학술대회, p. 39. 3월 24일 서울: 덕성여자대학교 학생회관 대강당.

김기현 · 김미애 · 김선숙 · 전은화 · 황윤숙(2014). 영유아발달. 서울: 공동체.

김명순 · 이기숙 · 이옥(2005). 한국 유아교육 · 보육과정의 역사화 미래. 한국 유아교육과 보육의 자리매김. 한국유아교육학회 학술대회 자료집. 한국유아교육학회.

김미선(2012). 자유선택활동 시 흥미영역 선택 이름표 사용에 대한 유치원 교사의 생각과 유아의 반응. 이화여자대학교 교육대학원 석사학위논문.

김봉수(1982). 교육과정. 서울: 학문사.

김성원 · 석은조 · 신성숙 · 신은정 · 이춘옥(2014). 유아교육론. 경기 : 공동체.

김수향 · 이경하 · 이용주 · 임영심(2015). 유아교육개론. 경기: 공동체.

김영숙(2005). 우리나라 보육정책의 개선방안에 관한 연구. 경희대학교 행정대학원 석사학위논문.

김영옥 외(1995). 유아교육사. 서울: 정민사.

김영옥(2002). 유아를 위한 다문화교육. 서울:정민사.

김은경(2009). 한국사회의 변화와 가족의 변화. 경남발전. pp. 6-16.

김인식(1996). 최신 교육과정 및 평가. 서울: 교육과학사.

김정규(2003). 유아교육과정. 서울: 동문사.

김정원 · 김유정 · 이효정(2013). 영유아를 위한 교수 · 학습방법. 공동체.

김정원 · 서정숙(2009). 그림책으로 하는 유아 생태교육 프로그램의 개발 및 실시에 관한 연구: 지니 베이커의 그림책을 중심으로. 어린이문학교육연구, 10(1), 93-115.

김종서 · 이홍우 · 황정규(1989). 교육과정과 교육평가. 경기: 교육과학사.

김진영 · 백혜리 · 최윤정(2006). 유아를 위한 교수 · 학습 방법론. 경기: 양서원.

김호권 · 이돈희 · 이홍우(1977). 현대 교육과정론. 서울: 교육출판사.

김희진 · 김언아 · 홍희란(2004). 영아를 위한 프로그램의 이론과 실제. 서울: 창지사.

남궁용권 · 임채식 · 정찬주 · 권건일 · 김의석 · 김남근 · 김노연(2012). 교육철학 및 교육사. 서울: 양서원.

덕성여대부속유치원(2000). 유아교육과정의 운영 및 활동의 실제. 서울: 학지사.

문교부(1969). 유치원 교육과정. 서울: 대한교과서주식회사.

문교부(1979). 유치원 교육과정. 서울: 대한교과서주식회사.

문교부(1981). 유치원 교육과정. 서울: 대한교과서주식회사.
문교부(1987). 유치원 교육과정. 서울: 대한교과서주식회사.
문미옥(1998), 전통문화에 기초한 유아교육과정 모형개발을 위한 기초연구. 아동연구. 3, 7-26.
문미옥(2013). 교육과 보육을 위한 영유아교육과정. 서울: 창지사.
문미옥(2014). 영유아 교육과정. 서울: 창지사.
박나리(2011). 순환학습모형에 따른 유치원 수학활동의 교육과정 수정이 통합된 장애 유아의 수학능력과 수학적 과정기술에 미치는 영향. 이화여자대학교 대학원 박사학위논문.
박도순 · 번영계(1987). 교육과정과 교육평가. 서울: 문음사.
박성혜(2008). 생태 그림책을 활용한 자연친화교육 프로그램의 구성 및 적용효과. 중앙대학교 대학원 박사학위논문.
박찬옥 · 김낙홍 · 구수연 · 이옥임 · 노희연 · 이선영(2013). 영유아 프로그램 개발과 평가. 서울: 정민사.
박찬옥 · 서동미 · 곽현주 · 박성희 · 한남주 · 홍찬의(2015). 유아교육과정. 서울: 정민사.
방인옥 · 박찬옥 · 이기현 · 김은희(2013). 유아교육과정. 경기: 정민사.
보건복지부(2012). 5세 누리과정에 기초한 어린이집 프로그램. 서울: 보건복지부.
보건복지부(2013). 어린이집 표준보육과정에 기초한 영아보육프로그램 운영의 이해. 중앙보육정보센터.
보건복지부(2013). 어린이집 표준보육과정에 기초한 영유아보육프로그램 0세~2세.
보건복지부(2013). 어린이집 표준보육과정에 기초한 영유아보육프로그램 운영의 이해.
보건복지부(2013). 제3차 어린이집 표준보육과정.
보건복지부(2015). 2015 어린이집 평가인증 안내. (재)한국보육진흥원.
삼성복지재단(1998). 삼성 어린이집 영아프로그램: 출생~24개월. 서울: 교학사.
삼성복지재단(2003). 영유아프로그램; 총론. 서울: 다음세대.
서동미 · 엄은나 · 이혜경 · 박성희(2013). 유아교과교육론. 경기: 공동체.
서울특별시 교육위원회(1981). 서울: 교학사.
손영의(1973). 한국 유치원 교육발달에 관한 일 연구. 이화여자대학교 대학원 석사학위논문.
신지영(1999). 불교의 생명 사상에 나타난 유아교육 원리. 부산대학교 교육대학원 석사학위 논문.
신화식 · 주은희 · 이경선 · 소현아(2001). 프로젝트 스펙스럼에 기초한 영역별 교수 ·

학습평가도구 개발 ※만 4, 5세 유아를 대상으로. 한국교원대학교 부설 교과교육공동연구소.

심우경 · 김민경(2013). 유치원 물리적 환경 구성 평정척도 개발 기초연구. 열린유아교육연구, 18(4), 463-490.

심주연(2012). 유치원 대 · 소집단 활동유형에 따른 교수학습방법 탐색 연구. 고신대학교 교육대학원 석사학위논문.

안경식(2005). 한국전통 아동교육사상. 서울: 학지사

양옥승(2003). 자유선택활동에서 유아의 선택의 의미. 유아교육연구, 23(3), 131-152.

양옥승(2008). 유아교육과정탐구. 서울: 학지사.

양옥승 · 최경애 · 이혜원(2011). 영유아교육과정. 서울: 학지사.

여성가족부(2007). 여성가족부 고시 제2007-1호 표준보육과정의 구체적 보육내용 및 교사 지침.

이경미(2009). 유아교육기관에서 유아가 경험하는 일과에 대한 연구. 이화여자대학교 대학원 박사학위논문.

이기석 · 홍순정(2008). 유아교육과정. 서울: 한국방송통신대학교 출판부.

이기숙(1990). 유아교육과정. 서울: 교문사.

이기숙(1992). 개정 유아교육과정. 경기: 교문사.

이기숙(2004). 유아교육과정(개정2판). 경기: 교문사.

이기숙(2000). 유아교육과정(개정판). 경기: 교문사.

이기숙 · 김정원 · 이현숙 · 전선옥(2008). 영유아교육과정. 경기: 공동체.

이기숙 · 김정원 · 이현숙 · 전선옥(2013). 영유아교육과정. 경기: 공동체.

이기숙 · 심성경 공역(2005). 효과적인 영유아교육과 보육, 어떻게 할 것인가. 서울: 이화여대출판부.

이기현 · 오성숙 · 전순한 · 고영희(2009). 0~3세를 위한 영유아 보육프로그램의 이론과 실제. 경기: 양서원.

이상금(1987). 한국 근대 유치원 교육사. 서울: 이화여자대학교 출판부.

이성호(1984). 교육과정. 서울: 문음사.

이성호(2004). 교육과정 개발과 평가. 파주: 양서원.

이성호(2009). 교육과정론. 경기: 양서원.

이소현(2005). 유아특수교육. 서울: 학지사.

이연숙(1997). 미국 아동보육공간의 실내디자인지침체계화연구. yonsei journal of human ecology, 11, 60-70.

이은해(1995). 아동발달의 평가와 측정. 서울: 교문사.

이은해 · 김온기 · 이미화 · 이재선(1995). 어린이집 영아반 운영의 실제. 서울: 교육과학사.

이은화, 양옥승(1988). 유아교육론. 서울: 교문사.

임재택(1997). 영유아관찰 및 평가. 경기: 양서원.

임재택(2002). 아이들의 삶과 생태유아교육. 한국생태유아교육학회 2002년도 추계학술대회자료집.

장영희(2004). 영유아교육과정. 경기: 양서원.

전선옥(1996). 한국 유치원 교육과정의 변천과정. 이화여자대학교 박사학위논문.

정혜란(2001). 생태중심유아교육집단의 창의성에 관한 연구. 경남대학교 교육대학원 석사학위 논문.

조연순(2009). 창의성: 21세기 교육의 키워드. 2009년도 한국초등교육학회 학술대회 한국창의성 교육의 진단과 발전방향 모색(pp. 3-9). 5월 22일 서울: 이화여대 교육관 B동 B151호.

중앙교육연구원 조사연구부(1976). 유아교육의 현황과 추세.

지성애 · 김영주 · 엄정례 · 조경서(1999). 영아프로그램의 이론과 실제. 서울: 정민사.

최귀영(2008). 자연친화 교육프로그램이 유아의 친사회적 행동 및 부모의 자연친화 교육 인식에 미치는 영향. 경남대학교 대학원 박사학위논문.

최석란 · 신은수(1999). 평화교육 프로그램과 실제. 유아교육과 평화교육. 13회 유아교육학술대회 자료집. 133-163, 한국어린이육영회.

최지영(2013). 유아교육과정. 서울: 동문사.

한국보육진흥원(2015). 2015 어린이집 평가인증 안내. 서울: 경성문화사.

홍명희(2012). 유아인성교육. 서울: 형설출판사.

황해익(2004). 유아교육평가. 경기: 양서원.

Beauchamp, G.(1981). Curriculum Theory. Itaca, IL: F. E. Peacock.

Becher, T. & Maclure, S.(1978). *The Politice of Curriculum Change*. London: Hutchinson & Co., Ltd.

Bobbitt, F.(1918). The Curriculum. Boston: Houghton Mifflin.

Bredekamp, S. & Rosegrant, T. (1992). Reaching potential appropriate curriculum and assessment for young children(Vol 1), Washington, D.C.: NAEYC.

Bredekamp, S. & Rosegrant, T. (1995). Reaching potential appropriate Transforming Early childhood curriculum and assessment(Vol 2). Washington, D.C.: NAEYC.

Bredekamp, S. & Rosegrant, T. (Eds.). (1992). Reaching potentials: Appropriate curriculum and assessment for young children(Vol 1), Washington, D.C.: NAEYC.

Bredekamp, S.(1986). *Developmentally appropriate practice*. Washington, DC: NAEYC.

Bredekamp. S. & Copple, C.(1997). *Developmentally appropriate practice in early childhood programs(rev. ed)*. Washington, DC: NAEYC.

Bruner. J. S.(1960). The process of education. Cambridge. Massg: Havard University Press.

Caswell, H. L. & Campbell, P. S.(1935). *Curriculum Development*. New York: American Book Company.

Coulton. C. J., Crampton, D. C., Irwin, M., Spilsbery, J. C. & Korbin, J. E. (2007). How neighberhoods influence child maltreatment: A review of the Literature and alternative pathways. Child Abuse and neglect, 31, 1117-1142.

Decker, A. & Decker, R. (2001). *Planning and administering early childhood programs(6th ed.)*. Englewood Cliff, NJ: Prentice-Hall Inc.

Decker, C. A. & Decker, J. R.(2005). *Planning and administering early childhood program(8th ed.)*. NJ: Pearson Merrill-Prentice Hall.

Doll, R. C.(1982). *Curriculum Improvememt: Decision Making and Process (5th ed.)* Boston: Allyn and Bacon.

Eisner, E. W.(1985). *Instractional and expressive objectives*. In M. Golby, J. Greenwald, & R. West(Eds.), Curriculum design. London: Croom Helm.

Eisner, E. W.(2002). *The educational imagination: On the design and evaluation of school programs(3rd. ed.)*. Upper Saddle River, New Jersey: Pearson Prentice Hall.

Fischer, K. W.(2012). Starting well: Connection research with practice in preschool learning. Early Education and Development, 23(1), 131-137.

Frost, J. L. & Kissinger, J. B. (1976). *The young child and the educative precess*. Holt, Rinehart & Winston.

Goodlad, J. I.(1966). The development of conceptual system for dealing with problems of curriculum and instruction. L.A.: University of California.

Helm, J. H., Beneke, S. & steinheimer, K.(1998). *Windows on learning: Documenting young children's work*. NY: Teachers College Press.

Kostelnik, M. J. (2005). 유아를 위한 사회 정서 지도. 이역역. 파주: 교육과학사.

Kuhl, P. K.(2011). Early language learning and literacy: Neuroscience implications for education. Mind, Brain and Education. 5(3), 128-142. 23(1), 96-119.

Lawton, D., et al.(1978). *Theory and Practice of curriculum Studies*. London: Routledge & Kegan Paul.

MacDonald, J. B. (1978). A transcendental-deveolopmental ideology of education. In J. R. Gress & D. E. Purpel (Eds.), Curriculum: An introduction to the field(pp. 95-123). Berkeley: McCutchan.Smith, B. O., et al.(1957).

Mager, R. F.(1962). *Preparing instractional objectives*. California: Fearon Publisher.

NAEYC(1991). Guidelines for Appropriate curriculum Content and Assessment in Programs Serving Children Ages 3 Through 8. Young Children, 30, 21-38.

NAEYC(1991). Guidelines for Appropriate curriculum Content and Assessment in Programs Serving Children Ages 3 Through 8. Young Children, March, 21.

Posner, G.(1992). *Analyzing the curriculum*. New York: McGraw-Hill. 김인식 외 역

Posner, G.(1994). 교육과정 비평. 경기: 교육과학사.

Schwartz, S. L. & Robion, H. F.(1982). *Designing curriculum for early childhood*. Boston, MA: Allyn & Bacon.

Seefeldt, C. (1980). *A curriculum for preschool*. Columbus, OH: Chares E. Merrill.

Twardosz, S.(2012). Effects of experience on the brain: The role of neuroscience in early development and education. Early education and Development,

Tyler, R. W.(1949). *Basic principles of Carriculum and Instractin*. Chicago: University of Chicago press.

weiser, M. G.(1991). *Infant/Toddler Care and Education(2nd)*. New York: Merrill, Macmillan Pub. Co.

Zais, Robert S.(1976). *Curriculum: Principles and Foundation*. New York: Thomas Y. Crowell co.

저 / 자 / 소 / 개

박영신 대구대학교 대학원 유아교육과 교육학 박사
현 대구보건대학교 유아교육과 교수

박은주 대구대학교 대학원 유아교육과 교육학 박사
현 계명문화대학교 유아교육과 교수

석은조 대구대학교 대학원 유아교육과 교육학 박사
현 대구보건대학교 유아교육과 교수

신은정 대구대학교 대학원 유아교육과 박사수료
현 대구과학대학교 유아교육과 교수

오성숙 대구대학교 대학원 유아교육과 교육학 박사
현 부산과학기술대학교 유아교육과 교수

이경하 중앙대학교 대학원 유아교육과 문학박사
현 동양대학교 유아교육과 교수

영유아교육과정

초판 1쇄 발행 2015년 8월 20일
초판 2쇄 발행 2017년 2월 22일

지 은 이 | 박영신 · 박은주 · 석은조 · 신은정 · 오성숙 · 이경하
펴 낸 이 | 김기섭
편 집 인 | 이혜란
펴 낸 곳 | 창지사 www.changjisa.com
153-802 서울시 금천구 가산디지털 1로 83 파트너스타워1차 9층
전화 (02) 719-2211~3
팩스 (02) 701-9386
등 록 | 1977년 4월 28일 · 제1-421호

ISBN 978-89-426-0832-4 (93370)

값 18,000원

이 도서의 국립중앙도서관 출판예정도서목록(CIP)은 서지정보유통지원시스템 홈페이지(http://seoji.nl.go.kr)와 국가자료공동목록시스템(http://www.nl.go.kr/kolisnet)에서 이용하실 수 있습니다.(CIP제어번호:2015022426)